In einem besetzten Land

Gerhard Heller

In einem besetzten Land

NS-Kulturpolitik in Frankreich
Erinnerungen 1940–1944

Unter Mitarbeit von Jean Grand
Einleitung Hanns Grössel

Aus dem Französischen von
Annette Lallemand-Rietkötter

Kiepenheuer & Witsch

Titel der Originalausgabe
Un Allemand à Paris
Aus dem Französischen von Annette
Lallemand-Rietkötter

Schutzumschlag Klaus Detjen, Hamburg
Gesamtherstellung Bercker, Kevelaer
ISBN 3 462 01521 4

Doch es ist nicht schlecht, mit dieser nackten Revolte zu beginnen: am Anfang steht immer die Verweigerung.

Jean-Paul Sartre

Die Behauptung, die man täglich hören kann, Wörter hätten große Macht über uns, ist absurd.

Jean Paulhan

Die wahre Stärke ist die, welche schützt.

Ernst Jünger

Die Freundschaft ist mein Vaterland.

Marcel Jouhandeau

Inhalt

Einleitung

Das Paris, das Gerhard Heller am 9. November 1940 betrat, war nicht nur eine besetzte, es war zugleich eine verlassene Stadt. Als die deutschen Truppen auf sie zurückten, waren sehr viele ihrer Einwohner geflohen – zwischen Mitte Mai und Mitte Juni an die zwei Millionen. Sie mußten befürchten, daß es in der Hauptstadt zu Kampfhandlungen kommen werde. Erst in letzter Minute wurde Paris dann zur offenen Stadt erklärt, so daß die meisten sich zur Rückkehr entschlossen. Doch etliche konnten nicht mehr zurückkehren: Bei Kriegsausbruch waren zahlreiche Emigranten aus Deutschland (und aus anderen Ländern) festgenommen und in Internierungslager im Süden Frankreichs gebracht worden. Diejenigen, denen die Internierung erspart geblieben war, die aus einem Lager entlassen worden waren oder daraus hatten fliehen können, suchten, zum Teil vergebens, einen Weg aus Frankreich hinaus; zu ihnen gehörte Walter Benjamin, der sich Ende September 1940 an der spanischen Grenze das Leben nahm.

Die Teilung Frankreichs in zwei Zonen – die nördliche, von deutschen Truppen besetzte, umfaßte etwa zwei Drittel des Gesamtgebiets – bestand bis November 1942; dann brach Deutschland das Waffenstillstandsabkommen vom 22. Juni 1940 und besetzte auch die Südzone. Der bereits am 17. Juni gebildeten Regierung Pétain ließ die Teilung ein eigenes Territorium; der Kurort Vichy im Département Allier wurde zur Hauptstadt dieser Regierung, Paris dagegen zur Hauptstadt des militärischen Siegers und seiner Dienststellen, zur Hauptstadt auch der von ihm betriebenen Kollaboration.

Das Lebensgefühl der Pariser beeinflußten diese Veränderungen auf nachhaltige Weise. »Paris war tot«, schreibt Jean-Paul Sartre 1944 in *Paris unter der Besatzung.* »Die Traditionen waren unterbrochen, die Gewohnheiten ebenfalls. (...) ein prunkvolles und regloses Stadtskelett blieb übrig (...). Frankreich, durch die Besetzung in geschlossene Provinzen aufgeteilt, hatte Paris vergessen. Die Stadt war nur noch eine flache nutzlose Ortschaft, wo die Erinnerungen an ihre Größe spukten und die in Abständen durch Spritzen unterstützt wurde. Sie verdankte ihr schleppendes Leben der Anzahl von Güter- und Lastwagen, welche die Deutschen jede Woche hineinzulassen beschlossen. Verzog Vichy ein wenig das Gesicht, mußte Laval an den Ohren gezogen werden, damit er Arbeiter nach Berlin lieferte – sofort wurden die Spritzen abgesetzt. Paris verkümmerte und gähnte vor Hunger unter einem leeren Himmel.«

Daß Hitler mit Frankreich nicht nur einen formellen Waffenstillstand schloß, sondern auch einen (freilich schein)souveränen französischen Staat, den *Etat français* als Nachfolger der Dritten Republik zuließ (übrigens als einzigen Staat in den damals besetzten Ländern) – das erklärt sich schwerlich aus besonderer Zuneigung zum »Erbfeind«, zum »Todfeind des deutschen Volkes«, wie er in »Mein Kampf« schreibt. Es war vielmehr Ausdruck einer mehrgleisigen Politik, die er bereits 1933 begonnen hatte und in der Friedensbeteuerungen einhergingen mit der Bemühung, den Versailler Vertrag zu revidieren und das französische Bündnissystem zu durchbrechen – von der Aufrüstung, die er vorantrieb, und von der Vorbereitung eines Feldzugs im Westen zu schweigen.

Als der ihm den schnellen Sieg über Frankreich eingebracht hatte, erneuerte er die Friedensaussichten (jetzt in Hinblick auf ein »Neues Europa«), deutete Möglichkeiten der Zusammenarbeit an – und spannte die französische Wirtschaft für seine Kriegszwecke ein. Nach außen war es eine Politik der Mäßigung, aber sie zielte – begreiflicherweise – nicht auf Stärkung, sondern auf Schwächung des Nachbarlandes ab. So erklärte Otto Abetz, der neu ernannte Botschafter in Paris, am 17. August 1940 denn auch unmißverständlich: »Das Reich ist daran interessiert, daß Frankreich im Innern schwach bleibt und andererseits von einer Verbindung mit fremden, den reichsfeindlichen Mächten ferngehalten wird (. . .) In jedem Falle aber muß von deutscher Seite alles getan werden, um die innere Uneinigkeit und damit Schwäche Frankreichs zu fördern. Deshalb besteht kein Interesse an einer Unterstützung wirklich völkischer oder nationaler Kräfte in Frankreich.«

Das Bild »innerer Uneinigkeit«, anders gesagt: das Bild sehr starker und nur selten ruhender innerer Auseinandersetzungen, hatte Frankreich schon lange geboten, und die waren immer wieder um einzelne Ereignisse entbrannt: So hatte der Dreyfus-Prozeß die monarchistischen, klerikalen, antisemitischen und nationalistischen Strömungen belebt und gestärkt, und in der schleichenden Finanzkrise der ausgehenden zwanziger und frühen dreißiger Jahre, die sich am sogenannten Stavisky-Skandal verdeutlicht hatte, erstarkten die rechtsradikalen Gruppierungen. Am 6. Februar 1934 lieferten sie auf der Place de la Concorde der Polizei blutige Straßenkämpfe. Dieser präfaschistische Putschversuch wurde zwar vereitelt, aber die Regierung Daladier trat zurück. Und die zwei Jahre Volksfront unter Léon Blum, von 1936 bis 1938, brachten erst recht keine anhaltende innere Befriedung; nicht nur, daß ihre radikale Sozialgesetzgebung bald wieder aufgeweicht wurde – das Regierungsbündnis von Radikalsozialisten, Sozialisten und Kommunisten hatte auch die Virulenz der antidemokratischen Kräfte erhöht.

(Begleitet wurden diese Bewegungen von einer Fülle deutender, kommentierender und polemisierender Schriften, in denen die Ursachen für das herrschende Unbehagen auf unterschiedliche Formeln gebracht wurden. So hatte bereits 1919 Paul Valéry von einer »Krise des Geistes« gesprochen, 1924 diagnostizierte Marcel Arland ein neues *mal du siècle.* 1927 veröffentlichte Julien Benda sein Buch *Der Verrat der Intellektuellen,* 1929 Emmanuel Berl sein Buch *Tod des bürgerlichen Denkens,* dem er 1930 *Tod der bürgerlichen Moral* folgen ließ. All diese und viele spätere Publikationen offenbaren Gegensätze und Spannungen der dreißiger Jahre, die das politische Geschehen und das Verhalten der Franzosen während der Besatzungszeit begreiflich machen und ihnen das Überraschende nehmen.)

Es blieb nicht aus, daß bei der Suche nach neuen Orientierungsmöglichkeiten auch Deutschland ins Blickfeld geriet: ein immerhin geschlagenes Land, das sich trotz aller Handicaps mit Entschlossenheit wieder aufzurichten schien. In manchen Köpfen, wenn auch sicherlich nicht den klarsten, muß dieser Anblick höchst selbstquälerische, ja selbstzerstörerische Regungen erzeugt haben. Raymond Queneau läßt in seinem Roman *Ein Winter in Le Havre* – er spielt im Kriegswinter 1916/17, ist aber 1939 erschienen – einen französischen Offizier namens Bernard Lehameau auftreten. Lehameau kuriert in seiner Heimatstadt eine Beinverletzung aus, die er bei Charleroi erlitten hat. In den Gesprächen, die er während seiner erzwungenen Mußezeit führt, wettert er über das »demokratische, freimaurerische und verjudete Frankreich«, und gegen Ende des Romans fragt er: ». . . wissen Sie, was notwendig wäre, damit Frankreich vorm Verfall gerettet wird, damit hier endlich wieder Zucht und Ordnung herrscht?« Die Antwort gibt er selber: »Dazu wäre ein deutsches Protektorat notwendig. Ein deutsches Protektorat über Frankreich wäre notwendig . . .«.

Ein Reichsprotektorat Frankreich hat es nicht gegeben – es brauchte auch keines zu geben: Hitlers der Form nach mäßige Besatzungspolitik war subtiler und wirkungsvoller. Ihr war auch von Anfang an eine systematische Sympathiewerbung für das Dritte Reich vorausgegangen, deren Schwerpunkt auf kulturellem Gebiet lag. Für die Nationalsozialisten war das deshalb so wichtig, weil Paris – nach Wieland Herzfelde der »größte Sammelplatz deutscher Emigranten (. . .) bis zur Eroberung Frankreichs« – sehr bald zum Zentrum für deutsche Kulturarbeit im Exil geworden war. In Paris erschienen während der dreißiger Jahre deutschsprachige Zeitungen, Zeitschriften und Bücher (erinnert sei nur an die *Zeitschrift für Sozialforschung*) – auch eine »Deutsche Freiheitsbibliothek« gab es; in Paris wurden deutschsprachige Bühnenstücke uraufgeführt, so (im Oktober 1937) *Die Gewehre der Frau Carrar* von Bertolt Brecht; in Paris fanden bedeutende antifaschistische Kongresse statt, angefangen mit dem Ersten Internationalen Schriftstellerkongreß zur Verteidigung der Kultur im Jahre 1935 unter dem Vorsitz von Heinrich Mann.

Was Literatur und Buchwesen angeht, so wurde im Juni 1937 – zur gleichen Zeit wie die Pariser Weltausstellung, auf der das Deutschland Hitlers sich präsentierte – die von Emigranten organisierte Ausstellung »Das deutsche Buch in Paris 1837–1937« eröffnet; mit ihr liefen über Monate Autorenlesungen und Diskussionsabende einher. Im Juli desselben Jahres tagte der Zweite Kongreß der Internationalen Vereinigung der Schriftsteller zur Verteidigung der Kultur, und im Oktober hielt der Schutzverband Deutscher Schriftsteller, ebenfalls in Paris, seine Generalversammlung ab: alles schwer zu übersehende Kundgebungen, deren vielfältiges Echo die Goebbelssche Gegenpropaganda auf den Plan rufen mußte.

Anknüpfungen in Hinblick auf eine Kollaboration ermöglichten nach der Besetzung Frankreichs auch frühe Sympathiebekundungen einzelner Franzosen: So gehörte zu den ersten, die mit einer von Neid wohl nicht freien Neugier das Nachbarland betrachteten, Pierre Drieu La

Rochelle. 1932 schon hatte er eine Vortragsreise durch Deutschland unternommen, hatte 1934 in Berlin Otto Abetz kennengelernt (der war damals Frankreich-Referent der Reichsjugendführung), hatte 1935 den Nürnberger Reichsparteitag besucht und sich hingerissen über den »Vorbeimarsch der ganz in schwarz gekleideten Elitetruppen« geäußert.

Einer anderen ideologischen Komponente der Kollaboration hatte Louis-Ferdinand Céline vorgearbeitet und damit die nationalen Selbstzweifel vieler Franzosen nähren geholfen. Sein Roman *Reise ans Ende der Nacht* (1932) hatte im Dritten Reich nicht erscheinen dürfen – er war den neuen Machthabern zu anarchisch und zu nihilistisch und geriet, wie auch *Tod auf Borg* (1936), auf die schwarze Liste der Reichsschrifttumskammer, die »Liste des schädlichen und unerwünschten Schrifttums«. Sein Pamphlet *Bagatelles pour un massacre* aus dem Jahre 1937 hingegen, das 1938 unter dem Titel *Die Judenverschwörung in Frankreich* auf deutsch erschien, wurde von ihnen lebhaft begrüßt und unter anderem 1939 in der ersten Juli-Nummer von Julius Streichers Zeitschrift *Der Stürmer* angezeigt – unter der Überschrift: »DER WARNER. Der französische Arzt Céline sagt den blutigen Untergang Frankreichs voraus.«

Céline stellt in *Bagatelles* ... die Tradition der französischen Literatur als eine wesentlich jüdische Tradition dar; er schreibt: »Das Schul-Französisch, das abgeklärte, filtrierte, entkleidete Französisch, das aufgeputzte (modern naturalistische) Französisch, das Französisch der Flegel, das Französisch eines Montaigne, eines Racine, das jüdische Abiturientenfranzösisch, das Französisch des verjudeten Anatole (France), der Brüder Goncourt, das widerlich elegante Französisch, gedrechselt, orientalisch, peinlich, glitschig – dieses Französisch ist die Grabschrift der französischen Rasse.«

Außerdem behauptet Céline, nur Bücher jüdischer

fremdsprachiger Autoren würden ins Französische übersetzt: »Der arme kleine französische Buchmarkt, der schon so geschrumpft in den letzten Zügen liegt, findet sich nun noch mehr erdrückt, beinahe vernichtet, durch die Romane und Feuilletons von Herrn und Frau Lehmann, Rosamunde, Virginie Woolf, Vicki Baum, Herrn Ludwig, Herrn Cohn, Herrn Davis, Fräulein ›Fischende Katze‹, alles, alles Juden und Jüdinnen (. . .). Natürlich sind alle mit der großen Hilfe der Jury, der internationalen jüdischen Zirkel (jüdisch-internationale Literaturpreise!) angekündigt, bekanntgemacht, geweiht und mit Hilfe jüdischer Agenturen nach Frankreich gebracht und mit der Begeisterung aller verjudeten Zeitungen (sie sind es alle!) empfangen worden.«

Wären das literarische Leben und der Literaturbetrieb im Frankreich der Zwischenkriegszeit so überschaubar gewesen, wie Céline es in dieser demagogischen Vereinfachung und Verzerrung suggeriert – die Nationalsozialisten hätten ihre Kultur-, insbesondere ihre Literaturpolitik mit sehr viel weniger Aufwand betreiben können. Das Amt Schrifttumspflege im Amt Rosenberg, das aus der Reichsstelle zur Förderung des deutschen Schrifttums hervorgegangen war – sein Leiter während der Kriegsjahre war Bernhard Payr –, stellte jedoch einen vielköpfigen, in viele Referate und Lektorate unterteilten Apparat dar, dem nichts entging. Wie auf realpolitischer Ebene von langer Hand eine Militärverwaltung im besetzten Frankreich vorbereitet worden war, so hatte man in Hinblick auf künftige Überwachung und Zensur sorgfältig registriert, was auf dem französischen Buchmarkt vorging. »Die Deutschen«, so notiert Paul Léautaud am 13. September 1940 in sein *Literarisches Tagebuch*, »haben den Krieg nicht nur militärisch, politisch und wirtschaftlich, sondern sozusagen auch geistig vorbereitet (. . .). Sie sind auch, und zwar mit Beweisen in der Hand, über alles auf dem laufenden, was seit zwanzig Jahren in Frankreich für oder gegen sie geschrieben worden ist, und zwar in allen Gattungen: Dramen, Bücher, Zeitschriften, Zeitungen; sie haben es in Bibliotheken, Archiven und Zetteln erfaßt.« Und ganz aus der verbreiteten Zerknirschung über die militärische Niederlage von 1940 fügt Léautaud hinzu: »Man ist versucht zu sagen, daß sie, wenn sie so vorgearbeitet, soviel Intelligenz für Organisation und Vorbereitung entfaltet haben, eigentlich den Sieg verdient hätten . . . über andere, die an nichts anderes gedacht haben, als sich zu amüsieren, zu faulenzen, sich zu betrinken oder Schuftigkeiten zu begehen.«

Noch im Juni 1940 flog eine Gruppe von deutschen Frankreichkennern nach Paris, um die deutsch-französische Kulturpolitik des Dritten Reiches an Ort und Stelle weiterzuführen. Außer Otto Abetz gehörten ihr Ernst Achenbach, Karl Epting, Friedrich Grimm und Friedrich Sieburg an. Wie unlängst Manfred Flügge in einem sehr perspektivenreichen Aufsatz gezeigt hat, kam Sieburg in dieser Politik eine wichtige Rolle zu. Sein erfolgreiches Frankreich-Buch *Gott in Frankreich* war 1929 erschienen und bereits ein Jahr danach ins Französische übersetzt worden. Bernard Grasset, später einer der aktivsten kollaborierenden französischen Verleger, hatte der französischen Übersetzung »Briefe an Friedrich Sieburg über Frankreich« beigefügt und damit selber den Auftakt zu den zahlreichen Repliken gegeben, die Sieburgs kritische Analyse provozierte.

Der hatte sie als kenntnisreicher warnender Sympathisant unternommen, hatte geschrieben, Frankreich habe sich »in ein lebendes Museum, in einen Jahrmarkt der Vernunft« verwandelt, und hatte von der »Fragwürdigkeit Frankreichs als Nation, Staat und Gesellschaft« gesprochen. Im März 1941 wird er in Paris öffentlich erklären, seine Erfahrungen mit Frankreich hätten ihn »zu einem

Kämpfer und Nationalsozialisten« gemacht. Die Franzosen sollten sich diszipliniert dem künftigen Europa Adolf Hitlers eingliedern und Schluß machen »mit dem ewigen Durchwursteln, den schlichten Glücksvorstellungen von Freizeitanglern«. Und zu Feinden Frankreichs erklärt er, ebenfalls ganz im Sinne des Nationalsozialismus, »den Völkerbund, den angelsächsischen Kapitalismus, das Evangelium der Volksfront, die jüdischen, kommunistischen, freimaurerischen Kräfte«.

Wer auf so einseitige Weise Partei ergreift, ist kein Vermittler mehr. Mit dem Appell an Frankreich, seinen freiheitlichen Überlieferungen abzuschwören, hat Sieburg einen gewaltsamen, zum Glück nicht endgültigen Schlußstrich unter eine lange Tradition nicht gesteuerter literarischer Vermittlung zwischen Frankreich und Deutschland gezogen. Auf deutscher Seite ist sie verknüpft mit den Namen von Kritikern und Übersetzern wie Franz Blei, Ernst Robert Curtius, Ferdinand Hardekopf oder Hans Jacob – nicht zu vergessen Walter Benjamin, dem wir nicht nur die ersten Bände einer Übersetzung des Romanwerks von Marcel Proust, sondern beispielsweise auch erste Übersetzungen von Erzählungen Marcel Jouhandeaus verdanken. Von März 1933 an hat Benjamin dann die literarische Entwicklung in Frankreich aus nächster Nähe verfolgen können. Das belegen Einzelbesprechungen von Neuerscheinungen und mehr noch zusammenfassende Analysen: vor 1930 schon sein wegweisender Essay über den Surrealismus, später seine Literaturbriefe aus Paris oder der Essay »Zum gegenwärtigen Standort des französischen Schriftstellers«, der 1934 in der *Zeitschrift für Sozialforschung* erschien.

Gerade die von Benjamin untersuchten Themen und Autoren aus der französischen Literatur machen deutlich, welche Positionen innerhalb der literarischen Diskussion nach der Einführung einer nationalsozialistischen deutschen Zensur nicht mehr vertreten werden konnten. Der Surrealismus – 1937 von Céline als »Instrument (...) des jüdischen Betrugs« verschrien – war in seiner orthodoxen Spielart zwar nicht mehr an der Tagesordnung. Aber seine früheren Anhänger und Sympathisanten Georges Bataille und Michel Leiris hatten mit Roger Caillois zusammen das *Collège de Sociologie* gegründet und im Oktober 1938 gerade zu verstärkter Mitarbeit daran aufgerufen. Angesichts der bedrohlichen politischen Weltlage solle das *Collège* ... kein bloßer »Organismus der Forschung und der Studien« bleiben, sondern »ein Herd der Energie« werden – »in vollem Bewußtsein«, wie es in dem Aufruf heißt, »daß die gegenwärtigen politischen Formen ganz und gar verlogen sind, und daß es notwendig wurde, eine Form der kollektiven Existenz wiederherzustellen, jenseits aller geographischen und sozialen Begrenzungen«.

Auch über eine revolutionäre, eine proletarische oder »populistische« Literatur, wie sie von Walter Benjamin in »Zum gegenwärtigen Standort des französischen Schriftstellers« analysiert worden war, konnte nicht mehr diskutiert werden. Henri Barbusse hatte sie 1930 in offiziellem Moskauer Auftrag propagiert, Léon Lemonnier und André Thérive hatten 1929 mit ihrem »Populismus«, Henry Poulaille 1930 mit seinem »Neuen literarischen Zeitalter« Anregungen dazu gegeben. Einer der scharfsinnigsten Wortführer in dieser Diskussion auf kommunistischer Seite war Paul Nizan: Benjamin hat dessen letzten Roman *Die Verschwörung* (1938) noch in einem seiner Literaturbriefe besprochen; im Mai 1940 ist Nizan in der Schlacht um Dünkirchen gefallen, kurz nachdem er aus Protest gegen den Hitler-Stalin-Pakt aus der Kommunistischen Partei Frankreichs ausgetreten war.

Den tatsächlichen Schwund an Ausdrucksmöglichkeiten suchte die deutsche Besatzungsmacht durch eine trügerische Vielfalt des Angebots vergessen zu machen. Auf den ersten, damals freilich ausschlaggebenden Blick gelang ihr das ganz hervorragend, einesteils, weil sie umfassende und gründliche Vorarbeit geleistet hatte, andernteils, weil sie auf französischer Seite viele bereitwillige Helfer fand. Doch was die Deutschen in der französischen Hauptstadt noch aufrechterhielten, war ein »künstliches Leben«, wie Jean-Paul Sartre in *Paris unter der Besatzung* schreibt: ». . . die Theateraufführungen, die Rennen, die elenden und makabren Feste hatten lediglich den Zweck, der Welt zu zeigen, daß Frankreich heil sei, weil Paris noch lebe«.

Das aber bedeutet: Die Kulturpolitik war und blieb Teil der deutschen Gesamttaktik dem besiegten Nachbarland gegenüber. In seinem Aufsatz über Friedrich Sieburg betont Manfred Flügge mit Recht: »Das Zulassen eines in der Tat erstaunlich umfangreichen Kulturlebens im besetzten Frankreich war weder Ausdruck einer langfristig angelegten Versöhnungsbereitschaft noch Folge persönlicher Liberalität der deutschen Funktionsträger in Paris (was nicht ausschließt, daß im Einzelfall und subjektiv schützende Absichten eine Rolle gespielt haben mögen). Die deutsche Kulturpolitik im besetzten Paris, die vor allem von der Deutschen Botschaft und dem ihr angegliederten Deutschen Institut betrieben wurde, war geradezu ein Kernstück der taktisch begründeten Politik der Mäßigung und Ablenkung.«

Am tiefsten griffen die Deutschen bei Tageszeitungen und Wochenzeitschriften in die bestehenden Verhältnisse ein. Sie erwarben bedeutende Aktienanteile oder kauften ganze Blätter auf. Manche der bisherigen Herausgeber ließen ihr Blatt nach der Niederlage in der Südzone erscheinen oder verzichteten ganz darauf, es weiterzuführen, und so wurde dem Zeitungsleser oft unter alten Titeln, die ihm vertraut waren, eingefärbte Information verkauft.

Die Verschiebung der ideologischen Schwerpunkte anderer Presseorgane sowie großzügige Subventionen von deutscher Seite bewirkten außerdem, daß ein schon bestehendes, seiner Tendenz nach faschistisches Blatt wie *Je suis partout* (unter der Leitung von Robert Brasillach) oder ein neugegründetes wie *La Gerbe* (unter der Leitung von Alphonse de Chateaubriant) in erheblich verstärktem Maße meinungbildende Wirkung ausübten. Zumal *Je suis partout* konnte seine Auflage sehr stark erhöhen und brachte es 1944 auf 300 000 Exemplare.

Bei den französischen Buchverlagen, die zu 90 % ihren Sitz in Paris hatten, konnten sich die Deutschen mit sehr viel geringeren Investitionen begnügen. Jüdische Verlagshäuser (wie Fernand Nathan und Calmann-Lévy) wurden »arisiert«, also enteignet; von anderen Verlagen wie Sorlot, Denoël und Cluny gingen Kapitalanteile in deutsche Hände. Im übrigen kamen die Verlagsherren der Besatzungsmacht und ihren Zensurvorstellungen so weit entgegen, daß gewaltsame Eingriffe unnötig waren (außerdem blieb immer die unauffällige Daumenschraube der Papierzuteilung). Schon auf einem Leipziger Verlegerkongreß im August 1938 war die französische Verlegerschaft gut vertreten gewesen und hatte ein Grußtelegramm an den Reichspropagandaminister Goebbels, »den aufgeklärten Förderer aller kulturellen Werte«, mit unterzeichnet. Gaston Gallimard, der zunächst in die Südzone gegangen war und sich geweigert hatte, unter den veränderten Bedingungen seinen Verlag fortzuführen, kehrte nach Paris zurück und machte weiter – was heißt, daß er mitmachte.

Im Oktober 1940 wurde die »Liste Otto« veröffentlicht. ». . . in dem Wunsch, eine gesündere Atmosphäre, und die für eine richtige und objektive Wertung der europäischen Probleme notwendigen Voraussetzungen zu schaffen«, so heißt es im Vorwort zu der Liste, hätten die französischen Verleger beschlossen, Schriften aus dem Verkauf zu ziehen, »die durch ihren unwahren und tendenziösen Charakter zur systematischen Vergiftung der öffentlichen

Meinung Frankreichs beigetragen« hätten. »Die Liste enthält insbesondere die Publikationen der politischen Emigranten oder der jüdischen Schriftsteller, die unter Missbrauch der Gastfreundschaft, die Frankreich ihnen gewährt hatte, zu einem Kriege hetzten, aus dem sie in egoistischer Weise für sich selbst Gewinn zu ziehen hofften.«

Daß bereits wenige Monate nach Besetzung der Hauptstadt eine so umfangreiche Aufstellung von Büchern vorlag, die den Besatzern unerwünscht waren, könnte zunächst überraschen. Pierre Seghers, der von Oktober 1940 an in Südfrankreich die Zeitschrift *Poésie* herausgab, meinte allerdings 1980 in einem Gespräch mit Margarete Zimmermann rückblickend, die »Liste Otto« sei schon »lange vor der militärischen Niederlage vorbereitet worden« und habe »bereits in den Händen von Herrn Abetz und von einigen kulturellen Organen des Dritten Reichs« gelegen. Das wird um so wahrscheinlicher, als die Reichsschrifttumskammer von Beginn ihrer Tätigkeit an außer deutschsprachigen auch übersetzte ausländische Bücher prüfte und Aufstellungen von Titeln machte, die ihr nicht genehm waren. Noch 1938 war eine solche Aufstellung gedruckt worden.

Die erste »Liste Otto« (sie war nach der alphabetischen Folge der Verlagsnamen gegliedert) trat im August 1942 außer Kraft und wurde durch eine neue ersetzt (die ihrerseits im Mai 1943 erweitert wurde). Der französische Historiker Henri Michel hat darauf hingewiesen, daß selbst ausgesprochen kollaborationistische Verleger nicht wenige von ihren Titeln indiziert sehen mußten: Grasset fünfunddreißig, Sorlot vierzig. Auch der Verlag Denoël steht 1940 wie auch 1942 mit jeweils neunundzwanzig Titeln auf der Liste: Bei ihm waren immerhin die Pamphlete (vorher auch die Romane) von Louis-Ferdinand Céline erschienen, und 1942 brachte Denoël einen, wenn nicht sogar *den* Bestseller der Besatzungszeit heraus, das Pamphlet *Les Dé-*

combres von Lucien Rebatet, das eine Auflage von 100 000 Exemplaren erreicht haben dürfte.

Gegen Schluß des Vorworts zur zweiten Ausgabe der »Liste Otto« (es ist vom damaligen Vorsitzenden des französischen Verlegerverbandes, von René Philippon unterzeichnet) heißt es, die Bestimmungen der Zensur hätten »für das französische Verlagsleben keine schwerwiegenden materiellen Nachteile zur Folge«. Das traf auch zu – allerdings auf andere Weise, als die Autoren des Vorworts es gemeint hatten. Ende 1940 waren nach offiziellen Angaben 2242 Tonnen Bücher beschlagnahmt und eingestampft worden. Doch wer konnte schon das Einstampfen kontrollieren? Man darf also vermuten, daß viele verbotene Bücher zu erhöhten Preisen unterm Ladentisch verkauft worden sind – ohne »schwerwiegende materielle Nachteile« für den jeweiligen Verleger.

Die Frage einer deutschen Vorzensur von literarischen Neuerscheinungen wäre gegenstandslos gewesen, wenn die französischen Autoren für die Zeit der Besatzung darauf verzichtet hätten, zu veröffentlichen. Doch nur die wenigsten von ihnen entschieden sich für diese höchst achtbare Position des Schweigens, wie sie 1967 Vercors (mit bürgerlichem Namen Jean Bruller) in seinem Erinnerungsbuch *La Bataille du silence* begründet hat: »Da es nicht möglich war, laut und offen seine Meinung zu sagen, kam jeder Versuch, sich öffentlich Gehör zu verschaffen, den Nazis zugute, die damit machten, was sie wollten, ohne daß Einspruch möglich gewesen wäre. Deshalb konnte es nur eine Pflicht, ein Gesetz geben: zu schweigen.«

Während Seghers seine Lyrik-Zeitschrift in der Legalität (allerdings unter französischer Zensur) herausgeben konnte, gründete Vercors im Untergrund den Verlag *Editions de Minuit,* dessen Programm er 1942 mit seiner eigenen Erzählung *Das Schweigen des Meeres* eröffnete (sie lag bereits im Februar gedruckt vor, wurde aber aus Sicherheitsrücksichten erst von September an vertrieben). Etwa zwei Dutzend Titel sind bis 1944 in den *Editions de Minuit*, dem »Mitternachtsverlag« erschienen. Unter den Autoren waren Louis Aragon, Julien Benda, Jean Cassou, Paul Eluard, Jean Guéhenno, Jacques Maritain, François Mauriac, Jean Paulhan.

Diese Verlagsgründung gehörte zu einer intellektuell-literarischen Widerstandsarbeit, aus der auch Flugblätter und Zeitschriften wie *Action, Combat* (dessen Redakteur von 1943 an Albert Camus war), *Défense de la France, Libération-Nord, Libération-Sud* und andere hervorgegangen sind. Ihre Autoren und Redakteure, nicht zuletzt ihre Verteiler setzten sich ebenso großen Gefahren aus wie diejenigen ihrer Kameraden, die mit Waffen die Besatzungsmacht bekämpften.

Das freiwillige Exil als Möglichkeit zeitweiligen Rückzugs wählten nur einige Autoren. Georges Bernanos etwa, André Breton, Jacques Maritain, Jules Romains oder Jules Supervielle hielten sich außer Landes auf; auch André Gide lebte zunächst an der Riviera, also im nicht besetzten Teil Frankreichs, später (von Mai 1942 an) in Nordafrika, ohne daß man in dieser Abwesenheit eine gezielte politische Demonstration zu sehen hätte: Simone de Beauvoir erzählt in ihren Erinnerungen, Jean-Paul Sartre habe im Sommer 1941 Gide in Grasse aufgesucht – in der Hoffnung, ihn für intellektuelle Widerstandsarbeit zu gewinnen. (Vorher hatte Sartre, mit Maurice Merleau-Ponty zusammen, die Gruppe *Socialisme et Liberté* gegründet – später, 1943, wird er sich dem *Comité National des Ecrivains* sowie dem *Comité National du Théâtre* anschließen: beides der Résistance nahestehende Gruppierungen.) Doch habe Gide abgewunken – nicht anders als (damals noch) André Malraux, der geäußert habe, „die russischen Tanks, die amerikanischen Flugzeuge« müßten den Krieg gewinnen.

So wahrten nur wenige französische Schriftsteller räumlichen oder geistigen Abstand zur Besatzungsmacht und zu ihren Vertretern. Die meisten blieben – und schrieben.

Hanns Grössel

Manfred Flügge: Friedrich Sieburg. Frankreichbild und Frankreichpolitik 1933–1945 (in: Vermittler. H. Mann / Benjamin / Groethuysen / Kojève / Szondi / Heidegger in Frankreich / Goldmann / Sieburg. Deutsch-französisches Jahrbuch I. Herausgegeben von Jürgen Sieß. Frankfurt 1981)
Paul Léautaud: Literarisches Tagebuch 1893–1956. Eine Auswahl. Herausgegeben und übersetzt von Hanns Grössel. Reinbek 1978 (= das neue buch 117)
Henri Michel: *Paris allemand.* Paris 1981
Jean-Paul Sartre: Paris unter der Besatzung. Artikel und Reportagen 1944–1945. Herausgegeben, übersetzt und mit einem Nachwort von Hanns Grössel. Reinbek 1980 (= rororo 4593)
Margarete Zimmermann: Pierre Seghers: *»L'action et le rêve vont ensemble, pour un poète«. Entretiens sur la poésie et la résistance (juin 1980)* in: *Lendemains.* Zeitschrift für Frankreichforschung und Französischstudium. Nr. 21, 6. Jahrgang, Februar 1981

Vorwort

Gerhard Heller als Name und Figur war mir schon in mehreren zeitgenössischen Schriftstellerbiographien – so bei Herbert R. Lottman (Camus), bei Frédéric Grover und Pierre Andreu (Drieu La Rochelle), bei Jean Lacouture (Mauriac) – wie auch in den Tagebüchern Ernst Jüngers und Paul Léautauds begegnet. Daher hatte ich bereits eine gewisse Vorstellung von dem Mann, für dessen Erinnerungen an die Besatzungszeit in Frankreich sich der französische Verlag *Editions du Seuil* interessierte und mich beauftragte, bei der Darstellung des Erlebten in Buchform behilflich zu sein.

Wer also war dieser Leutnant Gerhard Heller, der von November 1940 bis Juli 1942 als Sonderführer (Z) der auf den Champs-Elysées im Haus Nr. 52 residierenden Propaganda-Staffel und von Juli 1942 bis August 1944 der Kulturabteilung der Deutschen Botschaft zugeteilt war? Welche Erinnerungen hatte er bewahrt an diese Pariser Jahre, da ihm die Zensur der französischen Literatur oblag und er nicht nur dienstlich mit den größten Schriftstellern jener Zeit zusammentraf, sondern mit einigen von ihnen sogar freundschaftliche Kontakte zu knüpfen vermochte?

Unsere Begegnung fand in Baden-Baden statt, wo er mit seiner Frau Marie-Luise seit Kriegsende lebt. Im Hause dessen, der während seiner vier Pariser Jahre als Zensor und Berater der französischen Schriftsteller und Verleger etwa achthundert Werke unserer Autoren gelesen hat, sind alle europäischen Literaturen beheimatet, und bei einer beträchtlichen Anzahl von Titeln figuriert er selbst als Übersetzer oder Herausgeber.

In ausgedehnten Gesprächen skizzierten wir noch einmal den Lauf der Zeit bis hin zu jenen für uns Franzosen so düsteren Jahren, deren Schrecken und Ängste sich für ihn aber immer wieder aufhellten, wenn er neue Erkenntnisse und neue Freunde gewann.

»Was habe ich doch für ein Glück gehabt, daß ich diese Kriegsjahre ausgerechnet in Paris und in dieser Funktion verbringen konnte!« sagte er mir. Aber auch die französischen Schriftsteller und Verleger, die mit Gerhard Heller zu tun hatten, konnten von Glück sagen, war er doch der verständnisvollste und freundschaftlichste Gesprächspartner, den man sich denken konnte.

Dieses Verständnis und diese Freundschaft wurden auch mir zuteil während der langen Stunden, die wir – einander anhörend und befragend – zusammen verbrachten. Und manchmal wurde es sogar schwierig, im Endergebnis unserer gemeinsamen Arbeit genau festzulegen, was der eine und was der andere dazu beigetragen hatte.

Daher ist das Ich des Berichterstatters in diesem Buch sozusagen unser gemeinsames Produkt, doch die Stimme, die hier spricht, ist natürlich in erster Linie und unverkennbar die eines Deutschen, der Frankreich und die Franzosen liebt: es ist die Stimme unseres Freundes Gerhard Heller.

Jean Grand

Auf den Spuren eines jungen Deutschen

Ich wurde am 8. November 1909 in Potsdam geboren. Mein Vater stammte aus dem Brandenburgischen und meine Mutter aus Schlesien. Diese Gegend am Fuße des Eulengebirges habe ich sehr geliebt, und wer diese Landstriche nicht kennt, vermag sich nicht vorzustellen, wie heiter und friedlich Land und Leute dort waren.

Wir lebten also in Potsdam, meine Eltern, ich und meine drei jüngeren Brüder, die übrigens alle aus dem Krieg zurückkehrten. Mein Vater war ein kleiner Verwaltungsangestellter, und meine Mutter kümmerte sich als Sozialhelferin um Alte und Kranke. Beide sahen ihren Lebenszweck in der Erziehung ihrer vier Kinder, obwohl das manchmal nicht gerade leicht war in der Enge unserer bescheidenen Wohnung.

Die Stadt meiner Kindheit ist für mich auch heute noch eine Stadt der Wunder; Parks und tiefe Kiefernwälder umgeben sie ringsum, und mittendurch zieht der Fluß, die Havel, die an manchen Stellen zu Seen sich ausweitet, auf denen Schwäne und Wildgänse niedergehen: die Stimmen der Natur sind somit allgegenwärtig. Aber auch Menschenhand hat dort wahre Wunderwerke vollbracht: Schloß Sans-Souci in seinen großen französischen und englischen Parks, die alten typisch deutschen und barokken Straßenzeilen, die italienisch anmutenden Bauten oder die neoklassizistischen Denkmäler, das Holländische Viertel – in dieser Stadt fügten sich alle Baustile harmonisch zueinander.

Auch die Bevölkerung war ein merkwürdiges Gemisch: zu den bodenständigen Preußen, Germanen und Slawen reinsten Wassers, waren die nach Aufhebung des Edikts von Nantes aus Frankreich vertriebenen Hugenotten hinzugekommen, die im 17. und vor allem im 18. Jahrhundert eine Fülle französischen Kulturguts einbrachten.

Viele Familien trugen französische Namen: Disqué, Bassenge ... Man sprach auch viel Französisch; zeitweilig wurde in der reformierten Kirche sogar französisch gepredigt. In den Ferien nahm man bereitwillig französische Studenten auf, wie man auch freudig jede Einladung zu einem Aufenthalt in Frankreich annahm. Und dennoch galt Frankreich nach wie vor als der Erbfeind, was ich schon als kleines Kind dunkel erahnte.

Meine erste Erinnerung daran reicht in den August 1914 zurück: da war ich vier Jahre alt. Wir hatten die Ferien bei meinen Großeltern in Schlesien verbracht, am Fuße jenes Eulengebirges, von dem ich bereits sprach. Nach Potsdam zurück fuhren wir mit dem Zug, und ich sehe mich noch, wie ich als verängstigter kleiner Kerl inmitten dieser Menge begeisterungstrunkener Männer und schluchzender Frauen auf dem Bahnsteig stand und später dann in den überfüllten Gängen des Zuges von Männern, die plötzlich zu Soldaten geworden waren, über ihre Köpfe hinweg zu den Toiletten hindurchgereicht wurde. Diese Erinnerung hat sich mir so tief eingeprägt, daß ich – wohl auf Grund unserer Gespräche – kürzlich wieder einmal davon träumte: in diesem Erlebnis ist sicherlich eine der Ursachen jener beklemmenden Angst zu suchen, die mich so häufig im Laufe meines Lebens bedrängte.

Auch aus dem düsteren Ozean der Kriegsjahre tauchen hin und wieder Bilder auf: Wurden an der Front Siege erzielt, flatterten Fahnen in den Straßen, doch kurz darauf wurden sie wieder eingeholt; 1918 standen Menschen mit Kochgeschirren Schlange vor den Kasernentoren, denn dort wurde Suppe ausgegeben; im November 1918, während des Spartakus-Aufstands, hielten Mitglieder des »Arbeiter- und Soldatenrates« meinen Vater, der in Uniform aus Berlin kam, am Bahnhof Potsdam an und forderten ihn auf, Kokarde und Achselklappen abzunehmen ...

Mit zwölf Jahren trat ich in einen Bund der Jugendbewegung ein. Nach dem ersten Weltkrieg gab es in Deutschland eine Vielzahl von Organisationen, insbesondere Bünde der Pfadfinder und Wandervögel, deren Ziel es war, den Zusammenhalt unter der Jugend zu fördern und sie zu Selbständigkeit und Naturverbundenheit zu erziehen: auf Wandern, Zelten, Singen und Kameradschaftsgeist wurde dabei großer Wert gelegt.

Ich denke noch heute mit Dankbarkeit an diese Zeit zurück. Wir waren eine Gruppe echter Freunde, und einige dieser Freundschaften haben bis heute gehalten. Fast alle Gegenden unserer Heimat haben wir uns gemeinsam erwandert. Später sollten vielen von uns andere Wege zum Verhängnis werden, in Polen, in Frankreich oder in Rußland; alle diese Freunde, die der Krieg mir geraubt hat, werden mir immer fehlen.

1920 war ich in die höhere Schule gekommen, die zu meinem Leidwesen überwiegend naturwissenschaftlich und mathematisch ausgerichtet war; und in diesen Fächern war ich eine Niete. Zum Glück konnte ich diese Mängel durch gute Noten in Deutsch, Französisch und Musik wettmachen und somit später in Berlin mein Hochschulstudium beginnen. Doch 1928 wurde ich krank: Rheumatismus mit Herzbeschwerden. Man schickte mich in ein Jugendsanatorium, das mitten im Thüringer Wald lag.

Einer unserer drei Betreuer dort hieß Horst Wessel. Wer hätte damals gedacht, daß er eines Tages zum Helden der Nazipartei werden und eine mit dem Deutschlandlied gleichsam untrennbar verbundene Hymne seinen Namen tragen würde? Er war Sohn eines Berliner Pastors und verdiente sich während des Studiums ein paar Mark dazu, indem er in den Semesterferien als Betreuer in Jugendlagern oder -heimen arbeitete. Er kam wie ich aus der Jugendbewegung, doch aus einer Gruppe, die »Bismarckjugend« hieß, und gehörte als Student einer Wiener und gleichzeitig einer Berliner Korporation an. Er war ein sympathischer, dynamischer, sehr zugänglicher junger Mann, der mit uns Ausflüge machte, mit uns aß und uns das Billardspiel beibrachte.

Mein Aufenthalt in diesem Heim währte recht lange, schließlich teilte ich sogar mit ihm eine große Glasveranda, deren breite Fenster auf die Berge hinausgingen. Natürlich kam das Gespräch ab und zu auch auf Politik, aber damals hatte ich noch keine Ahnung, daß er bereits SA-Mitglied war. Ich erinnere mich nur, daß er einmal, als er für ein paar Tage nach Berlin fuhr, gesagt hatte: »Den Zivilanzug konnte ich erst in der Zugtoilette gegen meine Uniform vertauschen.«

Er war bei allen Jugendlichen in diesem Heim sehr beliebt; ganz besonders freuten wir uns, wenn er sang und uns jene – übrigens mit einem völlig harmlosen Text unterlegte – Melodie beibrachte, die, wie ich erst viel später entdeckte, zur nationalsozialistischen Hymne werden sollte. (Die Melodie des Horst-Wessel-Liedes ist der Oper *Joseph* (1807) des französischen Komponisten Etienne Méhul entlehnt, der auch den berühmten *Chant du départ* komponiert hat.)

Ende 1928 war ich geheilt nach Potsdam zurückgekehrt. Da erhielt ich eines Tages einen Anruf von Horst Wessel: »Interessiert es dich, eine Rede des Führers zu hören?« Sie sollte anläßlich einer der großen Versammlungen im Berliner Sportpalast stattfinden. Ich antwortete: »Ja, das interessiert mich.« Er holte mich am Bahnhof in Berlin ab, begleitete mich zum Sportpalast, und dort trennten wir uns. Damals war er noch ein Nazi in Kinderschuhen. Ich hörte Hitler zum ersten Mal und war recht beeindruckt, das muß ich zugeben, wenn mich die Begeisterung der Massen und der Aufmarsch der Braunhemden auch befremdeten, obwohl ich – wie die meisten Deutschen – glaubte, daß Hitler die Situation Deutschlands nach dem Kriege richtig charakterisierte. Doch dank der Erziehung in der Bündischen Jugend war ich gewohnt, kritisch zu denken, und so verfiel ich nicht blindlings dieser Begeisterung und dieser nazistischen Ideologie. Später, als ich mich wieder intensiver meiner Potsdamer Gruppe anschloß, geriet ich dann auch in Schwierigkeiten mit der Hitlerjugend, was für die Fortsetzung meines Studiums in Berlin ein Handicap darstellte.

Ich sah Horst Wessel niemals wieder, aber als ich 1930, an meinem ersten Abiturprüfungstag, in einer der Potsdamer Straßen am Redaktionsbüro einer Zeitung vorbeikam und Menschentrauben vor den Aushangkästen entdeckte, da blieb auch ich stehen und las die Schlagzeile auf einer Berliner Tageszeitung: »Nationalsozialistischer Student erschossen.« Es war Horst Wessel, und für mich war dieses Ereignis das erste Anzeichen dafür, daß die Politik innerhalb Deutschlands eine blutige Wendung nahm, die ich zutiefst verabscheute.

In Berlin begann ich also mit dem Studium der Philosophie, Psychologie, Geschichte, Germanistik und Romanistik (Schwerpunkt Französisch und Nebensprache Italienisch).

Das Sommersemester 1932 verbrachte ich in Heidelberg, in der von nazistischem Einfluß damals noch verschonten Hochburg des deutschen Geistes.

Kurz vor der Machtergreifung Hitlers 1933 begab ich mich mit fünfzig oder sechzig jungen Leuten aus der Deutschen Freischar für ein Semester in ein Studentenheim (das den Namen »Musikheim« trug) in Frankfurt an der Oder. In diesem von dem zeitgenössischen Architekten Otto Bartning errichteten Haus fanden für gewöhnlich pädagogische Lehrgänge für Lehrer statt. Wir eröffneten dort unter dem Namen Convivium Viadrinum eine Art freie Universität, sozusagen am Rande des offiziellen Lehrbetriebs;

das Vorlesungsangebot war recht vielfältig; Professoren kamen von den verschiedensten Universitäten, unter anderen beispielsweise der Theologe Helmuth Kittel, der Physiker Werner Heisenberg und der Musikpädagoge Geo Götsch. Auch musische, sportliche sowie handwerkliche Disziplinen wurden gefördert. Dort war es dann, wo wir am 30. Januar 1933 von Hitlers Ernennung zum Reichskanzler erfuhren.

Nun begann ein heftiges Diskutieren. Wir fragten uns, welche Veränderungen sich wohl aus diesem Ereignis für das Land und für uns selbst ergeben würden. Speziell die Bünde der Jugendbewegung würden vermutlich verboten oder von der Hitlerjugend aufgesogen werden. Was sollten wir dann tun? Ich und einige andere beschlossen, soweit wie möglich Distanz zu halten zu jeglicher Nazibewegung; für eine echte Opposition war ich noch nicht reif genug. Andere überlegten, geschlossen in die SS einzutreten, nicht etwa – und das kann ich beschwören – aus ideologischen Beweggründen, sondern in der Hoffnung, bei einem Eintritt *in corpore* Einfluß gewinnen und Veränderungen herbeiführen zu können. Daß dies eine Illusion gewesen war, mußten sie bald erkennen, doch da war es zu spät, denn wenn man erst einmal in diese Maschinerie einbezogen war, dann wurde es quasi unmöglich oder zumindest äußerst gefährlich, sich wieder aus ihr zu lösen.

Ich hatte das Glück, dieser Zwickmühle zu entkommen, denn eines Tages, gegen Ende des Sommers 1933, ließ mich Carl Rothe, ein Freund aus der Jugendbewegung, zu sich rufen. Er hatte einen gewissen Einfluß auf den seit einigen Jahren schon existierenden Deutschen Akademischen Austauschdienst (dessen Leiter in Paris übrigens bis Kriegsbeginn Karl Epting sein sollte). Rothe fragte mich: »Traust du dir zu, in zwei Wochen Italienisch zu lernen?« Das klang wie ein Scherz, dabei bot er mir die unwahrscheinliche Chance, der Eingliederung in die nazistischen

Studentenverbände zu entkommen. »Du brauchst nur eine kleine Prüfung abzulegen, und dann hast du ein Jahr Pisa in der Tasche.« Ich hatte genügend Italienisch studiert, um in Italien zurechtzukommen, und so schaffte ich auch die Prüfung. Ich reiste einen Monat vor Vorlesungsbeginn nach Pisa, um noch Zeit zu haben, meine Sprachkenntnisse zu vervollkommnen.

Im Oktober 1933 schrieb ich mich dann an der *Scuola Normale Superiore* als Student ein. Natürlich war auch dies eine faschistische Institution, aber – wie die Italiener sagten: *fascista ma non troppo.* Dort traf man Stipendiaten aus allen Gegenden Italiens, mit denen leicht Freundschaften zu knüpfen waren. Auch einen deutschen Kommilitonen hatte ich: Hermann Bengtson, der Alte Geschichte studierte und ein international anerkannter Spezialist und späterer Rektor der Universität Würzburg werden sollte. Lektor für Deutsch war Theodor Elwert, der zukünftige Professor für Italienisch an der Universität Mainz.

Wir drei waren Antinazis. Dennoch mußten wir einmal zu einer Parteiversammlung nach Livorno, da unsere Namen auf den Listen der Auslandsorganisation der nationalsozialistischen Partei erscheinen sollten. Dieses Treffen in Livorno hatte übrigens kaum etwas von einer Parteiversammlung: es war eher ein Freundschaftstreffen der in Italien ansässigen Deutschen.

Im Juni 1934 fuhr ich nach Deutschland zurück, doch machte ich noch Station in Locarno, um in Minusio das Grab Stefan Georges zu besuchen, der Ende 1933 verstorben war. Zu seinen Anhängern, die zum Begräbnis gekommen waren und den Sarg getragen hatten, zählte auch Graf Stauffenberg, der Mann des Attentats vom 20. Juli 1944. Stefan George war einer jener Dichter, die ich am meisten verehrte: in seinen meisterlichen Übersetzungen hatte ich Baudelaire und Mallarmé kennengelernt. Wer hätte einen jungen Menschen wie mich besser einführen können in

France dulce terre, wie er in seinem Gedicht »Franken« schrieb? In tiefer innerer Bewegung neigte ich mich vor seinem Grab und überdachte noch einmal sein Vermächtnis: was hatte er uns nicht alles über Zucht und Heroismus, aber auch über die magische Verwandlungskraft der Dichtung gesagt! Als ich den Friedhof verließ, trat ein alter Wärter auf mich zu und sagte auf italienisch: »Es ist merkwürdig, seit dieser Mann hier liegt, kommen immer wieder junge Leute wie Sie, mit einem Buch [Georges Gedichten] unter dem Arm, verharren einen Augenblick lang schweigend vor dem Grab und gehen dann wieder mit ernster Miene davon.«

In Basel, knapp vor der Grenze, besuchte ich noch kurz Schweizer Freunde. »Kehren Sie nicht nach Deutschland zurück; bleiben Sie lieber bei uns hier«, sagten sie. Das war am 30. Juni, dem Tag nach der berüchtigten »Nacht der langen Messer«, als Hitler die SA-Führer niedermetzeln ließ. Aber ich hatte eine Verabredung mit einem Freund in Heidelberg, die ich nicht verpassen wollte. Beim Grenzübertritt schien mir alles ruhig. Es war ein Sonntag; Familien gingen durch die blühenden Wiesen spazieren und im friedlichen Himmel flogen Lerchen hoch und nieder und riefen ihr sonnentrunkenes Tju-tju. Mein Freund in Heidelberg schilderte mir dann jenes grauenvolle Massaker.

Das war ein finsteres Omen für meine Zukunftspläne. Ich hatte eigentlich vorgehabt, mein Studium fortzusetzen, aber welche Atmosphäre würde jetzt herrschen im deutschen Alltag? Ich hatte Geschmack an anderen Ländern gefunden, und außerdem würden die Pforten der Universität mir ohnehin verschlossen sein, da ich wegen meiner Zugehörigkeit zur Bündischen Jugend bereits in Schwierigkeiten mit der Hitlerjugend geraten war. Das beste für mich wäre wohl, mein Land erneut zu verlassen, sofern das möglich war.

Im September fand in der Nähe von Berlin ein Treffen

aller Austauschstudenten statt, zum besseren Kennenlernen und Erfahrungsaustausch. Da sagte plötzlich jemand zu mir: »Sie sollten mit Epting reden, ich glaube, er sucht noch einen Bewerber für Toulouse.« Man müßte vielleicht hervorheben, daß Leute wie mein Freund der Schriftsteller und spätere Generalsekretär des Europäischen Schriftstellerverbandes Carl Rothe zutiefst antinazistisch eingestellt waren und Wert darauf legten, Studenten wie mich ins Ausland zu schicken. So konnte verhindert werden, daß Nazis sich diese Posten aneigneten. Häufig ersuchten auch die Verantwortlichen der Gastländer darum, man möge ihnen keine Nazis schicken.

Es gelang mir, Epting am Bahnhof abzufangen:

»Kann ich mich noch um die Stelle in Toulouse bewerben?«

»Ja, gewiß; wenn Sie wollen, der Platz ist frei. Sie brauchen nur noch eine Sprachprüfung abzulegen.«

Hierzu begab ich mich zum Direktor des Französischen Kulturinstituts in Berlin. Ich war wahnsinnig aufgeregt und so vernagelt, daß mir nicht einmal die Übersetzung für *finir par* einfiel. Dennoch bestand ich. Und nun war ich außer mir vor Freude bis zum Tag meiner Abreise.

Im Oktober fuhr ich zusammen mit meinem Freund Wilhelm Fensterer nach Paris und kurz darauf allein weiter nach Toulouse, wo ich das Studienjahr 1934/35 absolvierte. Dort lernte ich französische Studenten, vor allem Germanisten, aber auch Tschechen, Amerikaner und einen Engländer, Denis Elcock, kennen, der immer auf der »chasse aux mots«, auf der Jagd nach Worten, war und heute ein bedeutender Sprachforscher ist. Wir bildeten ein kleines, brüderlich vereintes Europa, das durch die großen Konflikte später allerdings auseinandergerissen werden sollte. Eine besondere Freundschaft verband mich mit Alex Aronson aus Breslau, der Deutschland hatte verlassen müssen, weil er Jude war. Für mich entstand daraus ein Gewissenskonflikt, denn es war uns verboten, mit Juden zu verkehren. Obwohl ich ein solches Verbot nicht billigen konnte, hätte ich den Mut zu offener Opposition wahrscheinlich nicht aufgebracht, wäre ich nicht überzeugt gewesen, daß mein Freundeskreis in Toulouse nur schwerlich kontrolliert werden konnte. Wir trafen einander regelmäßig bis zur Beendigung meines Aufenthaltes, und unsere Gespräche verstärkten meinen inneren Widerstand gegen den Nationalsozialismus mehr und mehr.

Herrliche Weihnachtsferien verlebte ich mit ein paar Freunden im andorranischen Soldeu, das damals noch ein echter Adlerhorst war. Hin und wieder machte ich einen Abstecher nach Paris, wo ich in den Osterferien einen Vortrag von Pierre Drieu La Rochelle hörte, der soeben die Novellensammlung *La Comédie de Charleroi* (»Die Komödie von Charleroi«) veröffentlicht und einen einwöchigen Aufenthalt bei der Hitlerjugend in Berlin verbracht hatte. Bei diesem Vortrag traf ich auch Otto Abetz wieder, der wie ich aus der Jugendbewegung kam, was trotz unserer unterschiedlichen Ansichten und seiner schon damals recht beachtlichen Position ein gewisses Bindeglied zwischen uns darstellte. 1932 hatte er die Französin Suzanne de Bruycker, die Sekretärin von Jean Luchaire, geheiratet und sich mit Haut und Haar der politischen Annäherung von Deutschland und Frankreich verschrieben. (Der 1901 geborene Luchaire traf den damaligen Sozialdemokraten Abetz im Sommer 1930 auf dem Sohlberg im Schwarzwald. Er wurde sein französischer Partner im deutsch-französischen Verständigungswerk und durch ihn auch zu den Olympischen Spielen nach Berlin und zum Nürnberger Parteitag eingeladen. Im Herbst 1940 betraute Abetz ihn mit der Leitung der Abendzeitung *Les Nouveaux Temps* und später mit der Präsidentschaft des französischen Presseverbandes. Luchaire wurde 1945 in Italien verhaftet, zum Tode verurteilt und am 22. Februar 1946 erschossen.)

Als ich in Paris mit Abetz zusammentraf, war er bereits in Diensten des Reichsjugendführers Baldur von Schirach, aber der Partei trat er erst später, 1937, bei. Ich für meinen Teil habe Abetz immer für einen anständigen, ehrlichen Mann und einen aufrichtigen Freund Frankreichs gehalten, der allerdings in ein Räderwerk geraten war, das keine individuellen Wünsche zuließ und diese sogar in Bahnen lenkte, die den ursprünglichen Intentionen keineswegs entsprachen. Er war ein Glied in der Kette dieser Höllenmaschine geworden und nicht mehr fähig, sich daraus zu lösen, was ich stets sehr bedauert habe.

Im Sommer 1935 kehrte ich aus Toulouse nach Potsdam zurück, und während der Ferien gelang es mir auch noch, der drückenden Militär- und Polizeiatmosphäre, die auf meinem Lande lastete, zu entfliehen, indem ich mit zwei Freunden eine ausgedehnte Wanderung durch Lettland, Estland und Finnland unternahm, wobei wir weit über den Polarkreis hinauskamen und über Stockholm und quer durch Dänemark heimkehrten.

Zu Hause erwartete mich ein Brief, ich solle mich beim Berliner Rundfunk melden. Dort suche man einen Spezialisten für romanische Sprachen, insbesondere für das Italienische. Ich weiß nicht, wer meinen Namen genannt hatte, doch empfand ich es wie einen Akt der Vorsehung, denn meine Chancen, das Studium bis zum Doktorexamen oder einem anderen akademischen Grad fortsetzen zu können, waren äußerst gering. Ich stellte mich also beim Rundfunk vor, legte eine kleine Prüfung ab und wurde zunächst als freier Mitarbeiter engagiert und später fest angestellt. Ich arbeitete in der Abteilung Literatur am Kurzwellensender, der nach Amerika, Afrika, Asien und Australien ausstrahlte.

Wie später auch in Paris wurde mir schon hier das Glück zuteil, daß mein unmittelbarer Vorgesetzter auf einen anderen Posten versetzt wurde und ich ihn bis Kriegsbeginn interimistisch vertreten durfte. Zu meinen Aufgaben gehörten literarische Informationssendungen sowie die Organisation von Radio-Vorträgen und Hörspielen kulturellen Inhalts. Bei der Auswahl der Programme, der Autoren und Sprecher ließ man mir relativ freie Hand, so daß ich rein politische Themen auf ein Minimum beschränken konnte. Ich war damals in Verbindung mit Peter Huchel und Günter Eich. Während der Olympischen Spiele 1936 wurde ich von meinem Posten freigestellt, um als Sekretär und Dolmetscher den Kollegen vom italienischen Rundfunk zu assistieren.

Unter meinen Kollegen beim Rundfunk waren Leute aller Schattierungen; viele waren im Grunde ihres Herzens keine Nazis, nicht einmal solche, die das Abzeichen trugen; einigen vermochte ich sogar meine Zweifel und meine Kritik am neuen Regime anzuvertrauen. Und dennoch lebten wir alle in Angst, in Angst vor der Gegenwart, aber vor allem in Angst vor der Zukunft, die unserer Ansicht nach einen Krieg bringen würde.

Doch bevor die Apokalypse hereinbrach, wurde uns mit der Weltausstellung 1937 in Paris noch ein letzter Aufschub gewährt. Ich fuhr mit einem jüngeren Freund hin, doch nützten wir diese Reise vor allem für einen Ausflug an die Côte d'Azur. Wie soll ich den Reiz beschreiben, den dieses großartige Zusammenspiel von Sonne und Meer für uns Deutsche damals barg?

Diese Mittelmeerküste, der Süden Frankreichs, Italien – rief uns da nicht eine Art Paradies, nach dem wir uns alle von Generation zu Generation sehnen? Wir träumen doch alle wie Goethes Mignon »vom Land, wo die Zitronen blühn«. Dort also, weit entfernt von der Weltausstellung und ihren Menschenmengen, weit entfernt von der unheilverkündenden Konfrontation des deutschen und des russischen Pavillons dort an der Seine, waren wir für ein paar Tage glücklich. Aber nach zweiwöchiger Abwesenheit mußten wir zurückkehren und in einer von den überall spürbaren Kriegsvorbereitungen belasteten Atmosphäre die Arbeit wiederaufnehmen.

1938 konnte ich Deutschland noch einmal verlassen: man brauchte mich als Dolmetscher für die italienischen und deutschen Radioreporter während des Treffens zwischen Hitler und Mussolini in Italien. Für mich barg das die Gelegenheit, Ranuccio Bianchi-Bandinelli, einen meiner Professoren aus Pisa, wiederzusehen. Schon während meines Aufenthalts an der *Scuola Normale Superiore* hatte dieser einer der ältesten italienischen Familien entstammende Archäologieprofessor mich tief beeindruckt. Ohne daß jemand es wußte, war er gleichzeitig Mitglied der kommunistischen Partei Italiens (später gehörte er übrigens sogar dem Zentralkomitee an). Und doch kamen mir eines Tages, als er mich in seine Villa bei Siena einlud, die er als »kleines Landhaus ohne Elektrizität« charakterisierte und die sich in Wirklichkeit als ein von Kunstverstand und gutem Geschmack zeugendes Juwel entpuppte, leise Zweifel an seiner politischen Einstellung, und zwar aufgrund seiner positiven Äußerungen über Karl Marx und seiner ungezwungenen Art, mit seinen Pächtern umzugehen. Bei dieser Reise traf ich ihn also wieder, da er, der ebenso gut Deutsch wie Italienisch sprach, Hitler und Mussolini als archäologischer Führer diente. Welch verblüffende Konstellation: der kommunistische Intellektuelle und diese beiden Diktatoren! Aber auch welch schauspielerische Meisterleistung seinerseits, obwohl solche im italienischen Kontext sicher leichter gelang als in Deutschland. Neben meiner aufrichtigen Bewunderung empfand ich so etwas wie Komplizenschaft Bianchi-Bandinelli gegenüber, und außerdem freute ich mich einfach mächtig, ihn wiederzusehen. Doch uns blieb nur wenig Zeit, da Hitlers Besuch seinem Ende zuging. Für mich hieß es heimkehren, um den Alltagsdienst beim Kurzwellensender zu versehen.

Schwerwiegende Ereignisse begannen sich zu häufen: im März die Besetzung Österreichs; im September die Drohungen an die Adresse der Tschechoslowakei, die im Münchner Abkommen ein provisorisches Ende fanden; am 9. November die »Reichskristallnacht«, wo im ganzen Reich Synagogen, jüdische Geschäfte und Häuser in Brand gesteckt wurden. Ich lebte in Angst und war überzeugt, daß wir geradewegs auf einen allgemeinen Krieg lossteuerten. Ich fühlte mich auch sehr isoliert, denn außer einer kleinen Gruppe von Freunden konnte ich niemandem mitteilen, daß ich mich weigerte, die allgemeine Begeisterung für Hitlers leichte Hand bei der schrittweisen Realisierung all seiner Pläne zu teilen.

Ich erinnere mich noch ganz deutlich an jenen 9. November, als ich auf dem Heimweg vom Berliner Funkhaus an der verwüsteten Synagoge in Potsdam vorbeikam. Es wirkte wie ein Schock, der mich sprachlos machte und entsetzte. »Was ist denn nur los in Deutschland?« fragte ich mich. »Wie konnte es nur so weit kommen? Welch gigantischer Irrtum, welch ein Wahnsinn, eine Religion, die ja doch eine der Quellen unserer Kultur ist, vernichten zu wollen!«

Der Krieg und die Bücher

Die Ereignisse überstürzten sich während des Jahres 1939: im März besetzten die deutschen Truppen die gesamte Tschechoslowakei und im Anschluß daran wurden auch die gegen Polen gerichteten Drohungen immer unmißverständlicher. Wie würden diesmal wohl England, Frankreich und Rußland reagieren, fragte ich mich. Die Verkündigung des deutsch-sowjetischen Nichtangriffspakts am 23. August traf uns wie ein Donnerschlag: jetzt hatte Hitler freie Hand, und bereits am ersten September erfolgte dann auch der Einmarsch in Polen.

Am 3. September erfuhr ich in Potsdam, daß wir uns mit Frankreich im Krieg befanden. Ich war glücklich bei dem Gedanken, nicht daran teilnehmen zu müssen: Mein Rheumatismus hatte nämlich Herzbeschwerden mit sich gebracht, und daher war ich für den Kriegsdienst als untauglich befunden worden. Nicht einmal den Militärdienst mußte ich ableisten.

An dem Tag, als der Krieg erklärt wurde, traf ich nachmittags Dietrich Wobser im Park von Sans-Souci bei den Römischen Bädern. Es war ein strahlender Sonnentag. (»Das gleiche Wetter hatten wir auch im August 14«, sagte mein Vater. Auch ich erinnerte mich an die Ferien in Schlesien und die Rückkehr nach Potsdam im überfüllten Zug. Damals war ich vier Jahre alt gewesen.) Dietrich mußte bereits am nächsten Tag zu seiner Einheit einrücken. Wir sagten einander Adieu, ohne große Hoffnung auf ein Wiedersehen. Für mich bedeutete die Mobilmachung zwar nichts weiter als ein Ausharren an meiner Dienststelle beim Rundfunk; ich fühlte mich aber auch dort nicht mehr recht wohl, da man uns natürlich dazu vergattert hatte, massive

Propaganda ins Programm mit aufzunehmen. Und wem sollte ich meine Zeifel und inneren Widerstände anvertrauen?

Nach dem schnellen Sieg der deutschen Truppen über Polen schien der Krieg irgendwie zum Stillstand gekommen. Bis Mai 1940 geschah nichts an der Westfront. Doch dann kam wie ein Blitzschlag die Offensive: Hitler überrannte Belgien, Holland und Luxemburg, die französischen Stellungen brachen bei Sedan zusammen, und die von Stukas unterstützten Panzerverbände Guderians überrollten den Norden Frankreichs.

Nach Amiens, Arras und Rouen wurde am 14. Juni Paris besetzt, und am 17. ersuchte Marschall Pétain um den Waffenstillstand. Ich war sprachlos über die Schnelligkeit dieses Sieges. Selbst jene Politiker und Generäle, die Hitler skeptisch gegenüberstanden, wagten vor dieser »göttlichen Überraschung« und der bei Armee und Bevölkerung ausgebrochenen Begeisterung keinerlei kritische Stellungnahme mehr. Mich befiel abgrundtiefe Trauer, und ich fühlte mich so allein in meiner Weigerung, am allgemeinen Jubel teilzunehmen.

Während jeglicher bewaffnete Widerstand in Frankreich zusammenbrach, zog mich die französische Literatur wie eh und je, ja sogar noch in verstärktem Maße, in ihren Bann. Da ich beim Rundfunk die Nachtschicht versah, verbrachte ich einen großen Teil meiner Tagesstunden mit der Lektüre französischer Autoren. Einiger Titel entsinne ich mich noch: *Heilige Ordnung* von Marcel Arland, das war der frische Atem des ländlichen Frankreich; *Europa gegen die Vaterländer* und *Rede an die Deutschen* von Drieu La Rochelle; *Die Hoffnung* von André Malraux, das ich heimlich von meiner letzten Reise mitgebracht hatte, und schließlich *Phädra* von Racine.

Eines Morgens – es dürfte Oktober gewesen sein – rief mich nach Dienstschluß ein Freund aus dem Propagandaministerium an: »Wir suchen jemanden für die literarische Zensur in Paris. Die augenblicklichen Posteninhaber verstehen nicht viel von Literatur. Du wärst der Mann der Stunde. Wenn du willst, nenne ich dem Ministerium deinen Namen.« Ich sagte begeistert zu: das war eine unverhoffte Chance! Ein paar Tage später wurde ich zur Wehrmacht eingezogen, denn der in Frage kommende Posten unterstand dem Militärbefehlshaber in Paris. Das waren also die berühmten, auf alle Regionen verteilten und in der Propaganda-Abteilung Frankreich zusammengeschlossenen Propaganda-Staffeln. In gewisser Weise, wenn auch auf ganz anderer Ebene, waren sie das Pendant der die Feldzüge begleitenden Propagandaeinheiten. Obwohl rein formal der Militärregierung angeschlossen, unterhielten diese Staffeln enge Kontakte zu der Abteilung »Ausland« des Informations- und Propagandaministeriums.

Nachdem meine Fähigkeiten – wohl mehr um der Form zu genügen – in einem Schnellverfahren geprüft worden waren, wurde ich der Dienststelle in Paris zugewiesen; tatsächlich hatte die Empfehlung meines Freundes aus dem Propagandaministerium den Ausschlag gegeben. Man steckte mich in eine Uniform – ausgerechnet mich, der nie so etwas getragen hatte und auch nicht wußte, wie man grüßt oder wen man eigentlich zu grüßen hat.

In Anbetracht der Stellung, die ich einnehmen sollte, verlieh man mir, der ich niemals Soldat gewesen war, den dem Leutnantsrang entsprechenden Dienstgrad eines Sonderführers (Z). Ich bekam auch diesmal keine Kaserne von innen zu sehen, denn in Paris wartete man bereits ungeduldig auf mein Eintreffen, und so fuhr ich schon am 8. November 1940 von Potsdam ab.

Die Reise dauerte zwanzig Stunden, da zerstörte Brükken, Bahnhöfe und Gleise zahllose Aufenthalte oder Umwege durch Belgien und Nordfrankreich erforderlich machten. Ich war zutiefst bewegt, unter solchen Umständen nach Paris zurückzukehren; ich bin nämlich, wie der Leser im Verlauf dieses Buches noch merken wird, ein gefühlsbetonter Mensch, den Ereignisse wie dieses innerlich aufwühlen. Obwohl ich stark emotional reagiere, kann ich sagen, daß mich das weder weich noch schwach macht; aus dieser inneren Bewegung schöpfe ich ganz im Gegenteil immer wieder neue Kraft: auf eine heftige seelische Erschütterung, die sogar zu Tränen führen kann, folgt bei mir die feste Entschlossenheit, Menschen und Ereignissen gegenüber einen Standpunkt zu beziehen, mein Verhalten festzulegen und, wenn nötig, sogar Widerstand zu leisten.

So dachte ich auch während jener langen Reise darüber nach, wie ich mich in meiner neuen Funktion verhalten sollte. Mein Aufgabenbereich war mir nicht klar umrissen worden, doch wußte ich immerhin, daß ich Zeitschriften- und Buchmanuskripte zu lesen und ihre Veröffentlichung zu autorisieren oder zu unterbinden hatte. Und während der Fahrt kam ich zu dem Schluß, daß ich alles tun würde, um diese Literatur, die ich fast ebenso liebte wie die meines eigenen Landes, zu bewahren oder gar zu fördern.

Am 9. November um fünf Uhr früh liefen wir im Nordbahnhof ein. Tags zuvor hatte ich Geburtstag gehabt, folglich begann ich mein einunddreißigstes Lebensjahr in Paris.

Ich war so aufgeregt, daß ich erst einmal am Bahnhofsbuffet einen Cognac trank, der mich allerdings fast umwarf, da ich nicht gewöhnt war, zu so früher Stunde Alkohol zu trinken. Mit gierigen Blicken sog ich diese Stadt in mich ein, in der ich so gern eine Unmenge Freunde gehabt hätte und in die ich nun gezwungenermaßen in der Rolle eines Fremden, ja eines Feindes, kam. Das war unmöglich: Wie sollte ich mich als Feind der Franzosen ausgeben, da ich doch ihr Freund, ihr Beschützer sein wollte? Meine Devise mußte also lauten, wie ich es später bei Jünger fand: »Die wahre Stärke ist die, welche schützt.« Doch wie war sie zu leben, diese Situation, die mich ängstigte und zugleich beglückte?

Ich nahm die Métro bis zu den Champs-Elysées, wo im Haus Nr. 52 die Büros der Propaganda-Staffel untergebracht waren. Als mir die Uhrzeit geeignet schien, ließ ich mich bei meinem Vorgesetzten, dem Sonderführer Friedhelm Kaiser, melden, der mir dann die Organisation der gesamten Dienststelle erklärte. Es gab mehrere Arbeitsgruppen (deren Anzahl sich im Laufe der Jahre änderte): Presse, mit der Unterabteilung Papierzuteilung, Rundfunk, Kino, Musik, Theater, Aktivpropaganda, Verwaltung und Schrifttum: das war also mein Arbeitsbereich, in dem wir laut Kaiser drei wesentliche Funktionen zu erfüllen hatten: Zensur und Gegenpropaganda (d. h. Ausschaltung aller antideutschen, freimaurerischen und jüdischen Einflüsse – die kommunistischen wurden damals noch nicht erwähnt), eine Art Nachrichtendienst (d. h. Sondierung der öffentlichen Meinung, Erforschung ihrer Reaktionen auf die Ereignisse und Berichterstattungen darüber), sowie Propaganda (d. h. den Franzosen das Neue Deutschland erklären und sie zur Kollaboration animieren). Unsere Pariser Propaganda-Staffel unterstand der im Hotel Majestic residierenden und von Major Schmidtke geleiteten Propaganda-Abteilung Frankreich.

Später erhielt ich in meiner Arbeitsgruppe Schrifttum noch zwei Mitarbeiter, die beide Romanisten waren: Sonderführer Hans Hauswald und Oberfeldwebel Weishaupt. Auch zwei Sekretärinnen gehörten dazu, von denen eine, Marie-Luise, meine Frau werden sollte. Wie viele junge deutsche Mädchen war auch sie kriegsdienstverpflichtet und als Sekretärin von Kaiser nach Paris geschickt worden. Als dieser unsere Dienststelle verließ und ich ihn interimistisch vertrat, wurden Marie-Luise und eine junge Österreicherin, mit der wir uns beide bald anfreundeten, meine Mitarbeiterinnen.

Als man mir das Büro aufschloß, in dem ich von nun an arbeiten sollte, blieb ich verdutzt stehen: der Raum war angefüllt mit Büchern und Manuskripten. Überall waren sie gestapelt: auf Regalen, Tischen und Stühlen, ja sogar auf dem Fußboden. Lakonisch hieß es: »Das müssen Sie nun alles lesen!« Den französischen Verlegern war es zu jener Zeit untersagt, Bücher zu publizieren, die aktuelle Probleme behandelten, ohne sie zunächst der tatsächlich überlasteten Zensur zur Lektüre und Genehmigung vorgelegt zu haben. Es war daher höchste Zeit, daß jemand wie ich sich an die Arbeit machte.

Wochenlang las ich sozusagen Tag und Nacht Manuskripte. Hier ein paar Titel: Marcel Arland *Auf bedrohter Erde* (1941), Jean de Baroncelli *Sechsundzwanzig Männer* (1941), Jacques Benoist-Méchin, *Ernte Vierzig, Tagebuch eines Kriegsgefangenen* (1941), Maurice Betz (bekannt als Rilke- und Jünger-Übersetzer) *Zwiegespräch der Gefangenen* (1940), Abel Bonnard *Tätige Gedanken* (1941), Henri Bordeaux, *Die Mauern sind fest* (1940), ein Buch, das in Deutschland die Reaktion hervorrief: »Da sieht man's wieder, die Franzosen beharren auf veralteten Ideen!«

Robert Brasillachs *Unsere Vorkriegszeit* (1941) wurde von vielen jungen Leuten gelesen, und der Einfluß des Autors, auf den wir noch zu sprechen kommen werden, war sehr groß.

Drei weitere Autoren, über die noch viel zu sagen sein wird, möchte ich in diesem Zusammenhang schon erwähnen: Jacques Chardonne *Private Chronik des Jahres 40* (1940) und *Das Gesicht erkennen* (1941), Pierre Drieu La Rochelle *Nicht mehr warten* (1941) und Alfred Fabre-Luce *Nach dem Waffenstillstand* (1940).

Im September 1940 war mit dem französischen Verlegersyndikat ein Abkommen geschlossen worden, in dem dieses sich verpflichtete, keine von Juden, Freimaurern oder antideutsch eingestellten Autoren geschriebenen Bücher zu veröffentlichen (später wurden auch kommunistische Autoren in diese Liste eingefügt). Der deutschen Zensur brauchten die Verleger also nur noch jene Manuskripte vorzulegen, über die sie im Zweifel waren und deren Vertrieb nach Drucklegung eventuell noch untersagt werden könnte. Sie erlegten sich also für die Gesamtheit ihrer Produktion eine Art Eigenzensur auf[1], die ihren formalen Ausdruck fand in der »Liste Otto«[2] (vermutlich so benannt nach dem Vornamen des deutschen Botschafters Otto Abetz). Diese Liste war das Ergebnis eines von den deutschen Behörden am 28. September 1940 erlassenen wahren Ukas', der als Abkommen mit den französischen Verlegern getarnt war. Ihre Neuauflagen von 1942 und 1943 waren stets um etliche Titel bereichert, und ihre vollständigste Fassung enthielt fast tausend Werke und führte zum Einstampfen von 2242 Tonnen Büchern. Mir oblag es, das Lager der zur Vernichtung bestimmten Bücher zu kontrollieren. Es befand sich in einer Großgarage in der Avenue de la Grande Armée. Im fahlen Licht, das durch die verstaubten Scheiben hereinfiel, betrachtete ich schweren Herzens all die dort aufgestapelten, zerrissenen und verdreckten Bücher, die für mich doch geradezu Kultobjekte darstellten. Grauen und Entsetzen packten mich vor diesem Bücherberg, er erinnerte mich an die Bücherverbrennung vor der Universität von Berlin im Mai 1933! Was ich dort empfand, begriff ich erst später, dank eines Ausspruchs von Jean-Paul Sartre, der ein Zitat von Marx war: »Die Scham ist ein revolutionäres Gefühl.«

Später traf ich im Rahmen meiner geringen Möglichkeiten dann Vorsorge, um wenigstens einige dieser verbotenen Bücher zu retten: von einem alten Schweizer, der für uns arbeitete, ließ ich in meinem Büro einen »Giftschrank« aufstellen, in dem ich Dinge, die mir am Herzen lagen, kur-

1 s. Anhang I
2 s. Anhang II

zerhand »versiegelte«. Gleichzeitig, nun aber für jeden sichtbar, ließ ich mir von ihm ein Regal bauen, in dem wir alle in Paris erscheinenden Zeitschriften und Bücher aufreihten und katalogmäßig erfaßten. So entwickelte sich mein Büro bald zu einer kleinen Dependance der Pariser Nationalbibliothek. Wer von den Pariser Verlegern mochte wohl ahnen, in welcher Absicht ich diese Reserven anlegte? Für sie war ich ein deutscher Funktionär wie alle anderen. Kurz vor Weihnachten 1940, knapp nach meiner Ankunft, waren bei einer Zusammenkunft in meiner Dienststelle die Tätigkeitsbereiche der Verleger erneut festgelegt worden. Für mich war dies die erste Möglichkeit zur Kontaktaufnahme mit der Pariser Verlagswelt.

An der Spitze des Syndikats stand René Philippon aus dem Verlagshaus Armand Colin; er war ein rechtschaffener Mann, der sich bemühte, sein Amt mit Anstand zu erfüllen, ohne gleichzeitig zum Kollaborateur zu werden. Gaston Gallimard war nicht anwesend, und ich weiß auch nicht mehr, wer ihn vertrat. Bei dieser Versammlung begegnete ich zum ersten Male Henry Muller und André Fraigneau, die der Leitung des Verlagshauses Grasset angehörten. Sie wurden meine Freunde und sie sind es geblieben. Wir sagten den Verlegern: »Ab heute gibt es keine Druckerlaubnis mehr. Sie werden selber darauf achten, daß nichts publiziert wird, was untersagt ist. Daher brauchen Sie uns nur noch die Bücher nach Drucklegung und nicht mehr die Manuskripte vorzulegen.« Aber die Papierzuteilung behielten wir uns weiterhin vor, und darüber hatte ich zu beschließen, in Zusammenarbeit mit der Dienststelle »Papier« der Propaganda-Abteilung. Ausschlaggebend war meine Beurteilung der Wichtigkeit des jeweils zur Diskussion stehenden Buches.

Als Anhaltspunkt dienten mir vor dem Krieg erschienene Bücher, die ich erst jetzt lesen konnte: *Der Ekel* von Sartre, *Die Unzulänglichen* von Drieu La Rochelle oder *Herr*

Godeau von Marcel Jouhandeau. Bücher dieser Art wollte ich fördern, indem ich über ihre Auflagenhöhe befand. Doch der Geist, der unsere Propaganda-Dienste lenkte, war ein ganz anderer: da sollten Autoren unterstützt werden, die bereit waren, am Aufbau des neuen Europa mitzuwirken. Es kam für mich natürlich nicht in Frage, offen Front zu beziehen gegen die offiziell ausgegebenen Richtlinien, aber ich konnte mir die Vielzahl der Dienststellen zunutze machen, sie gegeneinander ausspielen, wobei ich allerdings manchmal Kopf und Kragen riskierte. Um schließlich dennoch Autoren meiner Wahl durchzusetzen, hob ich mit Nachdruck ihre literarischen Qualitäten hervor.

Anfang Dezember 1940, einen Monat nach meiner Ankunft, wurde mein Chef Kaiser nach Berlin zurückbeordert. Seine Abberufung erfolgte unter anderem aufgrund seiner persönlichen Konflikte mit dem Deutschen Institut. In diesen Konflikten spiegelte sich die politische Spannung zwischen den beiden Ministerien, denen sie unterstellt waren, wider: dem Propagandaministerium und dem Auswärtigen Amt. Man überließ mir interimistisch die Vertretung Kaisers, und mein direkter Vorgesetzter wurde Arbeitsführer Schultz von der im Hotel Majestic ansässigen Propaganda-Abteilung. In schwierigen Fällen hatte ich ihm Bericht zu erstatten. Schultz hatte im übrigen bereits die Lösung so mancher Probleme persönlich herbeigeführt, wie beispielsweise die Schließung und Enteignung der jüdischen Verlagshäuser. Diese Spannung zwischen der Propaganda-Abteilung und dem Deutschen Institut wurde erst endgültig abgebaut durch das Abkommen vom Juli 1942, welches der Propaganda-Staffel die Abteilungen Schrifttum und Musik entzog und somit die kulturelle Rolle der Propaganda-Abteilung schmälerte. Mit kulturellen Belangen befaßte sich nun die Botschaft, und zwar in der Person des Generalkonsuls Knothe: in sein Ressort fielen Schrifttum sowie Intellektuellen- und Künstler-Austausch. Doch die Zensur blieb bei der Abteilung. Im Zuge dieser Beschlüsse von 1942 übersiedelte dann auch ich von der Propaganda-Abteilung in die Botschaft.

Aber diese beiden großen rivalisierenden Dienststellen waren nicht die einzigen, die eine Rolle zu spielen hatten: da gab es noch den Sicherheitsdienst (SD), mit dem wir gezwungenermaßen zu tun hatten, sowie die Leute von Reichsleiter Rosenberg (weltanschauliche Schulung). Beide mischten sich in alles ein, ob es nun um die »Beschaffung« von Bildern für Parteigrößen vom Schlage Görings oder um das Aufspüren von eventuell antideutschen Publikationen ging. Meine Chance bestand darin, daß alle diese Leute nicht viel von Literatur verstanden und ich sie manchmal, wenn auch nicht immer, mit dem Prestige der großen Autoren zu beeindrucken vermochte. So konnte ich meine Aktion zugunsten der französischen Bücher auch bei der Botschaft wie zuvor bei der Propaganda-Staffel aufrechterhalten. Obwohl die Papierknappheit zu ziemlich rigoroser Auflagenbeschränkung zwang, vor allem nach 1942, wurde die Zahl der Veröffentlichungen doch gewahrt und wuchs während der Besatzungszeit sogar an. Im Jahre 1943 beispielsweise wurden in Frankreich 9348 Titel gedruckt, während die USA und Großbritannien nur 8320 beziehungsweise 6705 Publikationen aufzuweisen hatten.

Ich war froh, zur Erhaltung der französischen Literatur beitragen zu können, indem ich fast jeden Hinterhalt, den man gegen sie zu errichten suchte, umging. In meiner Funktion hatte ich täglich mit Büchern, die mir am Herzen lagen, und mit ihren Autoren zu tun. Doch letztere sollten mich manchmal enttäuschen, wenn ich bei einem Zusammentreffen mit ihnen feststellen mußte, daß ihre Schriften interessanter waren als ihre Person. Da ich Zeuge wurde von so viel Kleinlichkeit, so viel Feigheit oder gar Bosheit, war ich bald versucht, die Bücher den Menschen vorzuziehen.

Ein paar nicht-literarische Ereignisse

Am 9. November 1940, dem Tag meiner Ankunft in Paris, fand in der Chambre des Députés eine Kundgebung zur Feier von Hitlers Putsch in München 1923 statt, zu der auch ich mich gegen Mittag begab. Ich saß in den halbkreisförmig angeordneten Bankreihen und litt buchstäblich unter dem Anblick der Hakenkreuzfahnen in dieser Hochburg des Parlamentarismus. Ich hatte mich immer schon für Frankreichs Geschichte, nicht nur für seine Literatur interessiert; während ich nazistische Lieder und Reden über mich ergehen ließ, rief ich mir insgeheim Figuren wie Edouard Herriot oder Léon Blum wach, für mich Symbolgestalten von Humanismus und Kultur, die für die meisten meiner Kameraden nur Namen ohne Gesichter oder gar Marionetten waren.

In diesen ersten Novembertagen kannte ich noch niemanden in Paris; als einzige Adresse hatte ich die eines Namensvetters Heller, den ich kennengelernt hatte, als er noch Medizinstudent war. Am Tag nach meiner Ankunft ging ich zu seiner Wohnung; seine Eltern öffneten und schraken entsetzt vor meiner Uniform zurück. Wie oft ich das in der Folgezeit noch erleben mußte, dieses Zurückweichen und dieses Entsetzen vor einer Gewandung, die den Franzosen ihre Niederlage und ihre ständige Bedrohung durch die Besatzungsarmee vor Augen führte! Und wie erleichtert fühlte ich mich jedesmal, wenn ich Zivil anziehen konnte und schließlich nach meiner Versetzung an die Botschaft die Uniform gänzlich beiseite lassen durfte.

Ich beruhigte die Eltern Heller, indem ich ihnen den Zweck meines Besuches erklärte, doch ihr Sohn war in Gefangenschaft geraten und hatte ihnen auch nie von mir erzählt.

In dieser Einsamkeit war ich noch immer, als ich eines Tages meinen ersten Gewissenskonflikt durchzustehen hatte. Am 11. November, dem Jahrestag des Waffenstillstands 1918, arbeitete ich wie üblich in meinem Büro auf den Champs-Elysées, als wir alle im Vestibül unserer Etage zusammengerufen wurden: draußen fand eine Demonstration statt, und wir sollten die Demonstrantengruppe abfangen und zerstreuen, da die Pariser Polizei überlastet oder nicht willens schien, einzugreifen. Wir gingen also hinunter, wir Pseudo-Soldaten, unvorbereitet auf die Rolle, die wir nun spielen sollten. Die *Marseillaise* singend, zogen Gruppen von jungen Burschen und jungen Mädchen die Avenue hinauf und hinunter; sie trugen Kokarden in den Nationalfarben an sich, gebastelt aus Materialien aller Art, sogar aus Streichholzschachteln, die auf ihrem Deckel die blauweißrote Kokarde trugen. In der Ferne erkannte man auch ein paar Spruchbänder. Mein Herz, das ihren Protest verstand, schlug mir bis zum Hals, vor allem, als ich sah, wie eilfertig hier verhaftet wurde. Kollegen von der Propaganda-Abteilung übergaben mir ein Grüppchen von vier oder fünf Studenten, die ich ins Gebäude mitnehmen sollte, um ihre Personalien zu erfassen. Wir waren kaum im Haus, da stand mein Entschluß fest: Unsere Büros lagen im fünften Stock; ich kannte den Fahrstuhlführer, mit dem ich schon sympathisiert hatte. Ich ließ den Aufzug im dritten Stock halten, der meines Wissens zu dieser Zeit menschenleer war. Den Studenten gab ich ein Zeichen, und als sie nicht zu begreifen schienen, murmelte ich noch: »Macht euch aus dem Staub!« In Windeseile waren sie verschwunden. Ich zitterte; ich glaube auch, daß ich viel mehr Angst hatte als sie nach diesem ersten Akt von »Verweigerung«, und mit diesem Tag begann jene beklemmende Angst, die mich während der ganzen Besatzungszeit kaum mehr verließ. Zu diesem Zeitpunkt wagte ich auch noch mit niemandem zu reden über all die Probleme, die ich später vor allem mit deutschen Freunden – wie etwa Ernst Jünger – besprechen konnte.

Am 16. Dezember nahm ich, immer noch allein, an den Feierlichkeiten anläßlich der Überführung der sterblichen Überreste des »Aiglon«, des Herzogs von Reichstadt, teil. Später erfuhr ich, daß auch Drieu dagewesen war, ebenso einsam wie ich. In einem Artikel der *Nouvelle Revue Française* vom 1. März 1941 schrieb er darüber unter dem Titel *Sous le Dôme.* Ich war mit Drieu bereits in meinem Büro und auch bei ihm in seiner Wohnung zusammengetroffen. Doch bei dieser in Dunkelheit getauchten Feierstunde erkannte ich im flackernden Schein der Fackeln nur Abetz, der mir gealtert und düster schien. Ich wußte noch nicht, daß er einen Tiefschlag hatte einstecken müssen: er hatte nämlich Marschall Pétain und Pierre Laval zu dieser Feier einladen lassen, doch am 13. war Laval verhaftet worden. Abetz grübelte also vermutlich darüber nach, wie er am nächsten Morgen seine Intervention in Vichy bewältigen sollte, denn er mußte dem Marschall die Leviten lesen und Laval freibekommen und nach Paris zurückbringen.

Im Vorhof des Invalidendoms wie auch im Inneren dieser riesigen Grabeskirche herrschte dumpfe Trauer, falls es nicht die Trauer meines Herzens war, die ich auf die Zeremonie übertrug. Ich konnte mich nicht befreien von der düsteren Vorahnung, daß wir, die jetzt noch siegreichen Deutschen, eines Tages auch unsere Niederlage würden erleben müssen und uns noch zahllose Trauerfeiern bevorstünden. Drieu in seinem Artikel sah in Hitler »einen vom Schicksal auserwählten Mann, der einem anderen vom Schicksal erwählten [Napoleon] nach einem Jahrhundert den Sohn zurückgab«. Doch wie vielen Vätern sollte das Schicksal in den folgenden Jahren ebenfalls die Asche ihrer Söhne zurückgeben!

Was mich anbetraf, so verspürte ich im Laufe dieser Jahre ein immer stärker werdendes Befremden vor den Aktivitäten und Anschauungen eines Großteils meiner Landsleute und insbesondere meiner Vorgesetzten. Ich entsinne mich noch jener Schießübungen, an denen auch wir, wie die anderen Soldaten, teilzunehmen hatten. Dabei fühlte ich mich doch keineswegs als Soldat, war es niemals gewesen und wollte es um nichts auf der Welt werden. Was konnten für mich also Begriffe wie Pflicht, Fahne, Vaterland bedeuten? . . . Es gelang mir zudem auch – obwohl ich bis heute nicht weiß, wie es möglich war –, niemals den Eid auf Hitler abzulegen. (Er lautete übrigens: »Ich schwöre bei Gott diesen heiligen Eid, daß ich dem Führer des deutschen Reichs und Volks, Adolf Hitler, dem obersten Befehlshaber der Wehrmacht, unbedingten Gehorsam leisten und als tapferer Soldat bereit sein will, jederzeit für diesen Eid mein Leben einzusetzen.«) In unserem Wehrpaß mußte eingestempelt sein: »Hat in . . . am . . . den Eid abgelegt.« Wann immer jemand meinen Paß aufschlug und sagte: »Sie haben ja den Eid noch nicht abgelegt«, mußte ich eine Ausrede erfinden: »Ach, wissen Sie, das ging alles so schnell; ich wurde eingezogen, in den Zug nach Paris gesetzt und hier gleich mit Arbeit überhäuft.« – »Nun gut, aber das müssen Sie in Ordnung bringen; gleich morgen melden Sie sich bei X und legen den Eid ab.« Ich habe es immer umgehen können und bin stolz darauf . . .

Aber kommen wir auf die Schießübungen zurück: sie fanden im Hof einer Kaserne an der Place Balard statt. Auf dem Schießstand waren Attrappen von Menschen in Uniform und Helm, sogenannte Pappkameraden, aufgestellt, und auf diese sollten wir zielen. Gleich beim ersten Mal weigerte ich mich vor versammelter Mannschaft, auf derartige Gestalten zu schießen. Ich sagte zu dem Hauptmann: »Ich kann schießen, bin sogar ein guter Schütze, das kann ich Ihnen auf einem Jahrmarktsschießstand beweisen, wo ich mit jedem Schuß den auf dem Wasserstrahl tanzenden Ping-Pong-Ball herunterhole. Aber Soldat bin ich nicht, trotz meiner Uniform, und mein Gewissen verbietet mir, auf einen Menschen zu schießen, selbst wenn es sich nur um ein Abbild handelt.« Ich hatte das Glück, an einen intelligenten und verständnisvollen Menschen geraten zu sein, der mich bei allen weiteren Übungen auf andere Zielscheiben schießen ließ. Und dennoch wurde ich in derselben Kaserne – ich glaube, es war gleich beim zweiten Mal – Zeuge einer gräßlichen Szene: ein Deserteur sollte erschossen werden, und schon als wir den Hof betraten, sah ich ihn, an einen Pfosten vor der Mauer angebunden . . . Wir waren aber zu keiner Exekution bestellt worden, sondern sollten unsere üblichen Schießübungen absolvieren. Es gelang mir, mich davonzustehlen, und als ich zurückkam, war es vorbei; er lag schon in einem Sarg aus billigen, schlecht verfugten Brettern. Ich war zutiefst erschüttert. Was hätte ich getan, wenn ich – wie Jünger es in den *Strahlungen* beschreibt – an der Exekution hätte teilnehmen oder sie gar befehligen müssen? Noch heute wage ich nicht daran zu denken . . .

In den folgenden Jahren gewann ich zum Glück mehr und mehr an Sicherheit, was ich zum großen Teil den vielen französischen und deutschen Freunden zu verdanken hatte, bei denen ich – selbst wenn wir nicht darüber sprachen – spürte, daß sie meine Gefühle teilten. In diesem Zusammenhang fallen mir jene Kundgebungen ein, an denen wir im Kreise der Soldaten und Offiziere teilzunehmen hatten, aber da wir keiner echten organisierten militärischen Einheit angehörten, gingen wir einzeln oder in Gruppen von Freunden dorthin und hatten somit keine Kollegen oder Vorgesetzten neben uns, denen wir eventuell mißtrauen mußten.

An einem 1. Mai – es dürfte, da ich schon bei der Botschaft war, 1943 gewesen sein – mußten wir uns im Kino *Gaumont Palace* an der Place Clichy einfinden. Der große Saal, in dem etwa fünftausend Personen Platz hatten, war gesteckt voll mit Soldaten, Zivilisten und Fahnen. Uns war klar, daß nun endlose Ansprachen von Nazifunktionären folgen und das Ganze höchst langweilig werden würde. Ich war mit Marie-Luise und dem Botschaftssekretär Oswalt von Nostitz hingegangen. Über Politik hatte ich mit ihm noch nicht geredet, aber er hatte mich bereits einmal in seine Wohnung eingeladen, wo ich auch seine Mutter, Helene von Nostitz, eine Freundin Rilkes, sowie Paul Valéry angetroffen hatte. Welch eine Begegnung: Das alte Europa und einer der größten Dichter unserer Zeit! Daher vertraute ich Oswalt von Nostitz, ohne ihn recht zu kennen. Da wir in der letzten Reihe saßen, konnten wir es uns leisten, den Arm nicht zum Hitlergruß zu erheben und sogar vor Beendigung der Feier fortzugehen.

Seit jenem 11. November 1940 hatte ich ein weites Stück Weges zurückgelegt; doch jetzt müssen wir auf diesen Weg zurückkommen, den mir vor allem meine französischen Schriftstellerfreunde sehr wesentlich erleichtert haben.

Die »Nouvelle Revue Française« unter Drieu La Rochelle

Ende November 1940 ließ mich eines Tages Dr. Kaiser als Dolmetscher in sein Büro rufen. Ich trat ein, und noch bevor er uns bekanntmachte, wußte ich, wer sein Gesprächspartner war: Pierre Drieu La Rochelle, den ich 1935, während meines Aufenthalts in Paris, bei einem Vortrag gehört hatte. Jetzt war er gekommen, um die Bedingungen zum erneuten Erscheinen der NRF zu besprechen, was prinzipiell auf höchster Ebene, nämlich mit Otto Abetz, dem Botschafter des Deutschen Reiches und sozusagen Hochkommissar für die besetzte Zone, beschlossen worden war. Ich war fasziniert von diesem hochgewachsenen, blonden Drieu mit dem feingeschnittenen Gesicht, von seiner Eleganz eher britischen Stils und seiner etwas langsamen, aber vollendeten Sprechweise.

Er war 1893 geboren und zutiefst geprägt vom ersten Weltkrieg, in dem er mehrmals, und besonders schwer vor Verdun, verwundet worden war. Auch in der Champagne hatte er gekämpft, dort lag er 1914 bei Le Godat im Schützengraben Ernst Jünger gegenüber. Sie stellten es später in einem Gespräch fest: sie hatten nachts die Schläge derselben Kirchenglocke gehört. Eine Zeitlang stand Drieu den Surrealisten sehr nahe, insbesondere Aragon, mit dem er bis 1925 eng verbunden blieb. Zwischen den gegensätzlichsten politischen Strömungen schwankte er lange Zeit hin und her. Er war ein »Frauenheld«. Eine dieser Frauen beschrieb ihn als »ein sehr unglückliches Kind, das nur den einen Wunsch hat, eine Frau möge ihm den Mond schenken. Und man hätte ihn ihm wirklich am liebsten geschenkt«, fügte sie noch hinzu. Als er 1931 den Aufsatz *Europa gegen die Vaterländer* schrieb, stand er der Sozialistischen Internationale noch sehr nahe und sagte zu seinem Bruder, er halte die Deutschen nicht für so dumm, ihr Schicksal den Nazis zu überlassen.

1934 verbrachte er eine Woche in Berlin bei der Hitlerjugend und traf dort zum ersten Mal mit Abetz zusammen, der sein Freund werden sollte. Er konvertierte regelrecht zum Faschismus und wurde in zunehmendem Maße Antisemit. Dennoch unterhielt er persönliche Bindungen zu Juden – seine erste Frau war Jüdin gewesen –, und sein Antisemitismus war in gewisser Weise eine Form der Abrechnung mit einem Teil seiner selbst.

1935 wurde er von Abetz zum Parteitag nach Nürnberg eingeladen, was ihn in seiner Neigung und Begeisterung für die Glorifizierung von Macht und Stärke natürlich bestätigte (obwohl er sie selbst gar nicht besaß, sie aber gerade daher für sich und andere sehnlichst herbeiwünschte). Von 1936 bis Januar 1939 war er Mitglied von Jacques Doriots Volkspartei, der Parti Populaire Français. Als gläubiger Verfechter des Münchner Abkommens, attackierte er im Namen der faschistischen Internationale die »verjudete und kriegshetzerische« NRF Jean Paulhans, dem er insbesondere die nach Januar 1940 erfolgte Publikation von Aragons *Die Reisenden der Oberklasse* und eine regelmäßig erscheinende Chronik aus der Feder Elsa Triolets, der Frau Aragons, vorwarf.

Drieu war also bestens gerüstet für eine mit dem Segen der deutschen Behörden abgesicherte neue NRF. Bereits am 10. August 1940 rät Abetz ihm in einem Gespräch, sich doch nicht zur Abfassung eines philosophischen Werks aufs Land zurückzuziehen, sich auch nicht auf den Journalismus zu verlegen, denn »es dürfte hart und schwierig werden, den Franzosen den Frieden schmackhaft zu machen. Gründen Sie doch lieber eine große politisch-literarische Zeitschrift!«

Bei einer weiteren Begegnung – vermutlich um den

15. August – verspricht Abetz ihm jegliche Protektion und Freiheit, falls er bereit sei, eine solche Zeitschrift ins Leben zu rufen. Als einziger Zensor würde er fungieren, Konkurrenz gäbe es keine, Vertrieb im Ausland sei gesichert usw. Und da entschloß sich Drieu recht kurzfristig, die NRF wieder aus der Versenkung herauszuholen, womit er eigentlich einem geheimen Wunsch des Botschafters entsprach, der angeblich gesagt haben soll: »Es gibt drei starke Machtfaktoren in Frankreich: den Kommunismus, die Großbanken und die NRF.« Doch diese war bis zu jenem Tag den Deutschen als verjudet, freimaurerisch unterwandert und kommunistisch angehaucht erschienen. Mit Drieu konnte alles anders werden.

Drieu ließ Gallimard verständigen, der sich in der freien Zone befand und sich sehr ablehnend verhielt. Durch Jean Guéhenno, der – wie er wußte – nach Paris zurückkehrte, ließ er Drieu eine Nachricht zukommen. Doch das Zusammentreffen beider verlief, wie zu erwarten, recht stürmisch.

Im September reiste Drieu nach Vichy und kontaktierte alle Schriftsteller und ehemaligen Mitarbeiter der Zeitschrift, um deren Meinung einzuholen. In diesem Herbst 1940 befürworteten sie mehrheitlich Drieus Pläne, wie bei François Mauriac im Juni 1949 nachzulesen ist: »Zu Beginn der Besatzungsjahre stand ich einem Wiederaufleben der NRF nicht ablehnend gegenüber, bedeutete es für die Schriftsteller doch die Chance, außerhalb und oberhalb der abscheulichen politischen Realität sich zusammenzuschließen und vor Europa Zeugnis abzulegen von der Ungebrochenheit französischen Geistes.«

Auch bei André Gide, der sozusagen im Zentrum der Verhandlungen um das Wiedererscheinen der NRF stand, finden sich zwei aufschlußreiche Bemerkungen. Am 1. Oktober 1940 ließ Jean Giono ihn wissen, er habe einen Brief von Drieu erhalten mit der Mitteilung, »die NRF erstehe von neuem, und zwar unter seiner Leitung, und das Redaktionskomitee solle folgendermaßen aussehen: Eluard, Céline, Gide und er – Giono –, falls er bereit sei . . .«. Am 5. Oktober erhielt Gide einen Brief von Gaston Gallimard, der – wie es hieß – »einem Wiedererscheinen der NRF wohl zustimmen wolle aus Furcht, die Deutschen könnten sonst seinen gesamten Verlag beschlagnahmen«.

Im gleichen Monat Oktober notierte Paul Léautaud in seinem *Literarischen Tagebuch*, er habe Jean Paulhan, den früheren Herausgeber der NRF, getroffen und erstaunt festgestellt, daß dieser Sympathie für Drieu empfinde, der seinen Platz an der Spitze der NRF einzunehmen gedenke. »Ich werde also arbeitslos«, habe Paulhan in seinem wohlbekannten provozierenden Ton gesagt. In Wirklichkeit stand er dann aber Drieu sehr hilfreich zur Seite, indem er sich dafür einsetzte, daß ein Großteil der literarischen Elite Frankreichs sich bereiterklärte, an dieser neuen NRF mitzuarbeiten. Doch an der Leitung wollte er nicht beteiligt sein, wie Drieu ihm vorgeschlagen hatte: »Drieu hat vor, sich mit der Besatzungsmacht zu arrangieren, ich nicht . . .« schrieb er am 12. Dezember 1940 an Franz Hellens. Den Vorsitz im Lektoratskomitee des Verlages Gallimard hingegen behielt er bei; diesem gehörten 1941 an: Raymond Queneau, Brice Parain, Jacques Lemarchand, Ramon Fernandez, Bernard Groethuysen und Albert Ollivier.

Anfang November kehrte Gallimard nach Paris zurück, und Léautaud notierte am 6. 11. 1940 in sein *Literarisches Tagebuch:* »Er erklärt mir, Drieu sei ein eher schüchterner, sehr geradliniger, sehr aufrichtiger Mensch. Er sei schon vor dem Kriege Antisemit gewesen. Es werde keinen Juden mehr bei der NRF geben.« Diesem Drieu konnten die Deutschen also unbesorgt vertrauen, und Abetz ging kein Risiko ein, wenn er sich bei den anderen Behörden, dem Militärbefehlshaber und der Propaganda-Abteilung, für ihn verbürgte.

Was nun mich anbetrifft, so muß ich zugeben, daß ich trotz allem, was uns trennte, sofort Sympathie für Drieu empfand. Und als ich ihn in jenen letzten Novembertagen des Jahres 1940 nach Abschluß der Unterredung zur Tür begleitete, faßte ich mir ein Herz und sagte:

»Monsieur Drieu, ich kenne Sie, ich habe 1935 einen Vortrag von Ihnen gehört, als ich kurz in Paris war. Ich würde Sie gern wiedersehen. Wären Sie einverstanden, daß wir uns andernorts einmal treffen?«

»Natürlich, ich wollte es Ihnen selbst schon vorschlagen. Am besten gleich heute abend bei mir, Avenue de Breteuil, wenn es Ihnen recht ist.«

»Ich bin aber in Uniform und Stiefeln und werde mich nicht mehr umziehen können.«

»Das macht gar nichts.«

Seine Anschauungen waren allgemein bekannt; er hatte keine Hemmungen, sich in Begleitung von Deutschen in der Öffentlichkeit zu zeigen.

Nun war ich zum ersten Mal bei einem Franzosen eingeladen! Ich überquerte die Seine, die weite Esplanade des Invalides und ging die in Dunkelheit getauchte breite Avenue de Breteuil hinauf. Von Drieus Wohnung im neunten Stock, von seinem – wie er sagte – »Taubenschlag« aus, hatte man, sofern das Licht gelöscht war, einen prachtvollen Rundblick über Paris. Er war allein. In seiner Wohnung habe ich ihn übrigens stets allein angetroffen. Wir sprachen zunächst über die Situation: »Wissen Sie, da ist ein großes Problem«, sagte er. »Das Haus Gallimard ist verschlossen, von Amts wegen versiegelt. Wir haben bald Weihnachten, und die Angestellten haben kein Gehalt bekommen . . .« Ich sagte ihm zu, mich gleich am nächsten Tag darum zu kümmern. Kurz darauf kam er auch auf das neue Europa zu sprechen und seine Hoffnungen, sich an dessen Aufbau beteiligen zu können. In meinem dürftigen, von ihm aber mit Nachsicht aufgenommenen Französisch gab ich ihm zu verstehen, daß ich Bedenken hätte, ob Hitler und die Deutschen ein Europa wie er es sich vorstellte, zustandebrächten.

Wie beim Poker hatte ich mit einem Schlag alle meine Karten aufgedeckt und rangierte für ihn von diesem Augenblick an in der Liste jener »dekadenten Europäer«, auf die kein Verlaß ist. Trotz unserer unterschiedlichen Auffassungen war ich wirklich fasziniert von diesem Mann, seiner Offenheit und seiner Intelligenz, und irgendwie spürte ich auch, daß ich ihm vertrauen konnte. Ich sollte recht behalten, denn wenn er auch später in seinem *Tagebuch* über mich das harte Urteil fällte, »Heller, leider so kleinmütig . . .«, so hat er mich doch nie verraten.

An jenem Abend tat er alles, um mir zu beweisen, daß er mir nichts verübelte. Er öffnete einen Schrank und sagte: »Probieren wir doch einmal diesen Whisky.« Er hatte ihn aus England mitgebracht und die Flasche noch nicht angebrochen. Mit ihm trank ich also den ersten Scotch meines Lebens, woraufhin wir noch offener miteinander redeten. Er gab sich freundschaftlich und ganz gelöst. Ich war so glücklich und so angeregt, daß ich jede Vorsicht vergaß und mich rückhaltlos auslieferte. Und dennoch habe ich ihn zum Schluß gebeten: »Monsieur Drieu, es wäre mir lieb, wenn Sie nichts von dem, was wir gesprochen haben, schriftlich festhielten.« Soviel ich weiß, hat er es auch nicht getan.

Nach Mitternacht verließ ich das Haus. Die Stadt lag dunkel und stumm. Ich machte den ganzen Weg bis zum Hotel Scribe, wo wir untergebracht waren, zu Fuß. Wie oft sollte ich in den vier Jahren noch allein durch diese Stadt wandern! Ein einsamer Fußgänger, der in einer Mischung aus Angst und Freude seine zwiespältige Situation zu ergründen sucht . . .

Ende November 1940 hatte ich eine Verabredung mit Drieu in den Tuilerien. Beide liebten wir diese Gärten »in ihrer einsamen Schönheit im Herzen von Paris«. Wir sprachen wieder über Deutschland und Frankreich. »Ich bin nicht wirklich deutschfreundlich«, sagte er, »aber Europa muß gebaut werden, und da Deutschland die siegreiche Nation ist, können wir es nur mit euch aufbauen.« Das gleiche schrieb er am 6. November 1940 an Jean Paulhan: »Ich bin nicht deutschfreundlich, wie Sie anglophil sind. Ich kenne Deutschland kaum, und Gefallen finde ich auch dort nur – wie in England – an einer kleinen Elite in den höheren Schichten.«

Ich kam dann auf seine Bitte zurück, »doch alles zu tun, damit der Verlag Gallimard noch vor Weihnachten seine Tätigkeit wieder aufnehmen könne.« Ich konnte ihm mitteilen, daß die Aufhebung des Sequesters nur noch eine Frage von Tagen sei.

Anfang Dezember 1940, als mein Chef Kaiser nach Berlin zurück mußte und ich sein interimistischer Vertreter wurde, konnte ich in eigener Verantwortung die nötigen Schritte bei der Feldpolizei unternehmen und die Aufhebung des Sequesters des Hauses Gallimard erreichen. Die Schließung war von den Militärbehörden veranlaßt worden und war auch wieder nur das Ergebnis der ewigen Rangeleien zwischen den verschiedenen Dienststellen: Militärbefehlshaber, Botschaft, Deutsches Institut, Propaganda-Abteilung. Und so hatte, während – wie Paulhan sarkastisch bemerkte – »Drieu mit Abetz turtelte«, die Feldpolizei in einem Anfall von Übereifer kurzerhand das Haus Gallimard geschlossen. Ich wurde also bei dem für diese Entscheidung verantwortlichen Hauptmann namens der Propaganda-Staffel vorstellig; der Unterstützung von Botschaft und Deutschem Institut war ich mir sicher, und da ich außerdem noch das Glück hatte, daß er Romanist war und meine Argumente verstehen konnte, erklärte ich kurzentschlossen: »Herr Hauptmann, Gallimard repräsentiert die gesamte große französische Literatur der letzten Jahrzehnte, und unter der Leitung von Monsieur Drieu La Rochelle wird dieses Haus zur Drehscheibe der deutsch-französischen Zusammenarbeit auf intellektuellem Gebiet werden. Die Wiedereröffnung muß so schnell wie möglich erfolgen, damit auch die Angestellten noch vor Weihnachten ihre Gehälter bekommen.« Ich erlangte sein Einverständnis, und gemeinsam fuhren wir in einem feldgrauen Citroën zum Sitz des Verlagshauses in der Rue Sébastien-Bottin. Er hatte die Schlüssel, und ich nahm eigenhändig die Siegel ab. Gemeinsam betraten wir das leere Gebäude. Ich ging in den ersten Stock hinauf in irgendein Zimmer, das – wie ich später erfuhr – das Büro von Paulhan gewesen war und das seines Nachfolgers werden sollte. Dort fand ich ein Telefon und wählte eine Nummer: »Monsieur Drieu? Ja, ich bin es; ich rufe Sie aus der Rue Sébastien-Bottin an; das Haus ist offen, und alles ist geregelt. Seien Sie doch so freundlich und verständigen Sie Monsieur Gallimard. Die schriftliche Bestätigung wird ihm morgen oder übermorgen zugehen.«

So erstaunlich es scheinen mag: es hatte keine Hausdurchsuchung stattgefunden. Die Feldpolizei hatte andere Sorgen, und die Leute vom SD kümmerten sich damals noch nicht um derlei Dinge, sofern es sich nicht um jüdisches Eigentum handelte.

Wenige Tage nach der Wiedereröffnung des Hauses Gallimard erschien die erste Nummer der Zeitschrift *La Nouvelle Revue Française* (28. Jahrgang, Nr. 322) mit dem Datum vom 1. Dezember 1940. Auf ein nicht allzu kompromittierendes Vorwort von Drieu folgte ein Artikel von Jacques Chardonne: *Sommer in Maurie*, der zahlreiche Reaktionen hervorrief. Er schilderte darin die Ankunft der Deutschen und das Verhalten der Landbevölkerung: einer der Bauern empfing die Besatzer mit Cognac, und ein anderer bedauerte es schriftlich, nicht dagewesen zu sein, um sie willkommen zu heißen. Viele interpretierten diesen Artikel als ein Zukreuzekriechen vor dem Sieger, und Paulhan sprach das harte Wort »niederträchtig«.

In derselben Nummer stand ein Artikel von Alfred Fabre-Luce, betitelt *Brief an einen Amerikaner*, worin es hieß, »neue Horizonte« eröffneten sich Europa und »eine andere Rasse« (im Gegensatz zu den Franzosen der Vorkriegszeit) »beginnt sich herauszubilden«. Ich kannte damals weder Chardonne noch Fabre-Luce, doch Ton und Wortwahl dieser beiden Artikel erstaunten mich sehr. Es war mir unmöglich, an ein neues Europa unter dem Zeichen der Nazis zu glauben und eine Erklärung zu finden, wieso Franzosen sich dafür einsetzten.

Verblüffend war, daß in den ersten Nummern der NRF der Kollaboration neben Drieu, Henry de Montherlant, Chardonne und Ramon Fernandez (dessen Beteiligung nicht weiter verwunderte, denn er sympathisierte mit Doriots französicher Volkspartei), auch Namen wie Paul Valéry (*Die Kantate von Narziß* in der Nummer vom 1. Januar 1941), Paul Eluard (*Wappen mit Blumen und Früchten*, in der Nummer vom 1. Februar 1941) und André Gide (*Tagebuchblätter* in der gleichen Nummer) auftauchten. Einige hatten ihre Positionen bereits genau abgesteckt, während andere noch suchten und schwankten. Es gab in der Tat Schriftsteller, die keineswegs zur Kollaboration tendierten, aber doch eine Zeitlang glaubten, ihren rein literarischen Beitrag trennen zu können von den politischen Entscheidungen, die offen in der Zeitschrift zum Ausdruck kamen. (Eugène Guillevic z. B. veröffentlichte in der NRF 1940 und 1941 Gedichte und 1942 seine Sammlung *Erde und Wasser* im Verlag Gallimard, was er 1980 in einem Erinnerungsband so erklärt: »Damals glaubte ich, die Dichtung stünde oberhalb oder abseits der Zeitläufte, oder besser gesagt, ihre revolutionäre Kraft käme von sich aus zur Wirkung, unabhängig davon, wo der Text erscheint.«) Sie wurden sich jedoch schnell dieses Widerspruchs bewußt, und schon in den folgenden Nummern tauchten ihre Namen nicht mehr auf. Nehmen wir nur ein Beispiel: Das Verhalten André Malraux', der, obwohl er mit Drieu befreundet war, es strikt ablehnte, an einer von ihm geleiteten Zeitschrift mitzuarbeiten und diese Weigerung (als Antwort auf Drieus gegenteilige Behauptung) öffentlich verkündete, hat sicherlich dazu beigetragen, daß Gide seine Position überdachte und seine Mitarbeit an dieser neuen NRF wieder einstellte.

Ich interessierte mich auch in den folgenden Jahren für Drieus Aktivitäten und traf ihn gelegentlich, entweder bei offiziellen Anlässen in der Botschaft und im Deutschen Institut, oder bei ihm zu Hause, wo er mich stets allein empfing, in Restaurants wie dem *Tangage* oder den von ihm so geliebten Tuileriengärten. Und bei einem Abendessen – seine Haushälterin Gabrielle hatte uns gerade Kaninchenbraten aufgetischt, der Anfang 1941 auch schon eine Rarität war – sagte er mir plötzlich (was er vermutlich auch Epting und vielleicht sogar Abetz gesagt hatte): »Achten Sie darauf, daß Malraux, Paulhan, Gaston Gallimard und Aragon niemals etwas geschieht, gleichgültig was gegen sie vorgebracht wird.«

In der Folgezeit hatte ich mehrfach Gelegenheit festzustellen, daß diese Bitte aufrichtig gemeint war und er selber alles daransetzte, in gefährlichen Momenten einzugreifen. Als im Mai 1941 Jean Paulhan verhaftet und eingehend über seine Beziehungen zum Widerstandskreis des »Musée de l'Homme« verhört und verdächtigt wurde, die Vervielfältigungsmaschine bei sich zu Hause versteckt zu halten (was auch stimmte, nur hatte er sie rechtzeitig verschwinden lassen können, da Jean Blanzat ihm half, sie Stück für Stück in die Seine zu werfen), da legte Drieu sein ganzes Gewicht für ihn in die Waagschale und setzte Paulhans Freilassung durch. Daß Paulhan sich dessen durchaus bewußt war, beweist ein Brief, den er am 20. Mai an Drieu schrieb: »Mein lieber Drieu, ich glaube zu wissen, daß ich meine unbehelligte Rückkehr in die Rue des Arènes einzig und allein Ihnen zu verdanken habe. Nehmen Sie meinen Dank und meine herzlichsten Grüße, Jean Paulhan.«

Doch auch andere Aspekte der Persönlichkeit Drieus sollen nicht unerwähnt bleiben, sie waren leider weniger sympathisch: So nutzte er eine in der NRF vom 1. September 1941 erschienene Chronik über die Veröffentlichung des Romans *Die Pharisäerin* von François Mauriac dazu, den Autor als ehemaligen Befürworter eines roten Spanien zu denunzieren. Wahrscheinlich hatte ihn ein Brief Mauriacs, den dieser ihm am 18. Juli geschrieben hatte, zutiefst verletzt: »Ich weiß nicht, was meine Freunde über Sie schreiben, da ich die Presse der anderen Zone ja nicht zu lesen bekomme; doch sollten Sie, Drieu, zumindest zur Kenntnis nehmen, daß jene nicht den Besatzer hinter sich haben und nicht versuchen, den Besatzer in den Dienst ihrer Rache zu stellen. So etwas kann nie wiedergutgemacht werden.«

Doch für noch schlimmere Aktionen wählte Drieu ein anderes Terrain als die NRF. Sein Artikel vom 11. Oktober 1941 in der *Emancipation nationale,* dem Organ von Doriots Parti Populaire Français, ist eine regelrechte Denunzierung Louis Aragons, der ihm freundschaftlich verbunden war. Aragon hatte in der von Max-Pol Fouchet in Algier herausgegebenen Zeitschrift *Fontaine* einen Artikel veröffentlicht (*Riberacs Lehre* oder *Das französische Europa*), den Drieu sich vornahm, um zu beweisen, daß sich hinter den mittelalterlichen Allegorien ein ganz anderer, von Moskau dirigierter und eindeutig rot eingefärbter Zwist verberge. Das Erstaunlichste war dann die Entgegnung von Aragon in *Tunis-Soir* Ende 1941, und zwar in Form eines Gedichts mit dem Titel *Schöner als Tränen.* Am deutlichsten kommt Aragons Rache in jenen drei Strophen zum Ausdruck, die wortgetreu, kommentarlos und mit dem banalen Hinweis »Verse von Louis Aragon« eingeleitet, am Schluß der Märznummer der NRF abgedruckt wurden:

J'empêche en respirant certaines gens de vivre
Je trouble leur sommeil d'on ne sait quel remords
Il paraît qu'en rimant je débouche les cuivres
Et que ça fait un bruit à réveiller les morts.

Ah, si l'écho des chars en mes vers vous dérange
S'il grince dans mes cieux d'étranges cris d'essieux
C'est qu'à l'orgue l'orage a détruit la voix d'ange
Et que je me souviens de Dunkerque, Messieurs.

Vous pouvez condamner un poète au silence
Et faire d'un oiseau du ciel un galérien
Mais pour lui refuser le droit d'aimer la France
Il vous faudrait savoir que vous n'y pouvez rien.

Mein bloßes Atmen hindert manche schon zu leben
Ich trübe ihren Schlaf mit einem Schuldgefühl
Ich blase scheint es wenn ich reime die Trompete
Und das macht einen Lärm der Tote auferweckt

Ah stört der Panzer Echo euch in meinen Versen
Quietscht ihre Achse schrill an meinem Firmament
Ist's weil der Blitz die vox angelica zerstörte
Und ich ihr Herr'n Dünkirchens mich entsinn'

Verdammen könnt ihr einen Dichter zwar zum Schweigen
Auf die Galeere einen Himmelsvogel sperr'n
Doch wollt ihr ihm das Recht Frankreich zu lieben nehmen
Dann könnt ihr sicher sein so etwas schafft ihr nie

(Deutsch von Lydia Babilas)

Hat Drieu selbst die Veröffentlichung dieser Verse veranlaßt? Hat er sie genehmigt, an so gewichtiger Stelle? Waren es Gewissensbisse, war es *fair play*, den Gegner dort zu Wort kommen zu lassen, wo man selbst das Sagen hat? Wie dem auch sei – für mich war dies ein neuerlicher Beweis für die zahlreichen Widersprüche im Charakter Drieus.

Er verlor übrigens recht bald die Freude und das Interesse an der Zeitschrift. Der Direktorenrolle überdrüssig, wälzte er die meiste Arbeit auf Paulhan ab. Ich wurde in die zahlreichen Verhandlungen miteinbezogen, als beide im Frühjahr 1942 ein neues Direktionskomitee zu bilden suchten. Beweis hierfür ist ein Brief Paulhans an mich vom März oder April 1942:

Sonntag

Lieber Freund Heller,

könnten wir wohl Mittwoch gemeinsam essen, Sie und ich, Gaston Gallimard und Paul Valéry, mit dem ich Sie gern bekanntmachen möchte? Letzterer wünscht Ihnen – bevor er in unseren Redaktionsstab eintritt – ein paar Fragen zu stellen, und das dürften die gleichen sein, die Claudel und Gide an uns herantragen werden und von denen ich nicht weiß, ob ich sie Ihnen deutlich genug vor Augen geführt habe.
Haben Sie unser »arabisches Mittagessen« auch nicht in allzu schlechter Erinnerung behalten? [Wir hatten uns zuvor einmal in der Moschee getroffen.] Diesmal werde ich Ihnen keinen so langen Anmarschweg zumuten.
Mit freundschaftlichem Händedruck,

Jean Paulhan.

Damals stand tatsächlich eine Art Komitee zur Debatte, das an Drieus Stelle die Zeitschrift leiten sollte. Paulhan nennt in seinen Briefen an André Suarès, Franz Hellens, Marcel Jouhandeau und Jean Schlumberger die Namen von Valéry, Gide, Léon-Paul Fargue und erwägt ein diesen untergeordnetes Verwaltungskomitee, zusammengesetzt aus ihm, Paulhan selbst, Marcel Arland, Jean Giono und Drieu. Doch in einem solchen Plan prallten Feuer und Wasser aufeinander. Valéry gab bei unserem Treffen sein prinzipielles Einverständnis, aber nur unter der Bedingung, daß Gide ebenfalls annahm; dieser jedoch zögerte erheblich. Drieu andererseits äußerte Gallimard gegenüber seine Empörung, daß Montherlant und Jouhandeau, die »einzigen Kollaborationisten« außer ihm, für keines der beiden Komitees vorgesehen waren. Schließlich wurde der Plan fallengelassen, Drieu spannte sich erneut ins Joch, aber die innere Motivation war nicht mehr da, denn nun glaubte auch er an die baldige Niederlage der Deutschen.

Hinzu kam, daß die Zeitschrift mittlerweile merklich schlechter geworden war, vom Juniheft 1942 an, auch was Papier und Druckqualität anbetraf. Daher betrieb Drieu im Dezember 1942 in seinem Artikel mit dem symptomatischen Titel *Alles aus* eine Art pessimistische Gewissenserforschung, die er in *Bilan* im Januar 1943 fortführte. Darin läßt er seine Zweifel über den deutschen Sieg und seine bis zu seinem Tode für ihn gültigen Reflexionen über den Kommunismus als einzige Inkarnation dieser Politik der Stärke, der er sich verschrieben hatte, bereits anklingen. In seinem *Tagebuch* vom 19. April 1944 heißt es: »Ich werde durch die Hand der Kommunisten sterben, doch das ist mir lieber als durch die gaullistischen Söldner. Aber ich glaube an den Kommunismus, allzu spät erst erkenne ich das Unvermögen des Faschismus, den ich außerdem nur als eine Etappe auf dem Wege zum Kommunismus ansah. Unmöglich jedoch, Kommunist zu werden: dagegen sträubt sich mein bourgeoises Ich.«

Ich entsinne mich einer Begegnung mit Drieu in jenem

Januar des Jahres 1943. Es war sein fünfzigster Geburtstag, und ich paßte ihn ab bei einem seiner vielgeliebten Spaziergänge im Tuileriengarten. Mit ihm habe ich die vollendete Harmonie dieser Anlage mit ihren weiten Perspektiven und ihrer damals noch erhabenen Stille von Grund auf erfassen gelernt. An jenem Tag sprachen wir über die militärische Lage: die Schlacht um Stalingrad wandte sich für die deutsche Armee bereits zur Katastrophe (zu Beginn des nächsten Monats erfolgte dann auch die Kapitulation). Es war in den Frühnachmittagsstunden; eine winterlich blasse Sonne spielte verstohlen zwischen den kahlen Ästen. Drieu war sehr niedergeschlagen, hatte fast Tränen in den Augen. Er kam von einem Mittagessen in der Botschaft, wo Abetz unmißverständlich erklärt hatte, die Deutschen kämpften mit dem Rücken gegen die Wand und über die Möglichkeit einer freundschaftlichen deutsch-französischen Zusammenarbeit solle man sich keine Illusionen mehr machen; angesichts zunehmenden Widerstands würden die Besatzungsmächte ganz im Gegenteil die Schrauben fester anziehen und dadurch die Unzufriedenheit natürlich noch steigern. Das war die Bankrotterklärung ihrer beider – Abetz' und Drieus – Politik. Anschließend kam Drieu auf den möglichen Sieg des Kommunismus zu sprechen, bei dem er nun die für seinen Wunschtraum erforderlichen Qualitäten zu entdecken suchte. »Meine festverwurzelten bourgeoisen Instinkte haben mich aber immer wieder davon abgebracht«, bekannte er mir, »und ich vermochte auch keine diese neue Macht beseelende und rechtfertigende Philosophie zu erkennen.«

Diesen Einwand versuchte ich durch die Schriften von Marx zu entkräften, über die ich nach Gesprächen mit Bernard Groethuysen erneut nachgedacht hatte. Doch er entgegnete: »In meinen Augen ist das keine Philosophie.«

Im Grunde glaube ich, daß Drieu das marxistische Gedankengut nicht wirklich und ernsthaft studiert hatte. Was ihn faszinierte, waren geopolitische Perspektiven: die Weltpolitik des Faschismus war im Sande verlaufen; nach diesem Mißerfolg konnte nur noch der Kommunismus, und keine andere Macht, zur Erneuerung der Menschheit führen. Doch in dieser neuen Perspektive einer kommunistischen Vorherrschaft in Europa, wo Deutschland vermutlich wieder eine herausragende Rolle spielen würde, war für ihn, Drieu, kein Platz mehr. Von diesem Zeitpunkt der Erkenntnis an begann er, sich von der Politik fernzuhalten und sich religiösen Spekulationen zuzuwenden, wobei er insbesondere dem Einfluß René Guénons erlag, dem er in seiner Jugend schon begegnet war, dessen Bedeutung er aber damals noch nicht zu erkennen vermochte hatte. (René Guénon, 1886–1950, vertrat in zahlreichen Schriften einen esoterischen Traditionalismus und bekehrte sich in den dreißiger Jahren zum Islam.)

In diesem gleichen Monat Januar 1943 erhielt ich einen Brief von Drieu, in dem er sich für den seit sieben Monaten inhaftierten Jean Cayrol einsetzte. Der Brief schloß mit folgenden Worten: »Ich meine, Sie könnten etwas für ihn tun. Ihr trauriger Drieu La Rochelle.«

Die Trauer saß tief in ihm, und von nun an schien ihm auch der Freitod der einzig ehrenvolle Ausweg zu sein. Dabei hatte er – typisch für diesen Mann voller Widersprüche – meine Geburtstagswünsche kurz zuvor im Tuileriengarten mit dem Satz quittiert: »Von heute an, Heller, geht es darum, in Schönheit zu altern.«

Diese geistig-seelische Verfassung erklärt auch, warum die NRF ihm nurmehr als Last erschien, von der er sich um jeden Preis befreien wollte. Daher wurde ich im Mai und Juni 1943 erneut in die von Paulhan geführten Verhandlungen über die Zusammenstellung eines Direktionskomitees eingespannt. Bei einem Mittagessen im *La Pérouse* fanden wir uns zusammen: Gallimard, Valéry, Paulhan und ich. Und ich höre noch Valéry brummen: »Was vermögen wir Intellektuellen denn gegen die Macht? Nichts und wieder nichts!« Aus der gleichen Zeit stammt ein Brief von Paulhan, auf den ich später noch zurückkommen werde. Er begann folgendermaßen:

Mein lieber Freund,

wollen wir an einem dieser Tage zusammen essen? Ich möchte Sie mit Jacques Lemarchand, dem Autor von *R.N.234*, bekanntmachen, der als Sekretär bei der NRF Drieu zur Seite stehen wird.

Große Pläne wurden geschmiedet, Sondernummern über Claudel, D. H. Lawrence, Pasternak und Goethe sollten erscheinen. Mit Letzterem hätte die neue Serie vermutlich eingeleitet werden sollen, was ich wiederum aus einem Schreiben von Paulhan ersah:

Dienstag

Lieber Freund,

nach zwei noch unter der Leitung von Drieu verbleibenden Nummern, denke ich mir unsere erste Nummer wie folgt:

André Gide	Über Goethe
Léon-Paul Fargue	Gedichte
Paul Valéry	Faust IV
François Mauriac	Erinnerungen
Goethe	Satyros (Übs. Robin)

(Claudel sollte die nächste Nummer gewidmet sein.) Also ein reines Goetheheft, aber bedenken Sie auch, daß es infolgedessen tendenziös wirken wird, daß es tiefsitzende und verschwiegene Reaktionen hervorrufen kann, daher ist es sogar im Interesse Ihrer Dienststellen, uns unverzüglich auch den Lawrence (um den Drieu Sie bat) sowie den Pasternak (um den Ihr Freund Jean Paulhan Sie ersucht) zu bewilligen.

P. S. Hatte ich nicht recht, daß Groethuysen ein sympathischer Mensch ist?

Leider kam nichts von alledem zustande. Drieu blieb noch eine Weile, unterstützt von Lemarchand, doch dann ersuchte er erneut um seine Freistellung. »Eine merkwürdig kapriziöse Person«, schrieb Paulhan am 28. Juni 1943 an Jouhandeau, »aber der arme Lemarchand, der zugunsten der NRF auf seinen Sekretärsposten bei *La Gerbe* [profaschistische Zeitschrift, 1940–1944 von Alphonse de Chateaubriant herausgegeben] verzichtet hat, ist recht unglücklich. Solltest Du durch Heller irgend etwas erfahren, so teile es mir bitte mit.«

Das Juliheft war das letzte. Pierre Seghers, der seit Beginn der Besatzungszeit aktiv am Widerstand der Intellektuellen beteiligt war und die Gedicht-Anthologie *Dichter im Stahlhelm* (1939) sowie *Lyrik 40/41* gefördert hatte, begrüßte den Untergang der NRF in Nr. 17 von *Lyrik 43* folgendermaßen: »Verlust der NRF. Es ist falsch zu sagen, die NRF sei tot. Drieus NRF hat nur ihre Abonnenten ausbezahlt (Sie wissen ja, die letzten dieser berühmten handelnden Minderheiten von Monsieur Petitjean!); die NRF von Drieu hat ihr Erscheinen eingestellt; aber hatte sie nicht längst aufgehört zu existieren?« (Armand Petitjean: Langjähriger Chronist bei der NRF, der sich über die immer geringer werdende Zahl der zur Kollaboration bereiten Landsleute hinwegtröstete, indem er sie die »handelnden Minderheiten« nannte.)

In den folgenden Monaten sah ich Drieu viel seltener. Ich spürte, daß gewisse Probleme mit ihm immer schwieriger zu erörtern waren und er sich sozusagen in sich selbst, in eine Art mürrische Teilnahmslosigkeit einschloß. Es war die Zeit seiner letzten Artikel in *La Révolution nationale*, wofür sein junger Freund Lucien Combelle ihn geworben hatte. Man fragt sich, wie die deutschen Behörden derartige Herausforderungen, die er ihnen entgegenschleuderte, überhaupt hinnehmen konnten, denn Drieu stellte den Nationalsozialismus öffentlich an den Pranger und prophezeite die rote Fahne über Europa.

Drieu fühlte sich durchaus wie jemand, der in der Falle saß, und doch weigerte er sich zu fliehen, obwohl er mehrfach Gelegenheit dazu gehabt hätte. Im September 1943 verbrachte er ein paar Tage bei Malraux an der Côte d'Azur, da Josette Clotis sich ihn als Taufpaten für ihren zweiten Sohn mit André Malraux gewünscht hatte. Von dort aus fuhr er in die Schweiz, wo die Freunde, insbesondere der Vater von Pascal Jardin (Autor von *Der gelbe Zwerg*) ihn zu bewegen suchten, nicht nach Frankreich zurückzukehren. Doch er fuhr wieder nach Paris, zog sich gänzlich aus der Politik zurück und vertiefte sich mehr denn je in die Lektüre der großen religiösen Texte aller Kulturen: der indischen, chinesischen, sogar jüdischen.

Am 12. August 1944 ließ mich Frau Abetz, die Gattin des Botschafters, rufen. Sie wollte mir einen Paß für Drieu und zwei Visa – eines für Spanien und eines für die Schweiz – übergeben. Ich rief bei Drieu an; Gabrielle, seine Haushälterin, kam ans Telefon. Zunächst zögerte sie, Auskunft zu geben, doch als sie meine Stimme erkannte, sagte sie, sie habe Drieu bewußtlos aufgefunden und ihn ins Necker-Hospital bringen lassen. Ich schwang mich auf mein Fahrrad und war noch vor Mittag dort. Man führte mich zu Drieu; er öffnete kurz die Augen – »Das ist das erste Mal«, murmelte die Pflegerin – und sagte mit schwacher Stimme: »Ach, Sie sind's, Heller.« Ich schob ihm den Paß unters Kopfkissen.

Am nächsten Tag verließ ich Paris, und erst im Oktober 1945 erfuhr ich von einem Mitglied der französischen Militärregierung in Konstanz, daß Drieu sich im März desselben Jahres das Leben genommen hatte. Die Hinrichtung Brasillachs am 6. Februar und die Mitteilung, für ihn selbst läge ein Vorführungsbefehl vor, hatten ihm den Rest gegeben.

Welche Beurteilung ist einem solchen Mann, der voller Widersprüche war, angemessen? Oft genug ist er mit sich selbst ins Gericht gegangen, was eine Tagebucheintragung beweist, wo er sagt, seine Selbstverachtung sei unerträglich. Auch von Paulhan glaubte er sich verachtet und verabscheut, was absolut falsch war. Wie hätte Paulhan seinen Lebensretter verabscheuen können, dessen Loyalität er trotz ihrer diametral entgegengesetzten politischen Anschauungen doch niemals bezweifelt hat? Am selben Tag, da Drieu beerdigt wurde, schrieb Paulhan in einem Brief an Colette Jéramec, Drieus erste Frau, er sehe in diesem Freitod viel menschliche Größe und vor allem echten Opfergeist, um einigen von denen, die er zur Kollaboration veranlaßt hatte – wie Chardonne, Fabre-Luce oder Jouhandeau – das Schlimmste zu ersparen.

Und was mich betrifft, so möchte ich nochmals mit Nachdruck betonen, daß ich Drieu immer sehr geschätzt habe, trotz seiner Fehler, die ich natürlich nicht alle kannte. Von der ersten Begegnung an war ich wie so viele andere, ob Männer oder Frauen, seinem Charme erlegen, und all diesen Zusammenkünften mit ihm während jener vier Jahre habe ich viel zu verdanken. Wenn Drieu sich auch oft geirrt hat, wenn er sich manchmal aus Zorn oder Ressentiment zu unwürdigen Reaktionen hinreißen ließ, so war er in meinen Augen dennoch ein Mann von beispielhafter Offenheit und vorbildlichem Mut, wie André Malraux, der ihm unbeirrbar die Treue hielt, immer wieder betont hat.

Die Donnerstage bei Florence und andere »Literarische Salons«

In Verleger- und Schriftstellerkreisen hatte sich herumgesprochen, bei der Propaganda-Staffel gäbe es jemanden, »mit dem man reden kann«, und so erhielt ich – gleichsam durch Flüsterpropaganda – recht bald Zugang zu den tonangebenden »literarischen Salons« jener Zeit.

Sehr früh schon kam ich auf diese Weise mit Madeleine Boudot-Lamotte, Gaston Gallimards Sekretärin, zusammen; ich traf sie häufig, mal in ihrem, mal in meinem Büro, um die diversen Verlagsangelegenheiten zu besprechen. Sie führte mich in den Salon ihrer Mutter, Madame Boudot-Lamotte, ein, wo ich später Cocteau und auch seinen Lebensgefährten Jean Marais kennenlernte. Ich entsinne mich noch, wie Cocteau uns dort am 1. Februar 1942 sein Stück *Renaud und Armide* vorlas. Welch ein Zauberer war er doch! Seinem magischen Charme waren wir alle verfallen; Jünger beschreibt es in *Strahlungen.* Mehrmals besuchte ich Cocteau auch in seiner Wohnung im Palais-Royal, von wo aus man einen herrlichen Blick auf den Park hatte. Als ich mich eines Tages gegen Mittag dort einfand, traf ich unter den Kolonnaden auf eine Ansammlung junger Burschen und Mädchen, die zu seinen Fenstern hinaufblickten. Als ich später wieder herunterkam, stürzten sie auf mich zu und fragten: »Sagen Sie, ist er oben?« – »Wer ist denn ER? Jean Marais oder Jean Cocteau?« – »Ach beide . . .« Ein andermal sagte Cocteau zu mir, als wir gemeinsam seine Wohnung verließen: »Heller, begleiten Sie mich doch; wir wollen uns einen Spaß machen.« Cocteau hatte etwas Schelmisches, ja fast Possenhaftes an sich. »Marie Bell erwartet mich im Restaurant Prunier. Sie müssen mit mir kommen, dann wird sie einen schönen Schrecken kriegen!« An diesem Tag war ich nämlich in Uniform. Es kam, wie er es sich gewünscht hatte; kaum hatten wir die Tür aufgestoßen, schrie die Schauspielerin auch schon auf: Cocteau in Begleitung eines deutschen Offiziers! Wir mußten sie erst wieder beruhigen und uns für diesen schlechten Scherz entschuldigen.

Wertvolle Kontakte verdanke ich auch meinen Freunden Henry Muller und André Fraigneau. Henry Muller war die rechte Hand des Verlegers Bernard Grasset. Er war stets sehr elegant gekleidet, wie aus dem Ei gepellt, was mir großen Eindruck machte. Seine Frau France war die Tochter von Jacques Chardonne. Wir sahen einander recht häufig und wurden echte Freunde. Eines Tages, als ich mit einem anderen französischen Freund im Hotel Ritz zu Abend aß (wo übrigens die Mahlzeiten auch schon kärglicher geworden waren), entdeckte ich an einem anderen Tisch in etwa fünfzehn Meter Entfernung Henry und France Muller in angeregtem Gespräch mit Friedrich Sieburg. Beim Fortgehen richtete France es so ein, daß sie an meinem Tisch vorbeikam und mir zuflüstern konnte: »Ruf uns an, sobald du in deinem Hotel bist, egal um welche Zeit, ich habe dir etwas zu sagen.« Es war gegen ein Uhr morgens, als ich von France erfuhr: »Sieburg hat uns ganz betroffen gemacht; seine Äußerungen sind plötzlich so antifranzösisch; was hältst du davon?« Ich war weniger erstaunt; aufgrund gewisser Anzeichen ließ ich bereits seit einiger Zeit mehr Vorsicht walten im Umgang mit dem berühmten Autor von *Gott in Frankreich.* Schon während meines Studienjahres in Frankreich 1934/35 war ich mit ihm zusammengetroffen, denn für uns junge deutsche Romanisten war ein Besuch bei Sieburg gleichbedeutend mit einer Wallfahrt zum besten Kenner Frankreichs. Das war wohl auch der Grund, warum man ihn gleich in den ersten Tagen der Besatzung mit Abetz, Epting, Schleier und Achenbach nach Paris schickte.

Er war jemand, wußte es auch und sah auf Leute wie mich von oben herab. Ich erinnere mich noch an ein Abendessen bei Fabre-Luce in der Avenue Foch, wo er sein Erstaunen, mich in der Runde so vieler bedeutender Persönlichkeiten zu sehen, offen kundtat. Unter den Gästen befand sich beispielsweise auch der ehemalige Minister Bonnet ... Ein andermal waren wir – Sieburg, Jean Fayard und ich – von Florence Gould ins Hotel Bristol eingeladen worden, doch Fayard hatte telefonisch abgesagt, worüber Sieburg sichtlich pikiert war: er hatte es als einen persönlichen Affront aufgefaßt.

Seine Einstellung zum Nationalsozialismus gab er für gewöhnlich nicht klar zu erkennen, um so erstaunter, geradezu entsetzt war ich, als ich ihn bei einem Vortrag im Rahmen der von der Gruppe *Collaboration* organisierten Veranstaltungen sagen hörte: »Ich bin sehr bald zu der Auffassung gelangt, daß Deutschland dazu gezwungen ist, stark, mächtig, wehrhaft zu sein. Selbst ein friedlicher Westeuropäer wie ich mußte zu dieser Schlußfolgerung kommen. Hier, in Ihrem lieblichen Frankreich, hat sich mein Gemüt verhärtet. Meine Erfahrungen mit Frankreich haben mich zu einem Kämpfer und Nationalsozialisten gemacht.« (Die Gruppe *Collaboration* bestand seit Herbst 1940 unter dem Vorsitz von Alphonse de Chateaubriant. Ihre verschiedenen Abteilungen befaßten sich mit Literatur, Kunst, Wissenschaft, Recht, Wirtschaft und Sozialem. Sie organisierte in ganz Frankreich Versammlungen, Ausstellungen und Vortragsreihen, um eine enge Zusammenarbeit mit Deutschland zu fördern.) Mehrmals, auch nach dem Kriege noch, war ich versucht, Sieburg um Erklärungen zu bitten: ich hatte die Fragen schon auf der Zunge, doch gestellt habe ich sie niemals. Besagter Ausspruch galt mir als Warnung: gewisse Grenzen durften bei ihm nicht überschritten werden.

Mit den Mullers war das möglich: Eines Tages, im Jahr

1943, als France krank war, saß ich mit ein paar französischen Freunden an ihrem Bett. Wir sprachen über dies und jenes, und da ich glaubte, alle dort Versammelten gut zu kennen, wagte ich zu sagen: »Ich bin überzeugt, daß Deutschland den Krieg verlieren wird, was auch wünschenswert ist; ein Hitler-Europa ist für freie Menschen unerträglich.« Kaum hatte ich geendet, spürte ich, daß einige meiner Freunde peinlich berührt, ja schockiert waren. Man billigte mir zwar liberale Anschauungen zu, doch ich war ein Repräsentant der Besatzungsmacht, der sich so »defätistisch« nicht zu äußern hatte. Henry und France Muller aber verstanden mich und gaben mir recht.

André Fraigneau hingegen war den Versuchungen der Kollaboration in gewissem Maße erlegen: er machte beide Reisen nach Weimar mit, die im Herbst 1941 und 1942 für die Schriftsteller organisiert wurden (und auf die ich noch zurückkommen werde); er schrieb für Drieus NRF und ab November 1943 auch für die *Chronique de Paris,* wo sozusagen ein letztes Aufgebot französicher Schriftsteller, die ihre Sympathie für die Deutschen noch zu bekunden wagten, zu Worte kam.

Dennoch waren Mullers und Fraigneau meine Freunde und sind es auch geblieben. Sie waren es gewesen, die mich im Frühjahr 1941 bei Ramon Fernandez einführten. Dieser gehörte mit Drieu, Jouvenel und Fabre-Luce zu jener Gruppe von Intellektuellen, die Doriots Partei beigetreten waren und gemeinsam mit dem *Secrétariat des Cercles populaires français* den Auftrag erhalten hatten, alles daranzusetzen, der Massenorganisation einen Hauch von kulturellem Anstrich zu verleihen. Auch ihn findet man auf der Liste jener Schriftsteller, die an der ersten Reise nach Weimar teilnahmen, ebenso unter den Mitarbeitern der NRF sowie besagter *Chronique de Paris.*

Einer seiner Artikel war mir aufgefallen: Am 1. März 1941 schrieb er zum Tode von Henri Bergson, und zwar lobend, rückhaltlos positiv und ohne jegliche Anspielung auf Bergsons jüdische Herkunft. Ich war selbst ein großer Bergson-Verehrer und hatte es sehr bedauert, seinen Tod – am 4. Januar 1941 – verspätet aus der Zeitung erfahren zu haben. Ich hätte zu seiner Beerdigung gehen und durch meine Anwesenheit diesem großen philosophischen Geist den Gruß eines anderen Deutschland entbieten wollen.

Ramon Fernandez pflegte sonntags ab 17 Uhr seine Schriftstellerfreunde in seiner Wohnung in der Rue Saint-Benoît zu empfangen. Bei ihm habe ich auch zum ersten Male Marcel Arland getroffen. Mit diesem unterhielt ich mich im September 1941, während wir die Place de la Concorde überquerten, über seinen 1929 erschienenen Roman *Heilige Ordnung* und über Racines *Phädra.* In einer einzigen Nacht, vom 3. auf den 4. September 1939, hatte ich in Berlin, während ich beim Rundfunk Nachtdienst hatte, beide Texte verschlungen. Und die Erwiderung Arlands habe ich noch im Ohr: »Das Wichtigste in diesem Krieg ist vielleicht, daß wir uns für Racine schlagen . . .«, womit er wiederholte, was er ein Jahr zuvor in der NRF geschrieben hatte.

Arland und mich einte die Liebe zur Kultur. Wir sahen einander häufig, und ihm – wie auch Paulhan – verdanke ich einen Großteil meiner intellektuellen Schulung; er eröffnete mir vor allem den Zugang zur modernen Malerei anhand der vielen herrlichen Bilder, die sein Landhaus in Brinville zierten.

Über Ramon Fernandez kam ich zu Marie-Louise Bousquet, die ebenfalls einen literarischen Salon unterhielt; ihr wiederum konnte ich Ernst Jünger vorstellen, der sie und den Rahmen, in dem sie lebte, bewunderte. Ihre Wohnung an der Place du Palais-Bourbon atmete den Duft vergangener Jahrhunderte. Man wähnte sich in einer Art Schatzkammer, die vorwiegend Manuskripte und prachtvoll gebundene Bücher barg. Auch sie selbst schien wie aus einer kostbaren Substanz geschaffen. Man hätte die Persönlichkeit gern näher kennengelernt und empfand doch gleichzeitig so etwas wie Scheu und Vorbehalt, als müsse man irgendwelche unvorhersehbaren Reaktionen fürchten.

Als ich zum ersten Mal in dieses »Heiligtum« eintreten durfte (es muß im ausgehenden Frühjahr 1941 gewesen sein), war der Anlaß ein Konzert des großen Cellisten Pierre Fournier. Es waren viele Gäste geladen, so daß es an Sitzgelegenheiten mangelte. Ich ließ mich auf dem Boden nieder, ein wenig behindert allerdings durch die Uniform, die ich damals noch trug, und hatte als Nachbarn einen Franzosen, den ich hier kennenlernte und mit dem mich später die vielleicht engste Freundschaft verband: es war Marcel Jouhandeau.

Auf das Konzert folgte ein geselliges Beisammensein, im Verlauf dessen ich Madame Florence Gould vorgestellt wurde (dieser Tag war wirklich reich an Erlebnissen!). Sie war die Frau von Frank Jay Gould, einem steinreichen Amerikaner, der anscheinend an der Côte d'Azur lebte (wir haben ihn auch tatsächlich niemals zu Gesicht bekommen). Marie-Louise Bousquet hatte Florence auf die Idee gebracht, ihre Möglichkeiten zu nutzen, und einen literarischen Salon zu gründen, den sie dann auch mit viel Grazie und Intelligenz zu leiten verstand. Sie war eine hochgewachsene, hübsche, sehr anziehende Frau von vierzig Jahren mit kastanienbraunem Haar. Sie hatte sehr viel gelesen und liebte die Literatur. Für uns besaß sie aber auch noch einen anderen, in der damaligen Zeit nicht zu unterschätzenden Vorzug: an ihrer Tafel kannte man keine Beschränkungen. Einige der Geladenen – zu denen auch Léautaud sich zählte, wie sein Tagebuch beweist – vertrugen diese üppigen Mahlzeiten mit erlesenen Weinen, Champagner und dem so rar gewordenen echten Kaffee nur schwer, da sie dessen völlig entwöhnt waren. Über den Champagner von Florence hatten Jünger und ich folgende Geschichte erfunden: F. J. Gould besäße in Maisons-Laffitte (an dessen Gründung er beteiligt gewesen war) einen immensen Weinkeller mit hunderttausend Flaschen (unter uns nannten wir ihn »das Loch«); das war mehr als genug, um deutsche Polizisten, aber auch Amerikaner oder Engländer – sobald sie da wären – zu kaufen. Und tatsächlich bewiesen die Goulds bei der Befreiung Frankreichs, daß sie aufgrund ihres Reichtums und ihrer Beziehungen weder die einen, noch die anderen zu fürchten hatten.

Ihren eigentlichen »Salon« eröffnete Florence, als sie das Hotel Bristol, wo sie ursprünglich residierte, verließ und in eine prachtvolle Wohnung an der Avenue Malakoff einzog; das war im April 1942. Zuvor hatten wir uns alle im Bristol zum Mittag- oder Abendessen oder auch nur zum Tee eingefunden. In die Avenue Malakoff ging man dann regelmäßig donnerstags, denn das war der freie Tag von Marcel Jouhandeau, der an einer katholischen Privatschule unterrichtete. Man spürte, daß er hier wie zu Hause war; er wohnte auch nur fünfzig Meter entfernt, und er und Madame Gould duzten einander. Ich werde noch ausführlicher auf ihn zu sprechen kommen, wie auch auf Jean Paulhan, der ebenso wie Marcel Arland in diesem Hause regelmäßig Gast war.

Dort begegnete ich auch Pierre Benoit, den ich sehr interessant und höchst unterhaltsam fand. Eines Abends hatte sich unser Gespräch derartig hingezogen, daß wir die Sperrstunde überschritten. Mit meinem Ausweis hätte ich ihn allerdings nach Hause begleiten können, aber es war recht weit. Daher blieben er, Florence und ich bis zum Morgen beisammen und sprachen über Literatur. Trotz seiner Mitarbeit im Komitee »Frankreich-Deutschland« hörte ich von ihm kein Wort, das auf faschistische oder auch nur kollaborationistische Ideen hätte schließen lassen. Die Einladung für eine Reise nach Weimar zum Europäischen Schriftstellertreffen lehnte er ebenso ab wie Marcel Arland.

Dieser recht bunt zusammengewürfelte Kreis, in dem Paulhan die wichtigste Figur war, barg vielerlei Widersprüchlichkeiten, auch konnte man dort immer mit den erstaunlichsten Begegnungen rechnen. Eines Abends, es war schon spät, Jünger und ich saßen bei Florence, die sich das Bein gebrochen hatte (Jünger war seit dem 28. März 1942, da ich ihn bei ihr eingeführt hatte, ständiger Gast des Hauses), da klingelte es an der Tür. Ein Herr in Zivil wurde eingelassen, den Florence als »Colonel Patrick« begrüßte. Vor diesem amerikanischen oder englischen Namen verstummten wir, Jünger und ich, dachten wir doch insgeheim, es handle sich vielleicht um einen von Florence verborgenen Fliegeroffizier (das war ihr nämlich durchaus zuzutrauen!). Als das Gespräch wieder anlief, sagte »Colonel Patrick« plötzlich, zu uns gewandt: »Wir können ruhig Deutsch sprechen, meine Herren!« Er war der Chef der Abwehr in Lyon. Hier ist anzumerken, daß die Abwehr bis zu ihrer Eingliederung ins Reichssicherheitshauptamt im Februar 1944 eine von den Nationalsozialisten relativ unabhängige Politik betrieb und mehrere ihrer höchsten Chargen – Admiral Canaris, der Prominenteste, miteinbezogen – am Attentat des 20. Juli 1944 beteiligt waren und später auch hingerichtet wurden. Obwohl wir das wußten, waren Jünger und ich sprachlos, als der vermeintliche Amerikaner oder Engländer sich als Deutscher – und was für ein Deutscher! – entpuppte.

Bei Florence wurde also nicht nur über Literatur geredet: an ihrer Tafel fand man stets wichtige Männer aus Wirtschaft und Politik. Da die Hausherrin über ihren Gatten auch Beziehungen zu den Amerikanern hatte, verfügte sie über allerlei Informationsquellen. Ich erinnere mich noch an jenes Abendessen im Hotel Bristol im November 1941; Florence kam etwas verspätet zu Tisch und verkündete lauthals: »Die Börsenkurse sind gefallen; ich glaube, das ist ein schlechtes Zeichen: Amerika wird in den Krieg eintreten.« Am 7. Dezember erfolgte der Angriff auf Pearl Harbor. Mit dem Wort »schlechtes Zeichen« wollte sie sicher nicht ihr Bedauern über die dadurch erschwerte Lage Deutschlands (dessen Sieg sie garantiert niemals gewünscht hat) zum Ausdruck bringen, sondern nur klipp und klar feststellen, daß der Krieg sich nun in Raum und Zeit noch weiter ausbreiten würde.

Im November 1943 wurde ein neuer Gast – eine ganz außergewöhnliche Erscheinung – in unseren Donnerstag-Kreis eingeführt: Paul Léautaud. In seinem *Literarischen Tagebuch* schildert er, mit Beginn dieses Datums, seine zahlreichen Besuche und Reaktionen auf die im Hause Gould Versammelten. Dieser unübertreffliche Schalk beschreibt das Schweigen Marcel Arlands, die Extravaganz (*sic*) von Marie-Louise Bousquet, aber auch die Liebenswürdigkeit, Intelligenz und Distinguiertheit der Gastgeberin. Trotz seiner spitzen Zunge, seiner ungezügelten, manchmal hämischen Worte und trotz seiner unbestreitbaren Gefühllosigkeit Menschen gegenüber, empfanden Jünger und ich Sympathie für diesen alten Kauz, dessen Leben zwei Leidenschaften galt: der Literatur und den Tieren. Wie verdutzt war ich, als ich Léautaud einmal in seinem Haus in Fontenay-aux-Roses besuchte und dort einen ganzen Zoo vorfand: ein Affenweibchen, mehrere Hunde und unzählige Katzen. Die Anwesenheit all dieser Tiere hatte natürlich ein unbeschreibliches Durcheinander und – im Winter vor allem – einen kaum erträglichen Gestank zur Folge. Doch den Mann mochte ich, auch wenn er hartnäkkig an seiner Überzeugung festhielt, »das politische Interesse Frankreichs« liege »im Sieg Deutschlands und in der Entente beider Länder«, was in Anbetracht der Entwicklung der Dinge natürlich geradezu als Wahnsinn zu bezeichnen war.

Ich konnte mich im August 1944 nicht mehr von ihm verabschieden, aber wie Jünger mir später erzählte, hatte er ihn noch angerufen, um ihm Lebewohl zu sagen, und dabei hatte Léautaud ihn abermals ausdrücklich seiner Sympathie für uns beide wie auch seiner Hoffnung auf bessere Zeiten versichert.

Nach der Befreiung von Paris bestand der Salon von Florence Gould weiter, und zu den alten Freunden des Hauses kamen Männer des neuen Regimes hinzu, sowohl aus den Bereichen Wirtschaft und Politik, als auch aus Presse und Literatur. Léautaud, der nach wie vor Stammgast war, geriet darüber mehr als einmal in Rage, und eines Tages schleuderte er François Mauriac ins Gesicht: »Auch Sie haben Blut an den Händen!«

Außergewöhnlich an diesen Donnerstag-Zusammenkünften bei Florence war die Vielfalt und Intensität des Gedankenaustausches und der rein menschlichen Beziehungen: enge nationale Grenzen kannte man dort nicht; ich fühlte mich geborgen unter all diesen Franzosen, und auch sie betrachteten mich als einen der Ihren. Daher war es eine unbeschreibliche Freude für mich, im ersten Brief aus Frankreich, der mich nach Kriegsende 1945 in Konstanz erreichte, zu lesen: »Kommen Sie schnell, der Donnerstag-Zirkel harrt Ihrer!« Unterschriften: Florence, Jean Paulhan, Marcel Arland, Marcel Jouhandeau und Paul Léautaud.

Meine Freundschaft mit Marcel Jouhandeau

Wie ich schon sagte, begegnete ich Marcel Jouhandeau zum ersten Mal gegen Ende des Frühjahrs 1941 bei Marie-Louise Bousquet anläßlich eines Konzerts von Pierre Fournier. Neben mir auf dem Fußboden ließ sich ein relativ großer Mann nieder, dessen »strenge Erscheinung« – wie er selber in den *Neuen Ehechroniken* schrieb – an einen »ehemaligen Mönch« gemahnte. Auf einem hageren, ausgemergelten, fast durchsichtig wirkenden Körper saß ein Autorität und äugende Wachsamkeit ausstrahlender Vogelkopf. Kaum hatte er sich vorgestellt: »Marcel Jouhandeau«, war ich auch schon in seinen Bann geschlagen. Natürlich kannte ich *Die Pincengrain, Herr Godeau, Chaminadour,* wenn ich auch neben der Bibel und Marcel Arlands *Heilige Ordnung* keines der drei Bücher in meinem Soldatentornister mitgeführt hatte, wie Paulhan spöttelnd an Jouhandeau schrieb.

Von dieser ersten Begegnung an sprachen wir viel über Literatur und unsere Menschenbeobachtungen, und zu beidem empfing man in diesem Salon mehr als reichlich Anregung. Am Tag des Hauskonzerts befreundete Florence Gould sich ernsthaft mit dem Gedanken, einen literarischen Salon zu gründen, wo Jouhandeau und ich, die wir ihr an diesem Tag erstmals vorgestellt wurden, einander in der Folgezeit häufig begegnen sollten.

Zu genauerem Kennenlernen bot die erste Reise nach Weimar im Herbst 1941 zum Europäischen Schriftstellertreffen Gelegenheit, doch um die Teilnahme von Franzosen an dieser vom Propagandaministerium unter Goebbels organisierten Reise durchzusetzen, mußten die deutschen Dienststellen erst einen echten politischen Kampf ausfechten, da seit Beginn der Besatzung die offizielle Parole ausgegeben worden war, jegliche Expansion französischer Kultur einzudämmen. Doch der deutsche Botschafter Abetz, Epting vom Deutschen Institut und ich selbst bei der Propaganda-Staffel vertraten einen völlig entgegengesetzten Standpunkt: wir wollten die kulturelle Entwicklung Frankreichs fördern und die Begegnungen mit der deutschen und mit anderen europäischen Kulturen vervielfachen. Und hierfür bot besagte Reise, die nach Weimar zu einer Art europäischem Schriftstellerkongreß und zuvor quer durch das damalige Deutsche Reich, von Wien bis Berlin, führen sollte, die ideale Gelegenheit.

Unter den Organisatoren auf deutscher Seite gab es etliche, die absolut keine Nazis waren, so zum Beispiel meine Freunde Paul Hövel vom Propagandaministerium, und Carl Rothe, der Sekretär des Europäischen Schriftstellerverbandes. Und wenn unter den ausländischen Gästen auch einige von der nationalsozialistischen Ideologie überzeugt waren, wie beispielsweise jener flämische Schriftsteller, den die Anwesenheit von Franzosen schier in Rage versetzte, so waren andere nicht im geringsten der Kollaboration mit Nazideutschland zu verdächtigen, wie etwa Elio Vittorini, der zur italienischen Delegation gehörte und gleichzeitig (damals noch heimlich) Mitglied der kommunistischen Partei war. Es kam zu einem sehr offenen Gedankenaustausch, und Drieu äußerte mir gegenüber sogar seine Verwunderung über die kritischen Stellungnahmen der Deutschen zur Politik ihres Landes.

An der ersten Reise (eine zweite fand 1942 statt) nahmen von französischer Seite teil: Pierre Drieu La Rochelle, Robert Brasillach, Abel Bonnard, André Fraigneau, Jacques Chardonne, Ramon Fernandez und Marcel Jouhandeau.

Als ich letzterem erstmalig davon erzählte, lehnte er ab und erinnerte mich daran, daß er mich schon beim Hauskonzert bei Marie-Louise Bousquet um einen Ausweis für eine Fahrt nach Guéret, seinem Geburtsort, der jenseits der Demarkationslinie in der nicht besetzten Südzone lag, gebeten hatte. »Nicht nach Guéret, sondern nachDeutschland sollen Sie fahren«, sagte ich ihm, »Sie sollen mit eigenen Augen sehen, wie dort alles abläuft.« Er protestierte, indem er ankündigte, er werde keinen Artikel darüber schreiben und auch nicht am Rundfunk sprechen. »Gut! Gerade einen Mann wie Sie brauchen wir.«

Als weiteren Vorwand führte er den baldigen Unterrichtsbeginn an seiner Schule ins Feld. »Wir werden alle erforderlichen Genehmigungen mühelos von Monsieur Bonnard, dem Unterrichtsminister, oder Monseigneur Baudrillart, dem Erzbischof, bekommen; unbehelligt von Ihren Vorgesetzten werden Sie Ihre Lehrverpflichtungen verspätet beginnen können.« Die Deutschlandreise eines Kollaborateurs zu unterstützen, war für diese beiden Herren alles andere als ein Problem.

Doch bevor er sich wirklich entschied, wollte Jouhandeau noch Paulhan um Rat fragen. Und von diesem erhielt er zur Antwort: »Nur du kannst es dir erlauben, eine solche Reise zu machen, ohne daß ich es dir übelnehme.« Daraufhin war er bereit, zog seine Zusage auch nicht mehr zurück und nahm ohne weiteres Zögern oder neue Ausflüchte an der Reise teil. Als ich ihn einmal nach dem tieferen Grund seines Einverständnisses fragte, erwiderte er etwa folgendes: »Ich habe es für Frankreich und für mich selbst getan. Seit ich lesen, verstehen und fühlen kann, habe ich Deutschland, seine Philosphen, seine Dichter, seine Gelehrten und seine Musik geliebt. Aber seit 1940 liebe ich es noch mehr wegen des unermeßlichen Unheils, das es uns hätte zufügen können und uns eben nicht angetan hat. Ich bin gekommen, um zu bekunden, daß es noch einen Franzosen mehr gibt, der nicht deutschfeindlich ist. Wenn ich bis zu diesem Zeitpunkt noch nichts sonderlich Nützliches vollbracht habe, so möchte ich von diesem Tag an mit meiner Person eine Brücke schlagen zwischen unseren beiden Ländern, die einander ja – zumindest in uns beiden – bereits brüderlich begegnen.«

Und läßt man einmal die höchst diskutablen politischen Urteile Jouhandeaus (auf die wir im Zusammenhang mit seinem Antisemitismus noch zu sprechen kommen werden) beiseite, so bleibt doch die Tatsache bestehen, daß er auf dieser Reise viele Deutsche als Freunde gewann und ihnen bis zu seinem Tode die Treue hielt. Dies ist Gegenstand eines kleinen Meisterwerks über Liebe und Eifersucht in bester Racine- und Proust-Tradition, das 1949 in einer auf 65 Exemplare beschränkten und nur für die engsten Freunde gedachten Auflage herauskam und den Titel trägt: *Die geheime Reise.* Teilweise lüftete er selbst den Schleier über den Initialen der Figuren, indem er anläßlich eines Abendessens bei sich zu Hause vor mir und seinem deutschen Übersetzer sagte: »Gérard Heller ist der Held der *Geheimen Reise.*« Der andere Held, ein gewisser H., war ein junger deutscher Dichter, der, von der Ostfront zurückgekehrt, uns in Uniform begleitete. Seinen Namen kann ich allerdings nicht preisgeben, da Marcel Jouhandeau mir das Versprechen abnahm, die Anonymität seines Freundes zu wahren, und mich von diesem Versprechen auch niemals entbunden hat.

Das wichtigste Erlebnis dieser Reise war für Jouhandeau ganz offensichtlich die Entwicklung der Beziehungen innerhalb dieser von uns gebildeten »Dreieinigkeit«, die er mit seiner ganz außergewöhnlichen Beobachtungsgabe gleichsam durchleuchtete und mit der ihm eigenen Aussagekraft literarisch überhöhte. Er hatte auch ein Reisetagebuch geführt, von dem er mir eine Kopie überreichte, wie er auch schon in der Widmung zur *Geheimen Reise* geschrieben hatte: »Für Gérard gibt es keine Geheimnisse.«

In den Tagebuchnotizen fand ich Beobachtungen wieder, die er mir gegenüber bereits mündlich geäußert hatte.

In Österreich beispielsweise waren wir vom damaligen Gauleiter und Reichsstatthalter von Wien, Baldur von Schirach, empfangen worden. Das Festbankett fand in der barocken Pracht der Wiener Hofburg statt. Jouhandeau wurde der Platz gegenüber dem Gastgeber zugewiesen, und rechts und links von ihm saßen der junge deutsche Dichter, den er liebte, und ich. Für Marcel war das eine zugleich offizielle und private Apotheose, die ihm vermutlich ein wenig zu Kopfe stieg, denn seine Augen hafteten auf Baldur von Schirach wie auf einem neuzeitlichen Renaissancefürsten. Einem solchen unähnlich war der damals Dreiunddreißigjährige wirklich nicht: der kalte, blitzende und unbestechliche Blick aus tiefblauen Augen, Gesicht und Körper ein wenig zu üppig, und rings um ihn Schriftsteller sieben verschiedener Nationen, die er alle mit Fragen und lobenden Worten für ihr Werk bedachte. Er wollte ihre Herzen erobern, was ihm auch blendend gelang, hundertprozentig jedenfalls bei Marcel Jouhandeau.

Noch verblüffender reagierte Marcel auf die Begegnung mit Goebbels. Der Reichsminister für Volksaufklärung und Propaganda empfing die Tagungsteilnehmer im Berliner Hotel Kaiserhof. Sie waren so gebannt von diesem außergewöhnlichen Rednertalent, daß sie Zwergwuchs, Klumpfuß und fahrige Bewegungen gar nicht wahrnahmen. Den Schwerpunkt der Rede bildete die laut Goebbels für alle Nationen Europas von nun an einzig relevante Frage: Deutschland oder Rußland? Jeder habe sich ohne Umschweife zu entscheiden: für den Bolschewismus oder für den Sieg Deutschlands. Sei dieser erst einmal errungen, dann werde jedes Volks innerhalb der europäischen Gemeinschaft sein Antlitz und seine Persönlichkeit wahren können. Auch davon ließ Jouhandeau sich betören, er bewunderte die Intelligenz, den Willen und den Scharfblick von Goebbels. Vergebens führte ich ihm vor Augen, wieviel Drohung und Gewalttätigkeit sich hinter diesen geschliffenen Phrasen verbarg – er wollte davon nichts hören. Wie ein Kind, das endlich das Paradies seiner Träume gefunden zu haben glaubt, schwelgte er in euphorischer Begeisterung. Sein kritischer Verstand war ihm anscheinend abhanden gekommen.

Gerechterweise muß man allerdings sagen, daß sowohl die Reisebegleiter als auch alle, mit denen die ausländischen Gäste zusammenkamen, einander an Liebenswürdigkeit und Zuvorkommenheit zu überbieten trachteten. Der Empfang in der Hofburg war eine Pracht gewesen; alles wies noch auf ein siegreiches Deutschland hin. Jouhandeau war wie berauscht: seine Träume schienen wahr zu werden. In diesen Männern sah er den Beginn einer Epoche, in der das Geistige triumphieren würde. Auf die Erniedrigung der Kultur würde ihre Erneuerung folgen, eine Wiederaufstehung des Geistes, eine zweite Renaissance, in der Frankreichs Beitrag etwas gelten würde, sofern es nur früh genug das richtige Lager wählte.

Natürlich waren unter den Deutschen, mit denen die Gäste täglich zusammenkamen, hochkultivierte Männer, die zum Teil sogar – wie Carl Rothe und Paul Hövel – zutiefst liberal gesinnt waren. Aber wie war es möglich, daß man keinen Unterschied sah zwischen ihnen und jenen hohen Würdenträgern, die weißgott anderes im Kopf hatten als das Wiederaufleben von Kultur und Freiheit?! Es ist im Grunde unverständlich, daß Männer wie Jouhandeau sich derartig blenden lassen konnten.

Indes auch wir – Rothe, Hövel, Jünger oder ich – waren trotz unseres festen Willens, all unsere Kraft in den Dienst der Kultur zu stellen und insbesondere das Weiterbestehen des französischen Geistes zu sichern, Repräsentanten und ausführende Organe jener – wie Jünger es formulierte – dämonischen Führer des nazistischen Deutschland. Wenn wir auch versuchten, ihre Direktiven abzuschwächen oder zu umgehen, so haben wir doch bis zum Schluß Funktionen innegehabt, die zuweilen einen Kompromiß mit diesem Unterdrückerregime erforderlich machten. Jeder von uns mußte mit diesem Zwiespalt, mit diesem Widerspruch irgendwie fertigwerden, ihn vor seinem Gewissen verantworten und mit Geschick oder Mut so gut wie möglich in sein Leben integrieren. Auch das soll nicht verschwiegen werden.

Doch kehren wir ins Jahr 1941 und zu Marcel Jouhandeau zurück; seine damaligen Irrtümer hat er in späteren Gesprächen mit mir mehr als einmal zugegeben; er sagte, wenn er das damals Geschriebene heute nochmals publizieren wollte, so müßte er es erst korrigieren. Aber er wollte nicht als jemand dastehen, der aus Feigheit seine Meinung ändert. Der folgende Abschnitt aus Band VIII der *Tagewerke (Das Leben ein Fest)* bestätigt es: »Während meines Aufenthalts in Deutschland habe ich mich von einer trügerischen Atmosphäre einlullen lassen; man wiederholte uns tagtäglich, Frankreich sei die einzige Nation Europas, die den Sinn für Kultur bewahrt habe, was auch in Deutschland vergessen und vernachlässigt worden sei, da man sich ganz auf den Krieg konzentriert habe, und Frankreich werde nach dem Kriege als Lehrmeisterin der Welt fungieren können. Das hörten wir überall, das hatte mich beeindruckt, und irgendwie – wenn auch nicht lange – habe ich ein wenig daran geglaubt.« Selbst wenn Jouhandeau die Intensität und Dauer seines Glaubens an derartige Prophezeiungen hier etwas abschwächt, so muß man doch feststellen, daß er tatsächlich recht schnell klein beigab und bereits 1942, seiner Irrtümer bewußt, die Teilnahme an der zweiten Weimarer Reise ablehnte.

Im Oktober/November 1941 sah ich Marcel Jouhandeau häufig bei Florence Gould. Auch Jünger vermerkte in *Strahlungen* mehrmals Jouhandeaus Anwesenheit und ihre gemeinsamen Gespräche über deutsche und französische Literatur sowie ihre Diskussionen über Jouhandeaus peinlichst genaue Beobachtungen und Beschreibungen all seiner Begegnungen. Beide waren wie dafür geschaffen, einander zu verstehen und waren auch irgendwie voneinander fasziniert. Der Beobachter, Insekten- und Pflanzensammler Jünger fand in Jouhandeau einen Entomologen anderer Art. Jedes Einzelwesen von Guéret habe seinen Platz gefunden in den Erzählungen, die er, wie ein Entomologe eine Insektenbeschreibung, minuziös niederlege, notierte Jünger in seinem Tagebuch.

Jünger und Jouhandeau tauschten ihre Kenntnisse aus, sprachen aber auch über ihr persönliches Leben und ihre Arbeitsweise: ». . . über die Art, in der er arbeitet. Er erhebt sich nach einem Schlafe von kaum sechs Stunden um vier Uhr morgens und sitzt dann an seinen Manuskripten bis um acht. Darauf begibt er sich in das Gymnasium, in dem er als Lehrer wirkt. Die stillen Morgenstunden, die er mit einer Wärmflasche auf den Knien verbringt, sind die genußreichsten für ihn«, heißt es in Jüngers *Zweitem Pariser Tagebuch* unter dem Datum des 4. März 1943. Aus diesen Tagebuchnotizen läßt sich ersehen, daß sie einander zu jener Zeit fast täglich trafen: am 4., 7., 9., 10. und 14. September, meist bei Madame Gould, oftmals aber auch bei Jouhandeau zu Hause.

Auch ich sehe Jouhandeau noch vor mir, wie er unsere Gespräche mit einem unvermittelten »Entschuldigt, Kinder« unterbrach und ein schwarzes Wachstuchheftchen herauszog, um zu notieren, was ihm an einem von uns aufgefallen war, und das fand man dann eines Tages, minuziös herausziseliert, in einem seiner Bücher wieder. Jouhandeau widmete, ebenso wie Jünger, einen wesentlichen Teil seines Lebens der »subtilen Jagd«, und jede Entdeckung rief – zunächst bei ihm, und dann auch beim Leser – eine Art Resonanz hervor, die wiederum in jedem von beiden eine Kette versunkener Erinnerungen wachrief.

Von 1942 an machte ich häufige Besuche im Hause Jouhandeau; leider existiert er nicht mehr, dieser kleine zweigeschossige Bau zwischen den hohen Mietshäusern der Rue du Commandant-Marchand, der, wenn lange vor Tagesanbruch die Tischlampe des Schriftstellers aufflammte, wie ein zierlicher Leuchtturm dastand. Ich sehe mich noch am Ende des Durchgangs, der zu dem winzigen, dem Hause vorgelagerten Hof führte, einem Hof voller Blumen, eine Art Vorgärtchen, in dem sich aber auch, wie auf einem Bauernhof, Hund, Hühner und Tauben tummeln durften. Marcel liebte Tiere über alles, wie Léautaud, und daher bekamen seine Katzen, Tauben und Hühner gleich nachdem er sich den starken Morgenkaffee gebraut hatte, ihr Futter. Er hatte auch ein Lieblingshuhn, das er, als wir einmal Marcel Arland in seinem Landhaus besuchten, im Auto mitgenommen und behutsam auf dem Schoß gehalten hatte: es sollte Landluft schnappen. Doch leider war es schon recht altersschwach, und als Marcel Arland eines Tages bei den Jouhandeaus zu Mittag speiste und ihm ein gekochtes Huhn vorgesetzt wurde, da konnte er an den betrübten Mienen Marcels und Caryas (das war Elise Jouhandeaus Künstlername als Tänzerin) mühelos ablesen, daß die gefiederte Favoritin im Topf gelandet war. Ihren Platz nahm ein Küken ein, das von Marcel eigenhändig aufgezogen und in seinem Bett warmgehalten wurde, und selbst als es schon ein hübscher weißer Hahn mit rotem Kopfputz geworden war, konnte man es noch in den Arm nehmen, streicheln und mit Bitten zum Krähen animieren.

Am faszinierendsten für mich war Marcel im Gespräch, ob wir uns nun in seinem Gärtchen oder in der wie ein Observatorium dem Hause aufgesetzten Bibliothek aufhielten. Aus Worten und Schweigen erwuchs rings um uns ein magischer Raum, in dem, wie Silhouetten in chinesischen Schattenspielen, all jene Personen vorbeidefilierten, denen er früher oder erst kürzlich begegnet war. Am liebsten hätte ich dieses Haus, das mir schon so vertraut geworden war, niemals mehr verlassen.

Daher kam mir alles höchst ungelegen, was ein geplantes Treffen, ein Mittagessen oder eine Teestunde, plötzlich verhinderte. Das beweist auch der Rohrpostbrief, den Paulhan 1942, als ein Direktionswechsel bei der NRF zur Diskussion stand, an Jouhandeau richtete: »Dieser Rohrpostbrief soll Dich um Entschuldigung bitten, wenn ich Euch morgen Heller entziehe. Valéry möchte ihn sprechen und ihn bezüglich der NRF um einige Garantien ersuchen, und das geht nur morgen um die Mittagszeit, da P. V. in zwei Tagen abreist. Du wirst uns verzeihen, nicht wahr? G. H. ist sehr besorgt, aber ich verspreche ihm Deine Absolution. In alter Verbundenheit, Dein . . .«.

Unvergeßlich an der Seite Jouhandeaus war aber auch Elise. Größere Gegensätze konnte man sich kaum vorstellen. Ich habe sie noch vor Augen, wie sie in dem kleinen Salon im Erdgeschoß einander gegenübersaßen: sie, eine urwüchsige, auffallende Erscheinung, redselig und cholerisch; er, hager, still, zugleich feierlich und schlitzohrig wie ein Marabu. Das Bild war immer das gleiche, auch wenn Marcel zwischen Katze und Hündin inmitten tausender Bücher in seiner Bibliothek im zweiten Stock hockte und Elise wie eine Gottheit in ihrer neuen Küche thronte: sie, stets voll und ganz gegenwärtig im Augenblick, er, oftmals geistesabwesend, unfaßbar, was natürlich auch eine Art Selbstschutz war, um der erdrückenden Gegenwart dieses in seinen Büchern so oft beschriebenen gierigen, hochmütigen und grausamen weiblichen Tyrannen zu entfliehen. In diesem Weib, das Marcel Jouhandeaus ganzes Leben schwer belastet hat, saßen mindestens ein, wenn nicht gar mehrere Dämonen. Ihr Haß auf Juden und bestimmte Freunde Marcels – zu denen sich auch Jean Paulhan rechnen mußte – war so abgrundtief, daß sie ein Denunziationsschreiben an die im Hôtel de la Terrasse in der Avenue de la Grande Armée residierende Feldgendarmerie richtete. Trotz Jouhandeaus Beschönigungen in dem 1980 erschienenen *Tagebuch unter der Besatzung* war er selbst doch auch – zumindest eine Zeitlang – von Elises Schuld überzeugt gewesen, was aus einem Brief an mich vom 17. April 1942 hervorgeht:

> Oh Heller, Heller, wenn Sie morgen erfahren, was ich gestern noch nicht wußte, so versuchen Sie, das Unheil wiedergutzumachen, das eine Hand, die mir teuer ist, einem meiner ältesten Freunde zufügen wollte. Nein – seit ich auf der Welt bin, habe ich noch keinen finstereren Tag erlebt; ich darf mir nichts anmerken lassen oder müßte mein Leben gänzlich umkrempeln und würde dadurch jemand anderen in Verzweiflung stürzen oder gar in den Tod treiben. Diese Worte mögen Ihnen übertrieben scheinen, aber dem ist nicht so. Meine Schriftstellerphantasie muß sich geschlagen geben vor der Realität jener innerlichen Zerrüttung, die zu begreifen ich mich bemühe.
>
> Sollten Sie aus anderer Quelle nichts erfahren, so befragen Sie mich auch nicht weiter, denn es würde mir widerstreben, vor Ihnen jemanden anzuklagen, dem ich zwar nicht mehr vertrauen kann, der aber doch Tag und Nacht mein Leben teilt. Gebe Gott, daß das alles nur Wahnsinn ist!?
>
> Bewahren Sie mir Stillschweigen, mein lieber Heller, und vor allem Ihre Freundschaft.
>
> M. J.
>
> P. S.: Ich hoffe, selbst schon alles gestoppt oder repariert zu haben. Ihre Landsleute, mit denen ich aus diesem Anlaß zu tun hatte, waren von bewundernswerter Diskretion.

Man fragt sich, wie Jouhandeau an der Seite dieses Ungeheuers weiterleben konnte. In den *Tagewerken* von 1959 schreibt er: »Wenn ich manchmal an das Monster denke, neben dem ich lebe, an seine Ungerechtigkeiten, seine triumphierende Selbstsucht, die ich, indem ich sie toleriere, quasi unterstütze, dann gerate ich über mich selbst in Empörung, dann kann ich mich selbst nicht mehr in Geduld ertragen.«

Jouhandeau war allerdings selbst auch kein Unschuldslamm; seine Frau hatte mancherlei und oft extrem grausame Demütigungen hinnehmen müssen, wenn man nur an seine homosexuellen Abenteuer denkt, die häufig von leidenschaftlicher Liebe, die den Rest der Welt vergessen machte, begleitet waren. »Jemanden lieben bedeutet, sich das ganze Universum, von dem man nichts mehr zu erwarten hat, zu versagen zugunsten eines einzigen Gesichts, das einen derartig blendet, daß alles übrige im Dunkel versinkt.« (*Journaliers,* 1959).

Zwischen diesen beiden so gegensätzlichen Wesen wie Marcel und Elise herrschte eine Haßliebe. Und Jouhandeau fand in seinen eigenen Qualen und in seiner Henkerin ungeheuer viel Stoff für seine Bücher, die zu einem großen Teil – ungeachtet ihrer Titel – die immer wieder neu erarbeitete Chronik seines Ehelebens sind, wie auch Elise darin den Hauptinhalt ihres eigenen Tuns und Handelns fand. Und auch ich stand stets von neuem entsetzt und zugleich fasziniert vor diesem Prachtexemplar eines unauflöslich verbundenen sadomasochistischen Paars.

Über Jouhandeaus Antisemitismus geben die 1977 unter dem Titel *Das Leben ein Fest* zusammengefaßten Interviews Auskunft. Dort heißt es: »Eine Zeitlang glaubte ich, Antisemit zu sein, aber es war doch wohl eher Nachahmungstrieb, da meine Frau zutiefst antisemitisch eingestellt war – meines Erachtens sogar bis zum Schluß. Ich hingegen sah klar, lange schon bevor der Krieg ausbrach.« Gewollt oder ungewollt hat Jouhandeau vergessen, daß er noch 1941 bei der Weimarer Reise virulente antisemitische

Äußerungen getan hatte. Die Formulierungen seines 1937 bei Sorlot erschienenen Pamphlets *Le péril juif (Die jüdische Gefahr)* wiederaufnehmend, hatte er erklärt, er fühle sich Hitler näher als Léon Blum. Die 1936 erlittene Schmach habe ihn logischerweise dazu geführt, diese unter der Ägide der Besatzungsmacht durchgeführte Reise mitzumachen. Alles lieber als ein Sieg des Judentums, wozu eine deutsche Niederlage unweigerlich führen müsse! Er beglückwünschte sich, daß dank dem Deutschen Reich »für Europa das Geschick der Juden zumindest negativ geregelt werden könne, bis eine universalere Lösung gefunden werde«. Er gab der Hoffnung Ausdruck, daß diese erleichtert werde durch die Annäherung Frankreichs und Deutschlands, eine Umkehr der Allianzen, der er die Bedeutung einer Revolution beimaß.

Solch unerträgliche Äußerungen zeugen entweder von Fanatismus oder von Weltfremdheit. Im Falle Jouhandeau neige ich eher zu letzterem, da er nichts mit Fanatikern wie Céline oder Lucien Rebatet gemein hatte. Er hat sich selbst stets als in politischen Dingen äußerst ungeschickt und unwissend dargestellt. Was hatte er dann »auf dieser Galeere zu schaffen«? In den gleichen Jahren war er von Paulhan schon freundschaftlich gerügt worden: »Du hast doch nicht den Rassismus der Juden verurteilt, um anschließend hinzugehen und Leute zu bewundern, die es fertigbringen, noch rassistischer zu sein als die Juden; eine Art Juden in hundertfacher Potenz: eben das Herrenvolk!«

Natürlich könnte man auch über den Gehalt von Paulhans Äußerung diskutieren; das wollen wir jedoch lassen und nur darauf hinweisen, daß auch Paulhan Jouhandeaus Antisemitismus, der im Gegensatz zu dessen Behauptungen eindeutig noch während des Krieges fortbestand, kannte und verurteilte.

Doch den großen Unterschied zu Elises Verhalten muß man auch herausstreichen. Marcel hätte sich niemals dazu verleiten lassen, jemanden zu denunzieren, und er tat auch alles in seiner Macht Stehende, um die möglichen Folgen von Elises Denunziation abzufangen. Außerdem hielt er vielen jüdischen Freunden ungebrochen die Treue (mit einigen hatte er sogar ein Liebesverhältnis); der Tod Max Jacobs, den wir – wie ich später noch berichten werde – aus dem Lager Drancy nicht hatten herausholen können, hat Marcel zutiefst betroffen gemacht. Und schließlich erkannte er nach dem Krieg ja auch – aber eben erst danach – den schweren Irrtum, den kaum verzeihlichen Fehler seiner Animosität gegen die Juden an, die ihn ein paar Jahre lang in ihrem teuflischen Netz gefangengehalten hatte.

Und doch blieb ihm auch während dieser Jahre die Freundschaft eines Widerstandskämpfers wie Jean Paulhan erhalten. Sie sahen einander häufig und schrieben sich in manchen Zeiten fast täglich. Mir gegenüber hat Marcel Jouhandeau sehr oft mit Bewunderung von Jean Paulhan gesprochen und gesagt, er verehre ihn wie einen Heiligen und sehe in ihm einen seiner liebsten Freunde. Und Paulhan war ihm gegenüber tatsächlich schier grenzenlos großmütig und fürsorglich, was besonders deutlich wurde, als er sich bei der Befreiung Frankreichs mit Leib und Seele für Marcels Verteidigung einsetzte.

Die Beziehungen Paulhans und Jouhandeaus waren gewiß von ganz besonderer Art, doch große Freundschaften, leidenschaftliche Freundschaften gab es unzählige im Leben Marcel Jouhandeaus. Wie er selbst sagte: »Die Freundschaft ist mein Vaterland« oder – in *Algebra der sittlichen Werte:* »Die Freundschaft ist eine Fata Morgana, die Vorspiegelung des Absoluten im Relativen oder des Relativen im Absoluten. Freundschaft ist die Vereinigung von Schein und Sein. O Freundschaft, du Krönung der Welt!« Seit der Weimarer Reise bis zum Tode von Marcel Jouhandeau habe ich selbst in diesem Wunderland, das seine Freundschaft für mich war, gelebt, was ich ihm in einem Brief vom 24. Juni 1949 nach der Lektüre von *Geheime Reise* auch schrieb: »Du hast, mein lieber Marcel, mir einen Spiegel vorgehalten. Ich sehe mich wieder und wieder und erlebe von neuem jene Wochen voller Geheimnisse und voller Freuden. Manchmal erschrecke ich, und dann wiederum fühle ich mich wie für immer geborgen in der Sphäre einer ewigen Freundschaft. Zuweilen bin ich bis ins Innerste erschüttert, geradezu ausgelöscht, und gleichzeitig fühle ich mich erhoben, mitten in den Himmel hinaufgetragen, wo ich mich zu meiner Verwunderung in völligem Gleichgewicht bewege. So etwas kannst nur Du fertigbringen, Zauberer, der Du bist! Was hast Du nur gemacht? Welche Macht haben Deine Worte? Und alles stimmt. Jetzt haben wir unser eigenes geheimes Brevier.«

Als ich am 12. August 1944 von ihm und Carya Abschied nahm, schenkte er mir sein erstes und sein letztes Buch (*Theophils Jugend* von 1921 und *Chronik einer Leidenschaft*, von 1944). Die Widmungen rührten mich zu Tränen: »Ich schenke dir heute (vielleicht werden wir uns niemals wiedersehen) mein erstes und mein letztes Buch. Liebe sie nicht, aber vergiß mich nicht. Du weißt, du hast vielleicht erraten, wer ich bin. Verteidige mein Andenken. Marcel.« (In *Chronik einer Leidenschaft*, »durch eine Spende von Flor«, wahrscheinlich Florence Gould, im Juli 1944 in einer nur für intime Freunde erstellten Auflage erschienen, schrieb er mir: »Für meinen Gérard Heller, als Erinnerung an vier Jahre Freundschaft. Jenseits des Schlachtengetümmels und über die Gräber hinweg. Marcel J. An diesem 12. August 1944, mit der Hoffnung auf ein baldiges Wiedersehen nach der Versöhnung unserer beider Vaterländer.«)

Als ich am 29. April 1948 zum ersten Mal nach Frankreich zurückkehrte, schrieb er mir in *Versuch über mich selbst* folgende Widmung: »Mein Gérard, honni soit qui mal y pense! Ja, wir waren Freunde während der Besatzung, und ich rühme mich dessen!« Ich war übrigens nicht sein einziger deutscher Freund in jener Zeit; ich machte ihn mit Jünger bekannt, zu dem er anschließend sehr enge Beziehungen unterhielt.

Man wagt es kaum zu sagen – aber inmitten all des Unglücks jener Zeit, trotz all der Widersprüche, all der Wut, all der Angst, erlebten wir Augenblicke wundervollen Glücks, von denen dieser vermutlich aus den letzten Tagen des Jahres 1943 stammende Brief Zeugnis ablegt:

Lieber Gérard,

mir ist es lieber, Dir einen Rohrpostbrief zu schicken als Dich anzurufen. Ich weiß nicht warum. Vermutlich, weil Geschriebenes bleibt, und weil ich – wie die Briefe – bei Dir bleiben möchte.

Ich verdanke Dir Jünger und Eschmann. Eschmann war eine Art Zauberspiegel. Er hat es verstanden, mich zum Reden zu bringen und Posen einzunehmen, und er hat mich dadurch so glücklich gemacht, denn ich fühlte mich verstanden, voll und ganz und rundherum als Ich anerkannt. Das ist ein so seltenes und so beglückendes Gefühl für jemanden, der schöpferisch tätig ist und für gewöhnlich kaum und nur zerstreut angehört und meist auch scheel angesehen wird.

Du weißt wohl, daß der Tee am Sonntag bei Marie-Louise [Bousquet] ein großes Ereignis sein wird: Jünger und Giraudoux und Blandine de Prévaux, Enkelin von Emile Ollivier und Urenkelin von Liszt – kurz: die crème de la crème.

Wenn ich kann, mache ich einen Sprung von der Porte Maillot zur Concorde. Gleichzeitig mit diesem Brief schicke ich eine Rohrpost an Jean Paulhan, denn ich hätte ihn gern mit Eschmann und Dir an einem der folgenden Abende zum Essen.

Ich verabscheue Dich, du Ekel, Marcel.

Diese Freundschaft Jouhandeaus war etwas Wunderbares für mich, und ihm und anderen, vor allem Jean Paulhan (auf den ich noch ausführlicher zu sprechen kommen werde) habe ich den Zugang zu jener höheren Ebene der menschlichen Begegnung zu verdanken, wo Nationalitätenunterschiede wie ausgelöscht sind. Das gleiche sagte Marcel Jouhandeau in seinen *Tagewerken* vom 9. Juni 1959 anläßlich einer Vortragstournee durch Deutschland, wo er, Marie-Luise und ich Wiedersehen feiern konnten: »Hier finde ich Deutsche wieder, die ich während der Besatzung in Paris kennengelernt hatte, und plötzlich fühlen wir uns, sie sowohl wie ich, auf eine höhere Ebene emporgehoben, auf jene eindeutig religiöse Ebene, von der der heilige Paulus spricht, wo es keine Juden, keine Heiden, keine Griechen, keine Barbaren, keine Deutschen, keine Franzosen, sondern nur noch Menschen gibt.«

Und auf dieser echt religiösen Ebene lebte Jouhandeau tatsächlich seine Freundschaften, selbst diejenigen homosexueller Prägung, in denen sich für ihn Freundschaft oftmals realisierte. Ich denke in diesem Zusammenhang im besonderen an sein Buch *Über die reine Liebe*, dem Hohen Lied so ähnlich, das ein einziger großartiger Huldigungsgesang ist für Robert, jenen Freund, den Marcel sicherlich am meisten und längsten geliebt hat.

Auf meine Art habe auch ich die Größe dieser Liebe empfunden, von der ich nochmals Zeugnis ablegen möchte, wie ich es schon in meinem Brief vom 24. Juli 1972 tat: »Marcel, Du weißt, wie sehr wir Dich lieben, das übersteigt die Grenzen der Freundschaft, wir gehören der gleichen Familie an. Und nicht etwa, weil diese Freundschaft schon mehr als dreißig Jahre andauert, nein: Liebe bindet uns an Dich. Dein für immer, Marie-Louise und Gérard.«

Die europäischen Treffen in Weimar

Im Zusammenhang mit Jouhandeau erwähnte ich bereits die erste für September/Oktober 1941 organisierte Reise nach Deutschland, an der außer ihm noch Drieu, Bonnard, Brasillach, Chardonne, Fernandez und Fraigneau teilnahmen. Entsprechendes wurde für Musiker wie auch für Maler und Bildhauer veranstaltet, wobei Derain, Vlaminck, Dunoyer de Segonzac, Friesz und Despiau zusammentrafen. Diese Reise hatte der deutsche Maler Heinrich Ehmsen organisiert, der wie ich im Hotel Berkeley wohnte. Obwohl er als Hauptmann einen höheren Dienstgrad als ich bekleidete, hatten wir doch bereits mehrfach recht offene Gespräche miteinander geführt. Ich war immer sehr glücklich, wenn ich unter den anderen Verantwortlichen der Propaganda-Staffel jemanden traf, der in etwa dachte wie ich. Nach dem Krieg entdeckte ich, daß Ehmsen ein verkappter Kommunist gewesen war.

Erst auf mein ausdrückliches Betreiben hin erklärten sich Männer wie Jouhandeau und Chardonne zur Reise nach Weimar bereit. Neben den offiziellen Begegnungen, von denen einige Jouhandeau so tief beeindruckt hatten, konnten sie – vor den Augen der Gestapo – höchst interessante Kontakte zu deutschen Regimekritikern knüpfen. Dabei denke ich insbesondere an meine Freunde Paul Hövel und Carl Rothe. Hövel hatte sich schon vor dem Kriege für die Verbreitung deutscher Bücher im Ausland eingesetzt. Und mit diesem Auftrag wurde er auch vom Propagandaministerium betraut, da er ein unentbehrlicher Manager und Spezialist für den ausländischen Buchmarkt war. Obwohl er das Parteiabzeichen tragen mußte, blieb er innerlich stets ein Widerständler, der seine Position dazu nutzte, gefährdeten Personen zahlreiche und für ihn selbst oft gefährliche Dienste zu leisten. Er war es auch, der den Fortbestand des jüdischen (und offiziell sequestrierten) wissenschaftlichen Verlags Julius Springer sicherte, dessen Direktor er übrigens nach dem Kriege, 1954, wurde.

Rothe war Schriftsteller (Romane, Essays usw.) und von 1941 an Generalsekretär des Europäischen Schriftstellerverbandes. Er war niemals Parteimitglied. Im Gegenteil, er war befreundet mit Cäsar von Hofacker, dem Vetter des Grafen Stauffenberg. Hofacker fungierte als Verbindungsmann zwischen dem Berliner Verschwörerzirkel und dem Generalstab Karl Heinrich von Stülpnagels, der seit 1942 Oberbefehlshaber in Frankreich war. Beide, Hövel und Rothe, hatten zum Gelingen des Schriftstellertreffens in Weimar viel beigetragen. Sie begleiteten uns auch auf einem Stück der Reise, so daß die Franzosen ausführlich mit ihnen sprechen konnten.

Ein Erlebnis während dieser Reise hat sich uns allen tief eingeprägt; ihm kommt wohl signifikante Bedeutung zu: Unser Zug verlangsamte plötzlich seine Fahrt und blieb dann auf freier Strecke stehen. Wir öffneten die Fenster und hörten, wie draußen Französisch gesprochen wurde. Meine Schriftstellerfreunde neigten sich hinaus und entdeckten französische Gefangene, die ihre Arbeiten am Bahndamm unterbrochen hatten, um unseren Zug vorbeizulassen. Es war eine Gruppe von etwa zehn Männern, bewacht von zwei bewaffneten Soldaten. Welch ein Kontrast: dort fahle, unrasierte Gesichter, ausgefranste Soldatenmäntel mit den zwei in weißer Farbe aufgemalten Buchstaben KG, und hier unsere eleganten, wohlgenährten Reisenden! Diese schämten sich wohl auch ihrer privilegierten Lage angesichts des Elends ihrer Landsleute; sie versuchten, ein Gespräch in Gang zu bringen, wußten aber nichts zu antworten, als die anderen sie fragten, was sie in diesem Zug machten. Nur ein paar Worte wurden gewechselt, und dann ging die Fahrt weiter; doch diese paar Worte genügten, um die Franzosen in unserer Gruppe zu verstören. Eine lange Diskussion entspann sich über das Schicksal der Gefangenen, über die Gründe, warum diese Frage noch immer nicht geregelt war, über all die Leiden, die der Krieg tagtäglich mit sich brachte. Die Stimmung war durch diese Begegnung zwar beeinträchtigt, aber gleichzeitig waren wir auch aus einer Art zeitlosem Kulturtraum zurückgeholt worden in die harte historische Realität.

Mit dieser gleichen Realität wurden wir konfrontiert, als auf der Fahrt den Rhein entlang ein Besuch in Straßburg vorgeschlagen wurde und die Franzosen sich einstimmig weigerten, diesen Teil des Programms mitzumachen. »Es ist uns unmöglich«, sagten sie, »zu diesem Zeitpunkt Straßburg zu besichtigen.« Man mag es für ein wenig lächerlich halten, dieses plötzliche Aufflammen von Würde nach so viel Kompromißbereitschaft, doch ich verstand die Haltung der französischen Schriftsteller und unterstützte mit allen Mitteln ihren Entschluß. Schließlich wurde für sie eine Fahrt durch den Schwarzwald veranstaltet, während die anderen Straßburg besichtigten.

Jacques Chardonne war es, der sich in dieser Angelegenheit ganz besonders einsetzte und sich auch sonst häufig zum Sprecher der Gruppe machte. Daß er sich gleich zu Beginn der Besatzung als Kollaborateur öffentlich zu erkennen gab, hatte mich und viele andere erstaunt, denn er schien durch nichts dazu prädisponiert. Dieser agnostische Großbürger, Autor jener, was die Klarheit der Darstellung und die Subtilität der Analyse betrifft, so französischen Bücher wie *Hochzeitsgedicht* (1921), *Claire* (1931) oder *Verhängnisse des Gefühls* (1934–36), Träger des von der Académie française verliehenen Großen Romanpreises, schien so gar nichts zu haben von einem politischen Denker und noch weniger von einem Akteur auf politischer Bühne. Und dennoch war er bereits in der ersten Nummer der *Nouvelle Revue Française* vom 1. Dezember 1940 mit dem schon erwähnten Artikel *Sommer in Maurie* vertreten, was Paulhan zu der Bemerkung veranlaßt hatte: »Ich habe den Chardonne gelesen: einfach niederträchtig (und das ist noch milde ausgedrückt)«. Diesen einen Artikel hätte man noch für Wichtigtuerei halten können, aber er blies nochmals in das gleiche Horn und deklamierte lautstark seine deutschfreundlichen und zugleich antijüdischen und antienglischen Gefühle, indem er 1941 seine *Privatchronik des Jahres 1940* herausbrachte, in der sich zwar die bereits in zwei NRF-Nummern publizierten Seiten wiederfinden, aber in einem Kontext, der sie nicht mehr als bloße Taktlosigkeit entschuldigen läßt, sondern unmißverständlich seine pro-deutsche Einstellung dokumentiert. Nach der Lektüre dieser Chronik sandte Gide folgendes Telegramm an Drieu: »Schätze Ihr herzliches Schreiben, aber nach Lektüre von Chardonnes Buch muß ich Sie leider bitten, meinen Namen vom Deckblatt der nächsten Nummer Ihrer Zeitschrift zu streichen.«

Während der Weimar-Reise wurde mir klar, welch großen Einfluß Jacques Chardonne ausübte. Er war sehr zurückhaltend und still und alles andere als ein Rednertalent, und dennoch beeindruckte er die anderen durch die Eleganz seines Auftretens und seiner wohlgesetzten Worte. Als er einmal bei einem Festbankett im Namen der französischen Teilnehmer das Wort ergriff, hatte er gleich alle Herzen gewonnen, da er im Zusammenhang mit einem zukünftigen Europa von Frankreich sagte: »Ja, wir sind besiegt worden, haben aber die Hoffnung nicht verloren.« Der deutsche Dolmetscher wandte sich zum Publikum: »Das brauche ich wohl nicht zu übersetzen, jeder wird verstanden haben.« Und da erhob sich ein Schriftsteller aus der Schweiz, des Schutzes seiner Neutralität gewiß, ergriff sein Glas und rief: *La France!* Das war ein Ersatz für *Vive la France,* was auch er sich nicht erlauben konnte.

In den folgenden Jahren sah ich Chardonne recht häufig, und in seiner Umgebung fand ich auch immer Henry Muller, den Mann seiner Tochter, und André Bay, den Sohn seiner zweiten Frau. Ich mochte sie sehr, und hatte sie, da sie sich während dieser für uns alle schwierigen Jahre stets außerordentlich würdig verhalten und niemals kompromittiert hatten, »meine besten Franzosen« genannt. Aber ein ganz besonderes Problem gab es: es ging um den Sohn von Chardonne, Gérard Boutelleau (das war der eigentliche Name der Familie), der 1942 mit Gide in Tunis lebte, und dessen Wohnung nach der Besetzung Tunesiens durch die Deutschen Ende 1942 im März 43 durchsucht worden war – vielleicht wegen seiner Frau, einer Engländerin; und bei dieser Gelegenheit hatte die Gestapo sein Tagebuch mit mehreren Hinweisen auf den Widerstand und ganze Passagen aus Gides Tagebuch mit deutschfeindlichen Äußerungen gefunden, die Boutelleaus Frau abgetippt hatte. Boutelleau wurde daraufhin verhaftet und über Rom ins Lager Sachsenhausen-Oranienburg gebracht.

Chardonne selbst rief mich im Frühjahr 1943 zu Hilfe. Ich setzte alle Hebel in Bewegung: das Deutsche Institut, die Botschaft, meinen Freund Hövel im Propagandaministerium, das Auswärtige Amt, den SD, den Bildhauer Arno Breker, der auf höchster Ebene gehört wurde und bereits einmal bei Hitler persönlich Begnadigungen erwirkt hatte. Monatelang wurde ich immer wieder und überall vorstellig. Im Einzelfall konnte ich das tun, aber in großem Maßstab war es leider unmöglich. Hier hatte ich ja auch Erklärungen parat: »Wie, Sie wissen nicht, daß Boutelleau der Sohn von Jacques Chardonne ist? Bedenken Sie doch nur, wie stark dieser sich schon für uns engagiert hat! Im vorigen Jahr hat er sogar zum zweiten Mal am Kongreß in Weimar teilgenommen, während doch so viele andere einen Rückzieher gemacht haben!« Schließlich hatte ich die Freilassung Gérard Boutelleaus erreicht. Man händigte ihm die beschlagnahmten persönlichen Dinge aus und geleitete ihn in höchst zuvorkommender Weise nach Paris zurück. Im Juli 1943 erhielt ich von Jacques Chardonne folgenden Brief:

Samstag

Lieber Freund,

Gérard ist zurückgekommen!
Das danke ich Ihnen. Sie haben wirklich alles getan. Das werde ich Ihnen mein Leben lang nicht vergessen. Ich soll ihn heute nachmittag treffen. Angeblich sieht er gut aus, er ist nicht gefoltert worden. Wir werden ihn zu einem Ihrer Freunde machen.

Von ganzem Herzen,

Jacques Chardonne.

In Wirklichkeit war Boutelleau aber von zu viel Feindseligkeit gegenüber den Deutschen erfüllt, als daß er mein Freund hätte werden können. Er nahm seine Widerstandstätigkeit von neuem auf und wurde 1944 wieder verhaftet. Es gelang ihm allerdings, aus dem Zug, der ihn zur Festung Hâ bringen sollte, zu fliehen, während ich vor den SD zitiert wurde, wo man mir die Leviten las: »Da sehen Sie, worauf Sie sich einlassen. Sie haben für diesen Burschen gebürgt. Sie haben einen unserer Feinde in Freiheit setzen lassen, und jetzt ist er flüchtig. Sie stecken mit Verrätern unter einer Decke!« Das war vielleicht der heikelste Moment in meinen Beziehungen zum SD. Indessen – weiter behelligt wurde ich nicht. Ich hatte mit ihnen ja auch seit eh und je recht offen geredet und beispielsweise gesagt: »Ihr Vorgehen ist nicht richtig; mit all diesen Festnahmen und Hinrichtungen erreichen Sie gar nichts, Sie schaffen nur

Märtyrer.« Der SS-Führer antwortete mir: »Wissen Sie eigentlich, wo Sie sich befinden und mit wem Sie sprechen?« – »Gewiß, Sturmbannführer, aber um Ihnen das zu sagen, bin ich gekommen. Einer muß den Mut finden, es Ihnen zu sagen, zum Nutzen Deutschlands, dem ich auf dem mir zugewiesenen Posten so gut wie möglich diene.« Dabei war's geblieben, aber ich wußte natürlich, daß man ein Auge auf mich hatte und daß es eine Akte gab, die mir überallhin folgte, sogar später bis nach Berlin, wie wir noch sehen werden.

Chardonne war also auch zur zweiten Reise nach Weimar im Oktober 1942 bereit und bewies damit einen gewissen Mut, selbst wenn das damals ein gewaltiger politischer Irrtum war. Er wußte mir Dank für alles, was ich für das – wie er es nannte – »geistige Erbe Frankreichs« tat. »Heller, was Sie für uns tun!« hörte ich von ihm, oder: »Verhindern Sie, daß man einen Mauriac antastet!« Er kannte dessen Einstellungen und die Gefahren, denen dieser sich dadurch aussetzte. Die Beziehungen zwischen Chardonne und meinem Freund Jean Paulhan hingegen waren äußerst gespannt. Ungerechterweise unterstellte Chardonne ihm, er wolle statt der Deutschen wohl lieber die Russen oder Amerikaner (und die Juden) in Frankreich installieren; und in brüskem Ton ließ er ihn wissen, er verbiete sich »jede Belehrung, die über die Regeln der Interpunktion hinausgeht«.

Es war nicht immer leicht, sich zwischen so gegensätzlichen Freunden hindurchzulavieren. Jeder war eine Persönlichkeit mit vielerlei Gesichtern, und diese möchte ich hier so gut wie möglich herausmodellieren. Da war beispielsweise auch jener Chardonne, dem es gelang, mit meiner Unterstützung den Schriftsteller Raymond Guérin aus dem Gefangenenlager herauszuholen und der sich dann von diesem sagen lassen mußte: »Ich weiß, daß ich es Ihnen zu verdanken habe, daß ich hier bin, und ich bedanke mich auch, aber abgesehen davon verachte ich Sie!« Chardonne trug es ihm nicht nach, wie er auch mir meinen – wie er es nannte – »Liberalismus« nicht verübelte. Die beiden Sätze, die er mir in den letzten Tagen der Besatzung sagte, habe ich noch im Ohr: »Heller, das Vergessen ist dem Menschen ebenso notwendig wie der Schlaf. Wir müssen versuchen, im Ungewissen würdig zu leben.« (In *Demi-jour* spielt J. Chardonne auf einen Besuch an, den Marie-Luise und ich nach dem Krieg ihm abstatteten: »Kaum war ich in meinem Pariser Turm eingerichtet, erhielt ich auch schon Besuch von G. H. Der erste Deutsche seit zwanzig Jahren. Ihm hatte ich meines Wissens einmal geschrieben: ›Wir brauchen das Vergessen ebenso wie den Schlaf . . .‹ G. H. kann kaum seine Arme und Hände bewegen; er geht schwer und spricht auch etwas mühsam. Seine Frau ist seine große Stütze; sie wirkt noch jugendlich, strahlt Heiterkeit aus und ist ständig um ihren Mann besorgt. Ich konnte mit eigenen Augen sehen, was Liebe ist.«)

Die gleiche Würde fand ich bei Robert Brasillach; nur war sein Engagement für die Kollaboration noch viel stärker ausgeprägt als bei Chardonne, und leider schwelgte er geradezu im Haß auf das Judentum. Ich kannte seine frühen Romane *Der Funkendieb* (1932), *Das Kind des Dunkels* (1935), *Uns aber liebt Paris* (1936), die ein zarter und behutsamer Realismus auszeichnete, aber auch seine *Geschichte des Kinos* oder seine Essays über Vergil und Corneille. Ganz besonders gefallen hatte mir der 1937 erschienene Roman *Ein Leben lang* mit der an Nerval erinnernden Liebesidylle zwischen Cousin und Cousine. Bereits im Juli 1941, als Jean Giraudoux gerade nach Paris gekommen war, gelang es mir, ein Treffen zwischen ihm und Brasillach im Parc Montsouris zu vermitteln, wobei wir ausgiebig über die Romantik sprachen, denn in diesem gleichen Park hatte Giraudoux als Student die deutschen Romantiker gelesen. Während des einfachen Mittagessens im

»Chalet« am Rande des Parks setzten wir unser Gespräch fort und verglichen die Rolle und die Darstellung der jungen Mädchen bei Giraudoux und Brasillach. Weder diesmal noch später haben wir über Politik geredet. Der feinfühlige und ungewöhnlich intelligente Brasillach hatte sehr schnell begriffen, daß ich nicht auf seiner Seite stand.

Eines Abends 1942 fand im »Cochon de lait« in der Nähe des Odéon ein Abschiedsessen für Karl-Heinz Bremer, einen Mitarbeiter von Epting am Deutschen Institut statt. Er hatte eine Einberufung an die Ostfront erhalten (wo er gefallen ist). Brasillach hielt eine kurze Ansprache und sagte unter anderem: »Ja, Bremer geht nun, und wir werden ihn vermissen . . . aber Gerhard Heller bleibt, leider ist er so liberal.« Oder bei anderer Gelegenheit: »Heller, der ist französischer als die Franzosen!« Das klang harmlos, fast scherzhaft, denn er schätzte mich und wollte mir sicherlich nicht schaden, aber schließlich waren Personen anwesend, deren Blicke nicht so wohlwollend auf mir ruhten, und dieses Gefühl trug dazu bei, daß ich ständig Angst und Beklemmung verspürte.

Brasillachs Liebenswürdigkeit ging mir nahe, und sein Talent und seine umfassende Bildung bewunderte ich, um so entsetzter war ich, wenn sein virulenter Antisemitismus durchbrach. So hörte ich ihn beispielsweise über die Juden sagen: »Die müssen alle umgebracht werden, selbst die kleinen Kinder.« Derartige verbale Auswüchse ließen mich zurückschrecken; vor aller Öffentlichkeit konnte ich nichts dazu sagen, aber wie tief der Haß in ihm saß, das spürte ich. Daher nahm ich mehr und mehr von ihm Abstand.

Einer der letzten Anlässe, wo ich ihn sah, war ein Tee im Deutschen Institut zu Beginn des Jahres 1944; wir sprachen über die Kollaboration, und ich sagte zu ihm: »Jetzt ist's aus, nicht wahr, Robert?« – »Ja«, entgegnete er, »es ist tatsächlich aus.« Wir sprachen auch offen über die vorhersehbare Niederlage. Für ihn war es der Zusammenbruch seines Lebens, all seines Einsatzes, aber er war entschlossen, bis zum bitteren Ende durchzuhalten. Und als Rebatet, Céline und all die anderen sich nach Sigmaringen absetzten, sagte er zu ihnen: »Ich bleibe.« Am 14. September 1944 stellte er sich freiwillig der Justiz, am 14. Januar 1945 wurde er verurteilt und am 6. Februar hingerichtet. Weder das Gnadengesuch, das die Namen zahlreicher Intellektueller trug, noch ein letzter Versuch Mauriacs hatten bei General de Gaulle etwas auszurichten vermocht.

Bei der zweiten Weimar-Reise war die Begeisterung der Schriftsteller schon merklich gemindert. Einer nach dem anderen distanzierte sich; es war wie im biblischen Gleichnis vom großen Gastmahl: Pierre Benoit hatte eine todkranke Cousine; Morand mußte eine Rede des Präsidenten redigieren; Jouhandeau hatte die Maurer im Haus und konnte Carya nicht mit ihnen allein lassen; Giono verlangte per Telegramm, im fernen Manosque abgeholt zu werden . . . Jacques Chardonne und Pierre Drieu La Rochelle, die mit André Thérive abermals teilnahmen, erklärten sich enttäuscht über ihre französischen Kollegen, denen sie – wie sie es nannten – Feigheit, Gleichgültigkeit und politischen Unverstand vorwarfen.

Im September 1942 suchte ich Henry de Montherlant am Quai Voltaire auf, um ihn zur Teilnahme an dieser Reise zu bewegen. Ich hatte ihn schon bei Marie-Louise Bousquet getroffen, kam aber zum ersten Mal in seine Wohnung, die mich verblüffte: In vielleicht beabsichtigter Unordnung standen im weitläufigen Vestibül, bunt zusammengewürfelt und scheinbar wahllos verstreut, wertvolle alte Möbel sowie Abgüsse oder Originale antiker Statuen. Montherlant empfing mich in seinem Arbeitszimmer, das einem Museum voller kostbar gebundener Bücher glich. Er ging wohl auf die Fünfzig zu; seine Gesichtszüge waren so klassisch wie auf einer römischen Münze; die hohe, kahle

Stirn, die Ohren geweitet, als lauschten sie Rufen von überallher.

Wir sprachen zunächst über sein Werk, das ich bewunderte. Schweigen bewahrte ich über das peinliche *Juni-Sonnenwende,* das im Oktober 1941 bei Grasset und 1943 nochmals bei Gallimard erschienen war. Doch reden konnte man über *Die Wachablösung des Morgens,* diesen großen Kriegsroman, *Die Junggesellen* oder *Die jungen Mädchen,* ein Buch, an dessen Frauenfeindlichkeit sich die Gemüter erhitzt hatten, *Die tote Königin,* wo die Frau, Ines de Castro, wieder rehabilitiert wird: durch die großartige, betont psychologische Darstellung und die Klarheit der formalen Gestaltung zeugen alle diese Werke vom Fortbestand des französischen Klassizismus.

Nun mußte ich aber zum Anlaß meines Besuchs kommen: wäre er bereit, an der zweiten Weimar-Reise teilzunehmen? Montherlant lehnt ab, nennt mir aber auch seine Gründe, die nichts zu tun haben mit einer grundsätzlichen Ablehnung der Kollaboration:

»Ich habe mehr als genug, öffentlich und privat, meiner Hoffnung und meinem Glauben an eine Verbesserung der deutsch-französischen Beziehungen Ausdruck verliehen. Das habe ich schon vor und auch seit diesem Krieg immer wieder bekundet und erst kürzlich noch durch meine Mitarbeit an Ihrer Zeitschrift *Deutschland-Frankreich.* Daher werden Sie meine wahren Gründe auch verstehen können: ich vermag die Nervenanspannung, die eine solche Reise mit sich bringt, nicht zu ertragen. Ich bin zwar physisch eine widerstandsfähige Natur, kann auch heute noch Großes leisten, in manchen Bereichen, wie zum Beispiel meiner schriftstellerischen Arbeit, mir noch Gewaltiges abverlangen, aber wenn es sich um gewisse Dinge handelt, machen meine Nerven einfach nicht mehr mit.

So ist es mir geradezu unmöglich, längere Zeit zu sprechen, vor allem nicht mit Unbekannten und schon gar nicht auf ›gesellschaftlicher‹ Ebene. Wenn ich mich dazu zwinge, folgt sofort ein Nervenzusammenbruch mit Migräneanfällen, die in keinem Verhältnis stehen zu dem Anlaß, den ein normaler Mensch fast ohne Anstrengung bewältigt. Ein Beispiel: im Dezember 1940 hielt ich innerhalb von acht Tagen drei Vorträge in verschiedenen Städten, wobei ich natürlich immer wieder ›unter Leute‹ mußte. Kaum war ich nach Nizza zurückgekehrt, befiel mich ein Fieber, das zwei Monate anhielt. Genau zwei Monate lang hatte ich jeden Abend 38° oder 39° Temperatur. So reagierte ich schon, als ich noch jung war. Mit fünfundzwanzig Jahren war ich Sekretär des Fürsorgekomitees des ›Ossuarium von Douaumont‹, und nach jeder Sitzung oder Versammlung war ich so kaputt, daß ich am nächsten Tag keinen Schritt aus meinem Zimmer tun konnte, mich nur mit Aspirin vollstopfte und mit keinem Menschen ein Wort sprach.

Wenn ich vor jeglicher gesellschaftlicher Veranstaltung zurückschrecke, dann hat das physiologische und nicht psychische Gründe. Ich bin immer schon rigoros geflohen, wenn ich es für notwendig erachtete. Als mir der Northcliffe-Preis verliehen wurde, habe ich mich entschuldigt, ihn nicht, wie es üblich ist, in London entgegenzunehmen, selbst auf die Gefahr hin, vom Preiskomitee als recht unhöflich abgestempelt zu werden (und so kam es übrigens auch). Mein Leben lang habe ich Missionen abgelehnt, aus denen mir gesellschaftlicher, wenn nicht gar geistiger Profit erwachsen wäre: Reise nach Rio als französischer Delegierter für die PEN-Clubs, Reise nach Stockholm als Vertreter Frankreichs – ich weiß nicht mehr, aus welchem Anlaß usw. Und in meinem ganzen Leben habe ich noch keinen einzigen Vortrag im Ausland gehalten, obwohl ich von zahlreichen Nationen Europas dazu aufgefordert worden bin.

Diese Nervenschwäche – und das möchte ich noch einmal betonen – macht sich nur unter bestimmten Bedingungen bemerkbar: wenn ich zu einer festgesetzten Stunde in der Öffentlichkeit und unter einem gewissen gesellschaftlichen Zwang (auf jedes meiner Worte achten, immer verbindlich sein usw.) etwas tun muß. Hinzukommt, daß ich seit meinem Fronteinsatz im Sommer 1940 wahnsinnig schlecht schlafe – obwohl ich stets ein Schlafmittel nehme –, und wenn ich später als um elf Uhr ins Bett komme, gerät mein ganzer nächster Tag in Unordnung.

Das sind, mein lieber Monsieur Heller, lauter recht persönliche Banalitäten, die Ihnen vielleicht sogar albern erscheinen; aber ich mußte sie preisgeben, damit Sie verstehen, warum ich vor dem Treffen in Weimar zurückscheue. Ich würde mich ja nicht nur physisch wieder einmal auf den Nullpunkt bringen, sondern darüber hinaus auch noch Ihren Landsleuten, gleich nach dem ersten Abend, das Schauspiel eines jämmerlich stumpfsinnigen Franzosen bieten. Lächeln Sie nicht, ich weiß das nur zu gut.«

Ich mußte mich Montherlants Argumenten beugen und konnte mich nur noch verabschieden, ihn meines Verständnisses versichernd. In der Folgezeit erhielt ich von ihm eine beträchtliche Anzahl Briefe, in denen er versuchte, die zwischen uns bei jenem Besuch hergestellten guten Beziehungen zu nutzen. Er ersuchte ständig um Ausnahmen von den verschiedensten Regelungen: er wollte noch nach der Ausgangssperre spazierengehen, ein Auto benützen dürfen, sich eine gewisse Zeit in der Sperrzone an der Côte d'Azur aufhalten usw. Es ging immer nur um Dinge von ganz persönlichem Belang, und er, der sich Menschen gegenüber stets so hochmütig und distanziert gab (ich muß zugeben, daß ich zwar seine Werke bewunderte, den Mann aber ganz und gar nicht mochte), schlug plötzlich flehentliche, demütige und schmeichlerische Töne an, um seine Wünsche durchzusetzen. Alles mußte sich um ihn drehen, er war von einem monströsen Hochmut und Egoismus, was er übrigens selbst, am Schluß von *Juni-Sonnenwende* sagt: »Im Grunde waren mir die Geschehnisse niemals wichtig [und was geschah nicht alles in jener Zeit!]. Ich schätzte sie nur, wenn sie, auf mich zurückwirkend, Strahlungen in mir auslösten. Seien sie also, wie sie wollen, und möge die Welt so gut sie kann mit ihnen fertigwerden.«

Es gab manches im Werke Montherlants, das den Deutschen gefiel, insbesondere jenes euphorisch übersteigerte Loblied auf Kraft und Stärke, jene männliche, auf der Unterwerfung einer ungebildeten und mutlosen Masse errichtete Ordnung. Ich denke hierbei an einen Artikel in der NRF vom Januar 1941, in dem er jenen »Ritterorden« beschreibt, den er mit ein paar ausgesuchten Jugendfreunden hatte gründen wollen. Einige Sätze dieses Artikels scheinen mir symptomatisch; er spricht von dem Dünkel der Ordensmitglieder und erklärt ihn folgendermaßen: »Sie, die ja nur eine Handvoll erlesener Wesen waren«, und dann heißt es weiter: »Wir erprobten eine Zivilisation, in der kein Platz war für Priester, Frauen, Bürgersleute; genauer gesagt, wo Menschen der oben genannten zweiten und dritten Kategorie nur ein Platz zugewiesen werden konnte, der Platz der Sklaven.« Dieser billige Nietzscheismus mißfiel mir im höchsten Grade, wie übrigens auch die ganze Art dieses Mannes, mit seinesgleichen umzugehen.

Montherlant gehörte zu den wenigen französischen Schriftstellern, die mir nach dem Krieg die kalte Schulter zeigten: Als ich ihn einmal um eine Gefälligkeit bat, hatte er wohl schon vergessen, wie oft er sich früher als Bittsteller an mich gewandt hatte. Nun ließ er mich seine übliche Arroganz spüren, indem er mir die Antwort auf meine Frage durch seinen literarischen Agenten zukommen ließ. Allein schon mein Vorhandensein, meine Existenz dürfte er als peinlich empfunden haben, als unangenehme Erinnerung an sein Verhalten während der Besatzungszeit, das er nun am liebsten geleugnet und von sich abgeschüttelt hätte. Als ich ihn eines Tages im Büro von Gaston Gallimard wiedertraf, grüßten wir einander, ohne eine Verabredung zu treffen, und seitdem habe ich ihn auch niemals wiedergesehen.

Mein Lehrmeister Paulhan

Jouhandeau und Drieu hatten mir schon viel von Jean Paulhan erzählt, unsere erste persönliche Begegnung fand jedoch erst Ende 1941 statt. Indirekt, über sein Buch *Die Blumen von Tarbes,* hatte ich allerdings bereits Bekanntschaft mit ihm geschlossen, da ich zu Beginn des Jahres um die Druckerlaubnis ersucht worden war. Dabei war ich ein gewisses Risiko eingegangen, bedenkt man Passagen wie die folgende: »Ich sage nichts über eine Welt, in der die politischen Größen von Frieden sprechen, wenn sie Krieg meinen, von Ordnung, wenn sie Massaker meinen, von Edelmut, Demut und Ritterlichkeit faseln, wenn Sie Gott weiß was meinen.«

Von seiner Verhaftung im Mai hatte ich durch Drieu erfahren, wie auch von dessen wirkungsvollem Einsatz zu seiner Freilassung. Im November 1941 vermittelten mir dann Marcel Jouhandeau und Marcel Arland ein Treffen mit Jean Paulhan. Ich war in Zivil und konnte allein mit ihm im ersten Stock des Restaurants »Au Père Louis« in der Rue de Ponthieu zu Mittag essen. Wir sprachen ausführlich über unsere beiden Heimatstädte, über Potsdam und Nîmes, wo er 1884 geboren wurde, über beider herrliche Gärten und Kanäle. Er kannte die deutsche Literatur, und wir tauschten unsere Eindrücke über Stefan George und Rainer Maria Rilke aus. Er hörte mir sogar geduldig zu, als ich ihm meine damalige Einstellung zu den Juden darlegte. Die Nazipropaganda war natürlich auch an mir nicht spurlos vorübergegangen. Wenn ich die Exzesse der nazistischen Verfolgungsmethoden zwar nicht billigte, so war ich bei meiner Ankunft in Frankreich und sogar noch ein Jahr danach der Meinung, die Juden hätten ihr Schicksal zum Teil selbst verschuldet, weil sie das kulturelle Leben in Deutschland und ganz besonders in Berlin geradezu wie Kolonialherren an sich gerissen hatten. Erst allmählich, und vorwiegend unter dem Einfluß von Jean Paulhan, gelang es mir, mich von diesen Vorurteilen gänzlich freizumachen.

In einem Brief vom 2. Dezember 1941 berichtete Jean Paulhan Marcel Jouhandeau über seine Eindrücke bei dieser unserer ersten Begegnung: ». . . Man hatte mir so viel von Hellers Charme erzählt, daß ich ihn mir süffisant und schwächlich vorstellte. Das Gegenteil ist der Fall: er ist sehr schlicht und weiß, was er will. Seine Unterscheidung von (beispielsweise) George und Rilke hat mir ausnehmend gut gefallen. Er macht keine Konzessionen und ist dennoch behutsam. Kurzum: ich mag ihn sehr! Von dem, was uns trennen könnte, wurde gar nicht oder nur kaum gesprochen. Er glaubt, in Deutschland sei der Antisemitismus zu einem bestimmten Augenblick eine Notwendigkeit gewesen: als die galizischen Juden in Scharen eindrangen. (Da hätte man sich ja eigentlich auf Antigalizianismus beschränken können . . .) Über Rußland hat er nichts gesagt. Seine Brüder kämpfen dort, und einen Moment lang war sogar ich um sie besorgt . . . Was soll ich noch sagen? Es hat mir sehr gefallen, wie er über Dich sprach . . .«

Im Anschluß an dieses Treffen sandte Jean Paulhan mir eine großartige alte Edition von Voltaires Essay über Friedrich II. von Preußen. Zu meinem großen Leidwesen ist auch dieser Band mit allem, was ich gegen Kriegsende 1944/45 Freunden anvertrauen mußte, verlorengegangen.

Im Jahr 1942 führten Paulhan und ich eine ganze Reihe von Gesprächen. Wir trafen uns an verschiedenen Orten, sprachen aber meistens über Probleme der NRF. Wie ich schon sagte, verabredeten wir uns manchmal in der Moschee, was dieses kleine Billet, das vermutlich vom Beginn desselben Jahres stammt, bezeugt:

Donnerstag

Cher Monsieur,

wenn Sie wollen und wenn Ihnen die arabische Küche nicht mißfällt, könnten wir uns Samstag um 12 Uhr 30 in der Pariser Moschee, 39, Rue Geoffroy-Saint-Hilaire, Métrostation Jussieu, treffen.

Mit freundlichem Gruß, Jean Paulhan.

Leider kam mir ein Militärappell dazwischen, der eine Ewigkeit dauerte, so daß ich – ohne die Uniform ablegen zu können – mit mehr als einer Stunde Verspätung eintraf.

Auch an diesem Tag kamen wir im Zusammenhang mit der NRF auf das Judenproblem zu sprechen. Paulhan gab dieses Gespräch in einem Brief an Gide vom 15. März 1942 wieder: »Die Mitarbeit eines Juden an der NRF darf nicht in Betracht gezogen werden. Heller ließ mich wissen, es werde in verstärktem Maße gegen die Juden vorgegangen. Er scheint es weder zu bedauern, noch froh darüber zu sein.« In diesem Punkt stand ich in meiner Entwicklung damals auch noch am Anfang.

Im Verlauf dieses Jahres 1942 wurden immer mehr wichtige Persönlichkeiten aus dem französischen Schriftstellermilieu in unsere Gespräche über eine mögliche Neuorganisation der Leitung der NRF einbezogen. Im Kapitel über Drieu wurde bereits ein Mittagessen mit Valéry, im März oder April 1942, erwähnt. Später kam es auch zu einem Essen mit Bernard Groethuysen, und die diesbezügliche Einladung von Paulhan habe ich ebenfalls aufbewahrt:

Samstag

Lieber Gérard Heller,

sollen wir beide nicht heute mit Groethuysen zu Mittag

speisen? Aber wo? Ich fürchte, die Moschee erscheint Ihnen zu kärglich. Wenn es Ihnen recht ist, schlage ich »Carboni« vor.

Mit freundschaftlichen Grüßen, Ihr Jean Paulhan.

Von Jean Paulhan erhielt man häufig derart knapp gehaltene, aber stets in Schönschrift verfaßte Billets. Schon aus diesem hier wird ersichtlich, wie sich der Ton zwischen uns in den wenigen Wochen gewandelt hatte; und er sollte immer freundschaftlicher werden. Mit Bernard Groethuysen sprachen wir über die NRF, insbesondere aber über ein Thema, das er meisterlich beherrschte: die marxistische Philosophie. Ihm verdanke ich tiefe Einblicke in diese Ideologie.

Paulhans Einstellung zur neuen NRF war damals schon und ist auch heute noch schwer einzuschätzen: manche behaupteten, er betreibe ein doppeltes Spiel, und gewisse Einzelheiten schienen diese Behauptung auch zu untermauern.

In der ersten Phase unterstützte er – und das sogar sehr wirkungsvoll – Drieus Unternehmen. So lesen wir in einem Brief vom 16. Dezember 1940 an Marcel Jouhandeau: »Ich glaube, Deine Entscheidung, an der neuen NRF mitzuarbeiten, ist richtig. Drieu ist voll und ganz loyal; da er den deutschen Sieg und den deutschen Einfluß für etwa fünfzig oder hundert Jahre als gegeben ansieht, glaubt er, ein notwendiges, gerechtes und – wer weiß? – vielleicht sogar mutiges Werk zu vollbringen; das meine ich mit seiner Loyalität.« Paulhan sparte Drieu gegenüber auch nicht mit Ratschlägen und übernahm später sogar, als Drieu die NRF als Last empfand und sich nur noch ab und zu sehen ließ, die volle Verantwortung für die Durchführung einiger Nummern. Und dennoch setzte er gleichzeitig alles daran, einige seiner Freunde von der Mitarbeit an der Zeitschrift abzuhalten, so zum Beispiel Groethuysen, Wahl, Queneau, Malraux, die er an Pascal Pia und dessen Projekt *Prometheus,* oder an Jean Lescure, der mit der Zeitschrift *Messages* eine Art Anti-NRF schuf, verwies. Und am 1. März 1941 las man in der Nummer 4 von *Résistance* (dem heimlich vervielfältigten offiziellen Bulletin des »Nationalkomitees für Öffentliches Wohl«) den zwar nicht signierten, aber eindeutig von Jean Paulhan stammenden Beitrag *La Nouvelle Revue Française,* von dem ich hier einen Auszug vorlegen möchte:

»Von allen literarischen Organen der besetzten Zone ist sie [die NRF] das einzige, das erscheinen darf, und das ist ein unbestreitbarer Vorteil, denn es vereinfacht die Kontrolle und schaltet Widerspruch und Konkurrenz von vornherein aus. Doch die alte Form und einen Anschein von Freiheit galt es zu bewahren, und damit haben zwei (oder drei) große Schriftsteller ihr Glück gemacht. Unter diesem Deckmantel können kollaborierende Kollaborateure jeglicher Couleur nun unbesorgt ihr Spielchen treiben. Man verlangt von ihnen ja nur ein *mea culpa* für Vergangenes und ein Treuebekenntnis dem Sieger gegenüber. Mit Feuereifer sind sie am Werk, jeder spricht von seinem Steckenpferd und bringt als Pfand den kostbarsten Teil seines Talents ein. So schildern sie uns – nach eigenen Aussagen – in Kurzform die Geschichte Frankreichs und dessen augenblickliche Geistesverfassung angesichts der tödlichsten Gefahr seiner Geschichte.«

Wie soll man dieses zwieschichtige Verhalten Paulhans, der die neue NRF begünstigte und zugleich anfeindete, verstehen und beurteilen? Vielleicht gibt der folgende Abschnitt aus seinen Rundfunkgesprächen mit Robert Mallet aus dem Jahre 1952 Aufschluß: »Rückblickend betrachtet, hat Pétain wahrscheinlich getan, was er konnte. Ohne ihn hätten wir vermutlich hundertmal mehr Märtyrer und Tote gehabt. Gleichzeitig einen de Gaulle und einen Pétain zu besitzen, war wohl Frankreichs große Chance. Gleichzeitig Widerstandskämpfer und Obrigkeitshörige: die einen waren nötig, um Prinzipien zu retten, und die anderen, um im Rahmen des Möglichen diesem Land Menschen und Boden zu bewahren.« Auf die Literatur übertragen, hätte Paulhan auch sagen können: es war unser Glück, daß wir einen Drieu La Rochelle in Paris hatten, damit Alain, Chardonne und Montherlant erscheinen konnten, und gleichzeitig einen Albert Béguin in der Schweiz, der Aragon, Pierre Emmanuel und Paul Eluard die Zeitschrift *Les Cahiers du Rhône* zugänglich gemacht hat. Über einen solchen Rundum-Pluralismus kann man natürlich diskutieren, aber ich glaube, daß er Paulhans Denken bis zu einem gewissen Grade entspricht, denn er verurteilt mit der gleichen Lautstärke und Heftigkeit die kollaborationistischen Exzesse eines Chardonne oder Brasillach auf der einen und die Exzesse der Säuberungsaktionen in den Reihen der Widerstandskämpfer auf der anderen Seite, wovon sein *Brief an die Führer des Widerstands* Zeugnis ablegt. Er war eben ein geistig unabhängiger Mensch!

Aber so weit sind wir noch nicht. In den Jahren 1942 und 1943 hatte er, obwohl er die neue NRF weiterhin unterstützte, häufig den Eindruck, sein Beitrag falle nicht ins Gewicht oder würde gar, wenn seine Vorstellungen (von beispielsweise absoluter Enthaltsamkeit in politischen Dingen oder von der Aufnahme eines Valéry, Gide oder Schlumberger ins Redaktionskomitee) sich durchsetzten, das baldige Ende der Zeitschrift herbeiführen. Er war auch sichtlich erleichtert und froh, als die NRF, die ihm doch so teuer war und für die er eifrig gestritten hatte, im Juli 1943 einging. Zu mir sagte er damals sogar, das Verschwinden der Zeitschrift sei ihm nicht schmerzlich, sondern brächte ihm endlich Frieden sowie die Lösung eines bedrückenden Gewissenskonflikts, da es ihm aus eigenen Kräften nicht gelungen sei, sich zwischen seiner vermeintlichen Pflicht

Gaston Gallimard gegenüber und dem, was er sich selber schuldig zu sein glaubte, zu entscheiden.

Während all dieser Zeit sahen und schrieben wir einander und sprachen von tausenderlei Dingen, die mit der NRF nichts zu tun hatten. Marcel Jouhandeau war besonders häufig der Dritte im Bunde, da Paulhan und er eng befreundet waren. Wenn sie einander nicht treffen konnten, tauschten sie – wie ich schon sagte – fast täglich kurze Briefchen aus, Zeugnisse vollsten Vertrauens und großer Zuneigung. Häufig aßen wir bei Jouhandeau zu Mittag oder zu Abend, was dann leider nach Elises infamem Verrat nicht mehr möglich war, wie ein Brief von Paulhan an Marcel, Anfang 1944 datiert, beweist: »Ich schrieb zwar, wir könnten zu Dir kommen ... das war dumm von mir, und Du mußt es mir verzeihen. Wir waren ja übereingekommen – und Du hast es mir als erster und schon vor längerer Zeit gesagt –, daß es besser sei, wenn Caryathis und ich einander nicht träfen. Ich war völlig Deiner Meinung, und so war zwischen uns alles klar. Doch passiert es mir immer wieder (das dürfte schon zwei- oder dreimal vorgekommen sein, vielleicht als spontane Antwort auf Deine Bitte – aber der Grund ist ja auch unwesentlich), daß ich Dir schreibe oder sage: ›Ich könnte am ... um ... bei Dir vorbeikommen.‹ Und ehrlich gesagt: ich wäre gern gekommen; es fiel mir schwer, Dich an unsere Abmachung zu erinnern, und so wartete ich immer irgendwie darauf, daß Du mir sagtest: ›Wenn Du willst, komm doch am ... um ... Uhr, Caryathis wird bestimmt nicht daheim sein‹.«

Ich glaube nicht, daß Jouhandeau von Paulhans Aktivitäten wußte, aber seine Anschauungen kannte er genau, wie Paulhan auch die seinen kannte – sie diskutierten darüber miteinander. Ich persönlich vermied es soweit wie möglich, mich dazu zu äußern und warf nie eine diese Probleme berührende Frage auf. Unwissenheit war in diesem Falle besser für mich, wenn ich auch Ahnungen und Vermutungen hegte. Wie hätte ich selbst existieren und die Aufgabe, die ich mir gesetzt hatte, durchhalten können, wenn ich mir nicht Stillschweigen, Alleingang und Geheimhaltung auferlegt hätte? Selbst mit meiner Sekretärin Marie-Luise, deren oppositionelle Einstellung zum Regime ich kannte, sprach ich nicht über solch heikle Themen.

Anstatt in der Rue du Commandant-Marchand, trafen Paulhan, Jouhandeau und ich von nun an in der Rue des Arènes Nr. 5 zusammen. In diesem malerischen Winkel des 5. Arrondissements, in der ehemaligen Familienpension, die seine Mutter geführt hatte, lebte Paulhan seit 1941 und fast bis zum Ende seines Lebens. Germaine, seine Frau, sahen wir selten. Sie war oft krank und wahrte eine gewisse Distanz zu den Aktivitäten ihres Gatten. Ihr Widerstand war kompromißloser als der Paulhans, und daher fiel es ihr vermutlich schwerer, einen Deutschen in ihr Haus kommen zu lassen, auch wenn dieser als Freund auftrat.

Am häufigsten und angenehmsten aber fanden wir uns im Salon von Florence Gould zusammen, den wir alle drei eifrig frequentierten. Und dort ging Paulhan, der die Zurückhaltung selbst war, auch mehr aus sich heraus. Als er eines Tages wieder einmal lauter als gewöhnlich »losprustete«, rief Léautaud vor versammelter Tischrunde: »Seht ihn nur an, unseren Boileau mit seiner von Braque entworfenen Perücke!« Mit besseren und knapperen Strichen hätte er Paulhan nicht skizzieren können, denn er war tatsächlich, ähnlich wie Boileau, der Schulmeister der Literaten seiner Zeit, und Braque war für ihn der Inbegriff der Moderne, besonders in der Malerei.

Die Literatur – die ältere wie die zeitgenössische – war unser bevorzugtes Gesprächsthema. Florence sah es aber auch gern, wenn über allgemeine Themen diskutiert wurde. So sprachen wir über den Tod, aber auch über Tiere (Paulhan, Jouhandeau und Léautaud waren große Tierliebhaber) oder über die Schönheit der Park- und Gartenanlagen in unserer Heimat oder in Ländern, die wir bereist hatten. Alle liebten wir ganz besonders Italien, die Medici- oder Boboli-Gärten, die uns in Florenz oder Rom bezaubert hatten.

Zu gewissen Zeiten sahen wir einander mehrere Tage, ja manchmal sogar mehr als eine Woche lang nicht, was mir ein paar Briefe von Jean Paulhan einbrachte, die ich heute noch besitze. Zum Beispiel den folgenden aus dem Jahre 1943, der vor Oktober geschrieben sein muß, da zu diesem Zeitpunkt Anne Hirsch, von deren Internierung in Fresnes im Brief die Rede ist, bereits auf freien Fuß gesetzt worden war:

Mittwoch

Mein lieber Freund,

könnten wir nicht an einem dieser Tage zusammen zu Mittag essen? Ich würde Ihnen gerne Jacques Lemarchand, den Autor von *R. N. 234* vorstellen, der Drieu als Sekretär bei der NRF zur Seite stehen wird.
Ich sähe es gern, wenn die Zeitschrift ein paar Seiten von Eschmann brächte. Ich glaube, er ist mit Ihnen befreundet; geben Sie uns also an seiner Stelle die Erlaubnis zum Abdruck! Stock versprach mir schon die Fahnen der demnächst erscheinenden *Gespräche.*
Ich würde gerne der Frau des früheren Verwaltungsdirektors der NRF, Anne Hirsch, die seit vier Monaten in Fresnes ist, in einem zehnminütigen Gespräch Nachricht von ihren Kindern und ihrem Mann überbringen. Vielleicht können Sie eine Besuchserlaubnis für mich erwirken? Man wirft ihr, die selbst Arierin ist, vermutlich vor, aus ihrem Haus in Fontenay ohne Erlaubnis ein paar Möbel und Gebrauchsgegenstände herausgeholt zu haben.

In alter Freundschaft, Ihr Jean Paulhan.

P.S.: Yvonne-Anne Hirsch (geb. Robert), seit Januar 1943 Gefangene in Fresnes.

Während des Sommers 1943 litt ich Schmerzen, die als rheumatische Beschwerden diagnostiziert wurden, meiner Ansicht nach jedoch die ersten Anzeichen einer im Laufe der nächsten Jahre immer bösartiger werdenden Erkrankung waren, die schließlich zur Lähmung von Armen und Beinen führte. Man verordnete mir eine Kur in Aix-les-Bains, und dort erhielt ich folgenden Brief von Jean Paulhan:

29. August

Lieber Freund,

es macht mich arg betroffen, Sie krank zu wissen, wenn Rheuma auch etwas Menschliches an sich hat: da gibt es immer einmal eine Besserung, ein ständiges Hin und Her, als wollte es sich stets von neuem in Erinnerung bringen. Werden Sie mit Hilfe des Schwefels nur schnell gesund!
Neulich abends sprach ich mit Braque über Sie. Auch zu Fautrier würde ich Sie gern mitnehmen, er macht im Augenblick prachtvolle Bilder. Lesen Sie? Ich habe hier ein Exemplar *Preislieder* von Saint-Léger, das sofort nach Aix abgehen kann, wenn Sie nur den kleinsten Wink geben.
Sehr herzlich der Ihre,

Jean Paulhan

Während ich mich noch in Aix aufhielt, war Gaston Gallimards Neffe Michel, der aktiv im Verlag seines Onkels mitarbeitete, aufgrund einer Denunziation in dem profaschistischen Wochenblatt *Je suis partout* von den Services du Travail Obligatoire (STO), der Behörde für Arbeitsdienstpflicht, vorgeladen, für brauchbar befunden und mit einem Marschbefehl nach Deutschland versehen worden. Paulhan beklagte in einem Brief an Jouhandeau meine Abwesenheit von Paris, doch schließlich erreichte Ernst Jünger nach intensiven Bemühungen die Aufhebung dieser Zwangsverschickung.

Ich habe es sehr bedauert, an dieser Rettungsaktion nicht teilnehmen zu können. Manchen mag dieses Eintreten für Einzelpersonen nichtig erscheinen: was bedeutete es schon, einen Michel Gallimard vor Zwangsarbeit bewahrt zu haben, wenn wir doch für Tausende andere nichts tun konnten? Es war wirklich nicht viel, aber das wenige, das wir vermochten, wollten wir zumindest nicht unversucht lassen.

Ende 1943 / Anfang 1944 hingen weit schlimmere Bedrohungen über Jean Paulhan: Dem SD, der bereits mehrere Spuren verfolgte, waren Denunziationen zugegangen, denn Journalisten – wie etwa Rebatet in *Je suis partout* – hatten einen Paulhan geschildert, der sich »als Arier seiner fehlenden Beschneidung und seiner Taufe schäme« und eindeutig die Juden unterstütze. Oft ging ich damals nachts wie ein Wachtposten in der Rue des Arènes auf und ab, um ihn rechtzeitig warnen zu können, falls deutsche oder französische Polizei auftauchen sollte. Mehrmals kam er auch des Weges, doch ich sprach ihn nicht an, weil ich ihn schützen und alles vermeiden wollte, was die Aufmerksamkeit hätte auf ihn lenken können. Außerdem mußte ich selbst fürchten, überwacht zu werden. In der benachbarten Rue de Navarre wohnte auch der Schriftsteller Jean Blanzat, bei dem sich eine Zeitlang Mauriac versteckt hielt.

Ich sehe Jean Paulhan noch, wie er eines Tages im Januar vor mir die Stufen der Métro-Station Odéon hinaufging und dann auf dem Boulevard Saint-Germain tänzelnd – wie er sich immer bewegte – von Baum zu Baum lief, um mit der Hand die Rinde zu streicheln. Ich hatte bis dahin keine Ahnung von seiner leidenschaftlichen Liebe zu Bäumen.

Es gelang mir, ihn vor einer zweiten Verhaftung zu bewahren: Er war denunziert worden, mit anderen Schriftstellern Geheimversammlungen abzuhalten. Als ich von dem unmittelbar bevorstehenden Einschreiten der Polizei erfuhr, habe ich ihn noch warnen können. Wahrscheinlich hatte es sich um Zusammenkünfte des Nationalen Schriftstellerkomitees, des C. N. E., gehandelt, die – was ich damals aber nicht wußte – seit Februar 1943 bei Edith Thomas stattfanden. Ich war tief beeindruckt, als diese mir nach dem Krieg eröffnete, der Raum in ihrer Wohnung, in dem wir uns jetzt befänden, sei der gleiche, in dem sich damals das Komitee zu versammeln pflegte! An jenem Junitag des Jahres 1944 konnte Jean Paulhan noch alle notwendigen Vorkehrungen treffen und sich über die Dächer retten, bevor gegen sieben Uhr früh die ungebetenen Besucher bei ihm erschienen. Zunächst hielt er sich auf dem Dachboden einer in der Nähe seines Hauses gelegenen Klosterschule verborgen, wechselte dann mehrmals das Versteck, bis er außerhalb von Paris einen Unterschlupf fand, von wo aus er mir im Juli folgenden Brief schrieb:

Sonntag

Danke, lieber Gérard, für Ihre freundschaftliche Vorwarnung. Von der Seite, an die Sie denken, erwartete ich allerdings keine Behelligung, doch da ist auch noch die Provinz und vor allem sind da jene (angeblich) französischen Organisationen, deren Namen ich vergessen habe.

Meine frühmorgendlichen Besucher sind tatsächlich

zweimal gekommen. Wie wohltuend es doch ist, ein paar Wochen lang als »Unbekannt« zu leben und nur Bäume vor Augen zu haben (die mich übrigens nicht einmal zur Kenntnis genommen haben!). Ferner – und das dürfen Sie bitte nicht weitersagen! – bin ich bei den *Blumen von Tarbes* an einem Punkt angelangt, wo Isolierung und (wie Brandstetter sagte) eine uferlose Insel nötig sind: verteufelt schwierig! Ich werde es Ihnen eines Tages zeigen.

Vorläufig vermisse ich nur unsere Donnerstage. Mit herzlichem Händedruck,

Jean Paulhan.

Ich traf ihn vor meinem Weggang von Paris nicht wieder, nur einmal incognito, als ich bei der Porte Maillot an einem Bistro vorbeikam und ihn an der Theke lehnen sah. Da ich ihn aber auf keinen Fall gefährden wollte, nickte ich ihm nur kurz zu, was er jedoch nicht bemerken konnte. Das war mein letzter Gruß an den Freund, bevor ich die Stadt verlassen mußte.

Nach dem Krieg habe ich Jean Paulhan bei jedem meiner Besuche in Paris getroffen, bis zu seinem Tod im Jahr 1968. Dieser so verschwiegene und für viele Leute so rätselhafte Mann hatte mir sein Herz geöffnet und war für mich transparent geworden. In seinen großen, tiefen Augen, aus denen einem der ganze Wissensdurst der Welt entgegenzufunkeln schien, hatte ich nicht nur dieses intensive geistige Allesdurchdringenwollen wahrgenommen, sondern auch Zärtlichkeit und Humor: das machte diese Augen lächeln wie die eines Kindes, das bei einem Fest dabeisein und spielen darf.

In diesem Zusammenhang fällt mir wieder ein, was er 1952 zu Robert Mallet sagte: »Ich glaube schon, daß ich eine fröhliche Kindheit gehabt habe. Außerdem ist das Leben ohnehin fröhlich. Würde man einen Augenblick lang aufhören, glücklich zu sein, so hörte man auf zu leben. Das Leben ist fröhlich, auch in den schlimmsten Momenten, es schmeckt nach Freude wie die Rosen nach Rosen duften.« Dabei hat er während dieser vier Besatzungsjahre und auch später noch Leid genug erfahren, familiäre Sorgen, Angst vor der Verhaftung, vor der Krankheit (man bedenke nur die grausame Erkrankung seiner Frau!), Angst vor dem Tod. Doch bei alledem bewahrte er sich nicht nur seine Ruhe, seinen inneren Frieden, sondern strahlte auch immer noch kindliche, jungenhafte Freude aus. Er liebte auch alle Spiele: Ping-Pong, Boules, Karten oder Domino. Er spielte mit seinen Freunden und mit seinen Kindern. Sogar aus Gesprächen machte er Spiele, in denen die Antworten blitzschnell und unerwartet, wie Ping-Pong-Bälle, hin- und herflogen. Ich habe auch erlebt, wie er kurze Epigramme, die er auf Laval, Pétain oder andere Tagesberühmtheiten verfaßt hatte, auf Papierschnitzelchen schrieb und sie auf den Tischen eines Restaurants im Quartier Latin verstreute und dann enttäuscht war, wenn die Studenten, ohne sie gelesen zu haben, sie beiseite schoben oder gar wegwarfen, nachdem sie sie überflogen, aber nicht verstanden hatten. Auch das war ein Spiel – aber ein gefährliches, das eine ernstere Parallele hatte in den zahlreichen Zusammenkünften und Verschwörungen bezüglich der Aktivitäten der Résistance, sowie Versammlungen, die er manchmal sogar in sein Büro, in die unmittelbare Nachbarschaft von Drieu, einberief.

Paulhan der Spieler, Paulhan der im Untergrund Wirkende, der Mann der Geheimnisse, der Verstecke, der Pseudonyme ... Und das alles sowohl in seiner Widerstandstätigkeit als auch in der Rolle als Graue Eminenz der Literatur. Und gleichzeitig gab es wohl kaum jemanden, der mit offeneren Armen die zahllosen Briefpartner und Freunde empfing! Blätterte man einen der zahlreichen

Briefordner durch, die seine riesige Korrespondenz bargen, so stieß man auf alle großen (aber auch unzählige, der breiten Öffentlichkeit unbekannte) Namen der Literatur, sei es Aragon oder Mauriac, Jouhandeau oder Schlumberger oder auch Braque, Matisse, Rouault – überall liest man von Zuneigung, Hochachtung und Dankbarkeit.

Ich war eigentlich immer wie verklärt von seinem enzyklopädischen Wissen: Latein, Griechisch, Philosophie, Geschichte, Madagassisch, Deutsch, Chinesisch – er schien sich überall auszukennen. Und gewürzt wurde dies alles durch jene südländische Freude an der Übertreibung, am Wortspiel, wenn er etwa die Namen der Leute verdrehte oder mit Etymologien gaukelte, die zum Teil reine Erfindungen waren. Aber vor allem achtete und liebte er die Sprache, die Wörter, und nicht nur wegen ihrer Bedeutung, sondern allein schon ihres Wesens, ihrer lebendigen, farbigen und klingenden Körperlichkeit wegen. Was habe ich bei ihm nicht alles gelernt! Er war mir ein gestrenger und schalkhafter, gleichzeitig ironischer und zärtlicher Lehrmeister.

Wie oft hörte ich von Elise Jouhandeau, die aus politischen Gründen die Paulhans verabscheute: »Was, du gehst zu denen? . . . . Was hast du denn bei solchen Leuten zu suchen?« Ja, was hatte ich dort zu suchen? Vielleicht Aufklärung, Erleichterung und innerliche Stärkung, die mir stets zuteil wurde, auch wenn ich nur ganz kurz mit Jean Paulhan zusammenkam und besonders dann, wenn Angst mich beklommen machte.

Hinter dieser neckischen und verspielten Fassade verbarg sich aber auch der unermüdliche Arbeiter Paulhan. Niemand im Lektorat der NRF kam mit so viel Notizen über Gelesenes zu den regelmäßigen Besprechungen: Aktentaschen, sogar Koffer voller Manuskripte und detailliertester Anmerkungen schleppte er an, die andere durchaus zu ihrem Vorteil auszuwerten verstanden. Unaufhörlich forderte er sich körperliche und geistige Höchstleistungen ab, doch suchte er auch immer – was sich in den späteren Jahren, bis zu seinem Tod, noch verstärkte – nach dem mystischen Hintergrund. Anderen gegenüber war er von außergewöhnlicher Großmut, von der im besonderen Maße Marcel Jouhandeau profitierte, als er 1944 bei der Befreiung in Schwierigkeiten geriet. Er selbst erwähnt es in den 1977 unter dem Titel *Das Leben ein Fest* zusammengefaßten Interviews: »Jean verschenkte nicht nur Freundschaft, sondern grenzenlose Großmut, völlige Aufopferung für den anderen. Nannte man ihm einen Schriftsteller, der persönliche oder familiäre Probleme hatte, so bemühte er sich unverzüglich, etwas für ihn zu tun. Eines Tages sagte er zu mir: ›Siehst du, Marcel, ich habe immer rechts von mir einen Milliardär und links von mir einen Armen; aus der Tasche des Milliardärs nehme ich, was ich für den Armen brauche, und das, glaube ich, ist eine meiner honorigsten Tätigkeiten.‹«

Jean Paulhan, »der Heilige«, wie ihn Marcel Jouhandeau auch nannte, war zudem von einer beneidenswerten geistigen Unabhängigkeit. Sehr früh schon hatte er sich für die Résistance entschieden; in der letzten Nummer der alten NRF vom Juni 1940 schrieb er klipp und klar, von nun an trage die Hoffnung Frankreichs den Namen de Gaulle. Und am 12. August 1940 schrieb er an Jean Schlumberger: »Wenn ich eines Tages eines besiegten Englands wegen verzweifeln müßte, dann würde ich wohl meine letzte Hoffnung auf den französischen Kommunismus setzen. Aber gottlob – so weit sind wir noch nicht. (Es lebe General de Gaulle!)« Das wollte damals etwas heißen!

Sehr schnell rückte er zu einem der geistigen Führer der Résistance auf, wurde er Mitbegründer des *Comité National des Écrivains*, der Zeitschrift *Les Lettres françaises* (neben Jacques Decour) und der *Editions de Minuit* (neben Vercors), was ihn jedoch nicht hinderte, bei der Befreiung vehemente Attacken gegen die Säuberungsexzesse zu reiten und seinen berühmten *Brief an die Führer der Résistance* zu schreiben, der ihm viel Unverständnis und Feindseligkeit einbrachte.

Wie er selbst in seinen Gesprächen mit Robert Mallet sagte: »Es fanden sich doch wahrhaftig ein paar Dummköpfe, die mir vorwarfen, die Résistance verleugnet, gar im Stich gelassen zu haben. Genau das Gegenteil war der Fall. Ich habe eine zu hohe Meinung von der Résistance, um nicht empört zu sein, wenn Widerstandskämpfer – und nicht immer unwillentlich – als Bürgen für die vielen bei den Säuberungsaktionen vorgekommenen Verfälschungen und Ungerechtigkeiten herhalten. Aber es gibt eben leider zu viele vorgebliche Widerstandskämpfer, denen die Résistance nur ein Mittel für gesellschaftliche Anerkennung, für gute Posten, Ruhm und Geld war. Diesen Leuten bin ich natürlich ein Dorn im Auge.«

Ich war damals schon in Deutschland und hörte nur auf Umwegen von all diesen Polemiken. Doch sobald es mir wieder möglich war, mit Jean Paulhan Kontakt aufzunehmen, ergriff ich die erstbeste Gelegenheit und schrieb ihm bereits am 17. März 1946:

Lieber Jean Paulhan,

vor einer Woche erhielt ich Ihren Brief und die vom 13. Dezember 1945 datierte Zeichnung. Ich bin überglücklich, Nachricht von Ihnen zu haben und hoffe nichts sehnlicher, als Sie bald treffen zu können. Ich habe Konstanz [wo wegen der Verschlimmerung meiner Krankheit ein längerer Spitalaufenthalt notwendig geworden war] verlassen und mich nun in Baden-Baden etabliert, wo ich mich um die Herausgabe einer Zeitschrift namens *Lancelot* kümmere. [Auf der anderen Seite des Rheins und nicht mehr in der Rolle des Besatzers, blieb ich der selbstgewählten Mission treu, als Bindeglied zwischen der deutschen und französischen Kultur zu fungieren.] Ich arbeite mit Madame Grappin zusammen, die morgen nach Paris abreist und sich bereiterklärt hat, Sie aufzusuchen und Grüße von mir zu überbringen. Vor allem aber hoffe ich, daß wir uns regelmäßig werden schreiben können.

Meine herzlichsten Grüße an Florence, an die beiden Marcels [Arland und Jouhandeau] und all die anderen.

Mit freundschaftlichem Händedruck,

Ihr Gerhard Heller.

Als ich ihm einmal noch während der Besatzungszeit eines unserer typischen deutschen Weihnachtsgeschenke schickte, antwortete er mir postwendend am 26. Dezember:

Lieber Gérard Heller,

Dank für dieses Souvenir; es ist mir kostbar. Sollte ich in Zukunft Deutschland zu verteidigen haben, so werde ich nicht nur von seinen Dichtern und Metaphysikern, von seinem Mut und seinen merkwürdigen Tugenden sprechen, sondern auch von jenen Festen erzählen, um deren Herzlichkeit und Freizügigkeit ich Sie immer beneidet habe.
Schöne Feiertage wünsche ich Ihnen! Haben Sie (auch etwas für sich selbst) arbeiten können? Ihnen stets verbunden,

Jean Paulhan.

Er war mir verbunden . . . Und ich erst! Ich war und bleibe ihm für immer, auch über den Tod hinaus, verbunden. Voll und ganz kann ich unterschreiben, was Jouhandeau im

Nachruf auf Jean Paulhan in der NRF sagte: »Jean Paulhan war menschlich in des Wortes vollster Bedeutung, er war eines jener außergewöhnlichen Wesen, wie das präsokratische Hellas sie hervorbrachte. Manchmal trat sogar etwas Göttliches bei ihm zutage.« Um das Wort »göttlich« hatte Jouhandeau übrigens mit Marcel Arland und Dominique Aury einen Kampf ausfechten müssen; sie wollten es nicht durchgehen lassen, es schockierte sie. Gaston Gallimard wurde als Schiedsrichter hinzugezogen, und er sagte: »Marcel Jouhandeau hat das Recht, ›göttlich‹ zu sagen, wenn er es so empfindet. Laßt ihn doch!«

Und es stimmt: unter der Maske des Rationalisten und des Humoristen Paulhan verbarg sich ein echter Mystiker. Zwar interessierte ihn jede Realität, die der Natur und die der Menschen, aber jenseits oder gerade mittels dieser Realitäten suchte er stets nach dem Absoluten. Mit seiner Nächstenliebe umschirmte er alles. Er hatte etwas von einem heiligen Franziskus in seiner Liebe zu den Tieren und den Menschen. Bewundernswert war seine Fürsorge für seine Frau, die an Parkinson erkrankt war. Obwohl völlig invalide, konnte sie mit seiner Hilfe noch lange Zeit ausgehen. Ich habe selbst gesehen, wie Paulhan bei Florence Gould vor fünfzig Gästen seiner Frau das Fleisch schnitt. Und als Germaine bettlägerig wurde, verbrachte er jede freie Minute bei ihr. Unzähligen, Großen und Kleinen, wurde Paulhans Nächstenliebe zuteil. Jouhandeau könnte es bezeugen. Aber auch ich, für den er in allen Bereichen, die mit Literatur oder Kultur im allgemeinen zu tun hatten, die absolute Autorität war, sehe in seiner Menschlichkeit und Nächstenliebe seine wahre Größe.

Im Juni 1948 konnte ich nach Paris fahren. Meine französischen Freunde hatten schon im voraus das Hotel bezahlt und verschafften mir neue Kleidungsstücke, die in Deutschland damals nicht aufzutreiben waren. Jean Paulhan war einer der ersten, die ich aufsuchte. Wir aßen in einem kleinen Restaurant seines Viertels zu Mittag. Er war gerade von einer Reise in die Sahara zurückgekehrt und überreichte mir eine Sandrose, die er für mich mitgebracht hatte. Nach einem Coq au vin und berauschendem Burgunder setzten wir uns noch ein wenig in den Jardin des Plantes, und dort konnten wir einander endlich alles gestehen, was wir während jener vier Jahre zwar erahnt, aber nie hatten aussprechen können. Was hatten wir nicht alles an Erinnerungen auszutauschen! Wir waren beide zutiefst bewegt, ganz besonders jedoch ich, weil ich nun wieder dieses leichte, hohe Lachen und sein gemurmeltes *merci* hören durfte. Doch wie konnte ich ihm danken für alles, was er mir geschenkt hatte? Durch ihn bin ich ein anderer Mensch geworden.

Die Entdeckung der modernen Kunst

Obwohl in Deutschland viele Bücher verboten und verbrannt worden waren, hatte ich fast alle großen Werke der zeitgenössischen französischen Literatur gelesen, als ich im November 1940 in Paris ankam. Doch auf dem Gebiet der neuen Musik und darstellenden Kunst war ich ein Laie, denn alles Moderne – angefangen von den ersten kubistischen Versuchen Braques oder Picassos bis zu den jüngsten Arbeiten von Wols oder Fautrier – war verpönt als Auswuchs einer dekadenten, degenerierten, »entarteten« Kultur. Das gleiche galt für die Komponisten der Wiener Schule wie Schönberg, Webern, Berg, aber auch für Strawinsky und Messiaen. Von alledem kannte ich so gut wie nichts. Dank meiner französischen Freunde, insbesondere Marcel Arland, Louis Carré und Jean Paulhan, erhielt ich Zugang zu dieser wunderbaren, bis dahin für mich verbotenen Welt.

Moderne Malerei sah ich zum ersten Mal, als ich bei Marcel Arland in Brinville zu Besuch war. Sein Haus hing voller Bilder. Er erzählte mir, wie er sich als Student in Paris oft das Nötigste versagt hatte, um diese Schätze erwerben zu können, denn schon damals wurden Werke von Braque, Picasso oder Rouault hoch gehandelt. Mit Rouault hatte er es etwas leichter, da sie schon sehr früh enge Freunde wurden. Aus dieser intimen Kenntnis heraus vermochte Arland auch mir recht schnell dieses häufig von Tiefschwarz untermalte Grellrot, Grellgrün, Grellblau nahezubringen, so daß ich mich mit all diesen Mädchen-, Richter- oder Clownfiguren, die die Wände meines Zimmers in Brinville zierten, bald anfreundete. Es war ein reines Rouault-Kabinett! Marcel Arland war mit vielen Malern befreundet, und ich erinnere mich noch an einen Artikel in der Wochenschrift *Comœdia* vom August 1943, den er als Nachruf auf den litauischen Juden Chaim Soutine geschrieben hatte, obwohl es verboten war, Juden überhaupt zu erwähnen, es sei denn, um sie anzuprangern. Doch er schrieb: »Einer der größten zeitgenössischen Maler ist verstorben.« Er war der einzige, der solche Worte wagte, wie Picasso einer der wenigen war, die am Tag des Begräbnisses dem Sarg folgten.

Mehrfach besuchte ich die Galerie von Louis Carré in der Avenue de Messine. Wie Marcel Arland erklärte auch er mir leidenschaftlich und mit Sachkenntnis all diese Picassos, Klees oder Massons, von denen man mir immer eingeredet hatte, sie seien der Inbegriff der Dekadenz. Hier lernte ich sie lieben.

Ich sehe sie noch vor mir, diese Bilder im Speisezimmer von Carrés Wohnung in der Rue Louis-Murat beim Parc Monceau: der etwas brutale Farb- und Bewegungsrausch der Delaunays, der mit der zarten Besinnlichkeit der Aussagen eines Bazaine kontrastierte. Louis Carrés Aktivität war natürlich nicht gänzlich uneigennützig; auch während des Krieges setzte er seine ertragreichen Transaktionen mit deutschen und französischen Liebhabern moderner Malerei fort. Es muß aber auch gesagt werden, daß in seiner Galerie die Werke der vom Besatzer geschmähten Künstler regelmäßig ausgestellt und mutig verteidigt wurden. Ich erinnere mich beispielsweise an die Vernissage der Lurçat-Ausstellung im März 1944. Eine dieser farblich so wunderbaren Tapisserien hatte das Interesse eines Redakteurs der deutschsprachigen *Pariser Zeitung* geweckt. Er trat auf mich zu, wies auf den Wandbehang, in den die Verse *Gluten des Himmels . . .* eingewebt waren und sagte: »Dieser Carré ist reichlich kühn, ein Stück wie dieses auszustellen, meinen Sie nicht auch? Das Gedicht ist doch von Paul Eluard, nicht wahr? Ein Kommunist, wie Lurçat!« Ich antwortete ausweichend, leicht provozierend: »Vielleicht sollte man eine Reproduktion in der *Pariser Zeitung* bringen?« Wie erstaunt war ich, als ich sie am nächsten Tag tatsächlich dort entdeckte! Und zwar an unübersehbarer Stelle! Dem Redakteur, einem mutigen Mann, konnte nicht entgangen sein, daß mein Vorschlag ironisch gemeint war. Damals konnten weder Lurçat, noch Eluard aus dieser Veröffentlichung mißliebige Konsequenzen erwachsen. Sie diente vielmehr zur Verbreitung ihrer Ideen. Kein Regime, und sei es noch so tyrannisch, vermag gänzlich zu verhindern, daß hier und da einmal etwas durchsickert.

Mein eigentlicher Lehrmeister in moderner Malerei war – wie in der Literatur – Jean Paulhan. Wenn ich mit ihm Ausstellungen, seine Privatgalerie oder die Ateliers von Picasso, Braque oder Fautrier besuchte, hielt er mir im Anschluß daran richtige Vorträge, deren substantielle Aussagen ich wiederfand, als ich sein Buch *Lehrherr Braque* oder seinen Artikel *Fautrier der Wüterich* las. Noch heute sehe ich vor mir, wie er sich mit einem neuen Bild vertraut machte: er betrachtete es zunächst aus der Ferne oder von der Seite, ohne daß einem das auffiel, ging dann langsam auf das Bild zu, wie man sich einem verschreckten Tier nähert. Nachdem er es dann soweit gezähmt hatte, packte er das Bild, drehte es sogar um, ließ aus verschiedenen Winkeln das Licht darauffallen, um es dann unter all seinen Aspekten in sich aufzunehmen. Auf diese Art lernte ich bei ihm so verschiedene Maler wie Braque und Fautrier, Picasso und Dubuffet, Wols und Rouault schätzen. Er verteidigte diese Maler mit geradezu wilder Glut, aber auch mit Humor, wenn es angebracht war. Mit Marie-Luise und mir spielte er nach dem Kriege manchmal eine Art Quiz, indem er uns beispielsweise einen Fautrier vorhielt und fragte: »Woran erinnert das? Was sehen Sie in diesem Bild, Marie-Luise?« – »Ehrlich gesagt: ein Segelschiff.« – »Ach, ich würde es eher für eine Zitrone halten.« In Wirklichkeit stellte es eine

Kaffeemühle dar, aber das war völlig unwichtig, da Paulhan uns ja nur beibringen wollte, daß ein Bild erst jenseits der vordergründigen Frage nach der Ähnlichkeit zu entdecken ist.

Von ihm geleitet, durchlebten wir all die aufeinanderfolgenden Phasen und Anstrengungen, die allein zum optimalen Verständnis eines Bildes führen: Zunächst überlasse man sich der Verzauberung oder Bedrängnis (die bis zum Entsetzen gehen kann), die der erste Anblick – gleichsam das Roherlebnis – in einem hervorruft. (Da ist sie wieder, diese außergewöhnliche Aufnahmefähigkeit Jean Paulhans, seine unglaubliche Jugendlichkeit, seine unermüdliche Neugierde auf die unterschiedlichsten, die gegensätzlichsten Dinge.) Dann befrage man das Bild auf jede nur mögliche Weise, unterwerfe es einer Art zugleich streng logischer und entwaffnend humoriger Inquisition. Der Humor nämlich hält den Zugang offen zu einer dritten Etappe, die – jenseits aller Logik, sie jedoch integrierend (wie hätte ich dabei nicht an die hegelsche »Aufhebung« denken sollen?) – auf den geheimnisvollen Reichtum des Objekts und gleichzeitig auf eine neue Naivität des Subjekts (im verzauberten Betrachten) zurückverweist.

Nie habe ich einen Menschen kennengelernt, der mir stärker als Paulhan den Eindruck vermittelte, in zwei Welten gleichzeitig zu leben. Die eine, »die Welt der Vorstellung und der Träume, bestimmt die andere, die Welt der Beobachtung und der Ratio«, wie er selbst in *Die informelle Kunst* sagt.

Dieser Sokrates verhalf dank unserer vielen Begegnungen meinem Geist, meinem Gefühl, meinem ganzen Wesen zur mühsamen, aber jubilierenden Geburt eines neuen Menschen. In ihm wie in keinem anderen habe ich jene »Vaterfigur« gefunden, derer meine Jugend bedurfte.

Im Juni 1942 führte Jean Paulhan mich bei Picasso ein. Der Maler wußte, daß er von den Nazis als Hauptvertreter der »entarteten und negroiden Kunst« angesehen wurde; und dennoch hatte er es abgelehnt, in die USA auszuwandern, wozu er die Möglichkeit gehabt hätte. Im September 1940 richtete er sich vielmehr von neuem in seinem Atelier in der Rue des Grands-Augustins ein, das er während des ganzen Krieges nicht verließ und wo er mit Feuereifer arbeitete. Nachdem wir die kleine Wendeltreppe erklommen hatten und dann vor seiner Tür standen, klopfte mein Herz zum Zerspringen. Wir klingelten, und Picasso selbst öffnete. Das war die bekannte Gestalt: klein, untersetzt, in eine Art Mantel gehüllt, der in der Taille von einem Ledergürtel zusammengehalten wurde, auf dem kahlen Schädel eine Zipfelmütze, und diese Glutaugen, die uns fixierten. Sehr liebenswürdig, sehr schlicht, hieß er uns in seiner Wohnung willkommen und führte uns dann in die weiträumigen Dachböden mit den Eichenbalken. Überall Bilder, aufgestapelt, hängend, umgekehrt übereinanderliegend ... Er zeigte sie uns, eines nach dem anderen, ohne viel zu sprechen, wohl unsere Reaktion abwartend. Ich war wie trunken.

Damals suchte er seine Motive noch im banalen Alltag: die Dächer vor seinen Fenster, ein Stuhl seines Ateliers, Pariser Landschaften, die ihm Ersatz sein mußten für nicht mögliche Reisen und die er daher aufmerksamer betrachtete: der Pont Neuf oder der Pont Saint-Michel, die Bäume auf den Quais ... Aber auch die großen zeitlosen Themen waren vertreten: sitzende Frau oder liegender Akt ... Vor dem *Stilleben mit Rinderschädel* sagte er uns: »Das habe ich nachts gemalt, denn im Augenblick ist mir die nächtliche Beleuchtung lieber als die natürliche. Sie müßten einmal nachts wiederkommen und es nochmals ansehen.«

Durch die brutale Zerstückelung der Formen und die tragische Gewalt der Farben trat einem aus all seinen Werken das Grauen des Krieges entgegen, nie direkt angesprochen, doch durch die Art der Darstellung deutlich, kaum erträglich gemacht. Mir ist klar, wieso Jean Cayrol in *Lazarus unter uns* sagen konnte: »Picasso ist wie kein anderer dazu geschaffen, seine Staffelei auf dem Appellplatz von Mauthausen oder Buchenwald aufzustellen.« Wir sprachen über all diese Dinge zwar nicht, aber sie waren da, standen zwischen uns; doch gleichzeitig war auch jene unbändige Friedenssehnsucht, jenes Ringen um Verständigung zwischen den Menschen spürbar, ausgedrückt in zahlreichen, im ganzen Atelier verstreuten Skizzen des *Menschen mit Lamm*

Grauen des Krieges und Sehnsucht nach dem Frieden – aber um welchen Preis? Unter welchen Umständen? Etwas Zweideutiges und Naives war in Picassos Verhalten, was er Ernst Jünger gegenüber offenbarte: »Wir beide, wie wir hier zusammensitzen, würden den Frieden an diesem Nachmittag aushandeln. Am Abend könnten die Menschen die Lichter anzünden« (Jünger, Tagebuchnotiz vom 22. 7. 1942). Doch allein der gute Wille zweier Männer vermochte nichts angesichts der immensen Probleme, die der Krieg 1942 aufgeworfen hatte.

In der Folgezeit begegnete ich Picasso noch häufig im Café de Flore; er war in Begleitung seines Sekretärs Sabartes und eines großen Hundes. Und jedesmal haben wir einander freundschaftlich die Hand gedrückt. Eines Tages aß ich mit französischen Freunden im ersten Stock eines kleinen Restaurants in der Rue Dauphine zu Mittag, während Picasso an einem der Nebentische in Gesellschaft von Dora Maar und Jean Cocteau saß. Cocteau kam herüber und sagte: »Gérard, du solltest kurz Pablo begrüßen.« Stolz wie ein König ging ich hinüber, und wir wechselten ein paar Worte. Obwohl Picasso äußerst entgegenkommend und ausnehmend liebenswürdig war, fühlte ich mich von diesem Mann, vor allem aber von seinem Werk, irgendwie erdrückt. Ich entsinne mich noch, daß ein Freund mich einmal zu einem Anwalt mitnahm, dessen Wohnung am Seine-Quai lag, ganz nahe bei der Place Saint-Michel. Von dort aus hatte man einen herrlichen Blick auf den Fluß, doch konnte ich es in dem Raum kaum aushalten, denn die Wände waren vollgehängt mit Picasso-Zeichnungen, die mich aufwühlten, mich umwarfen. Auch Jünger fühlte sich angerührt von der magischen Kraft, die gewisse Werke Picassos ausstrahlen; er sah darin einen Bezug zu alchimistischen Vorgängen. Zu mir sagte er: »Man muß lernen, die geheimnisvolle Kraft dieser Bilder zu domestizieren.« Das brachte Jean Paulhan mir nach und nach bei. Wem eine solche Einweisung aber nicht zuteil wurde, dem wird ein solches Werk verschlossen bleiben, er wird es als abstoßend, vielleicht gar als dämonisch empfinden. Jahre später erlebte ich in Rom in einer Picasso-Ausstellung, wie ein Priester auf der Schwelle eines Saales entsetzt innehielt und sich bekreuzigte, als wollte er dem Dämon Einhalt gebieten.

Auch zu Braque nahm Paulhan mich mit; dort herrschte eine ganz andere Atmosphäre. Es dürfte im August 1943 gewesen sein, kurz vor dem Salon d'automne, der großen Herbstausstellung. Braque war damals einundsechzig Jahre alt; er wirkte stämmig, wenn auch leicht gebeugt; über einem einfachen, ruhigen Gesicht saß ein dichter weißer Haarschopf. Ob er selbst sprach oder uns zuhörte, immer war er geduldig und entgegenkommend. Zu mir sagte er: »Sagen Sie nicht ›Meister‹ zu mir, auch nicht ›Monsieur Braque‹ sondern ganz einfach ›Braque‹, wie ich Sie schlicht ›Heller‹ nennen möchte.«

Den Eindruck von Schlichtheit vermittelten auch seine Bilder; einige waren schon fertig für den Herbstsalon, andere noch in Arbeit: dargestellt waren die bescheidenen Gegenstände des Alltags wie Krug und Fisch, daneben Stilleben mit Schädel, Kaffeekanne, die Blaue Schüssel, die er mit den erhabenen Rhythmen und der unerschütterlichen Kraft der Natur ausstattete.

An den Wänden, auf den Staffeleien oder auf dem Boden hingen, standen oder lehnten fünf bis zehn Entwürfe. Er arbeitete an allen gleichzeitig, unaufhörlich retuschierend, hinzufügend, wegnehmend, und jede dieser Gesten zeugte von Achtung und Behutsamkeit; genauso hegt ein Gärtner seine Pflanzen und ein Züchter seine Tiere. Unter der Anleitung von Paulhan drang ich mit Braque in eine Welt ein, die nur scheinbar einfach und eingängig ist, in Wirklichkeit aber bis zum geheimnisvollen Wesen der Dinge vorstößt und damit unsere Art zu sehen und zu empfinden verändert. Ich stimme Paulhan auch völlig zu, wenn er sagt: »Falls derjenige ein großer Maler ist, der von der Malerei die genaueste und zugleich reichste Vorstellung vermittelt, dann wähle ich mir ohne zu zögern Braque als Lehrmeister.«

Welche Freude für mich, ein paar Wochen später diese wundervolle Kammermusik in der Gesamtschau des Herbstsalons wiederzufinden! Während aus den brüllenden und gemarterten Picasso-Bildern jener Jahre einem der Krieg entgegendröhnte, schien Braque, um ihm zu entkommen, seine Töne noch mehr gedämpft und seine Linien noch zarter gezogen zu haben; durch diese aus langer Arbeit und großem Wissen resultierende majestätische Einfachheit, wuchs er über die schrillen Töne und all die Zerrissenheit unserer Epoche hinaus und erreichte die strahlende und heitere Kraft eines Vermeer oder Chardin.

Aber auch bei Fautrier war ich, mit Paulhan oder mit Jouhandeau. Wir bewunderten seine Bilder, tranken auch einmal Tee miteinander. Im Jahre 1940 war sein Pariser Haus eines der Zentren der Résistance; von SS-Leuten aufgespürt, hatte er sich in ein kleines Landhaus nach Chatenay zurückgezogen, wo ich die berühmten *Otages* (Geiseln) entstehen sah, die Malraux 1945 in der Galerie René Drouin vorstellte. Bereits 1943 hatte Fautrier dort ausgestellt, und Paulhan hatte das Vorwort zum Katalog geschrieben. Paulhan, der mit mir die Ausstellung besuchte, riß mich mit in seiner Bewunderung und half mir, meine erste Reaktion des Erstaunens, des Zurückweichens vor dieser magischen und dramatischen Welt zu überwinden, indem er mich jenseits der Motive des Bildes die subtilen Nuancen der Farbe, dieser wie umgepflügten, bis in die Tiefe erarbeiteten Materie, durch die eine verwandelte Realität entsteht und übermittelt wird, entdecken ließ.

So war es mir vergönnt, über die Kriegsgreuel und die uns allen gemeinsame Angst hinauszuwachsen und diese prachtvollen, von Heiterkeit und Kraft zeugenden Werke zu entdecken und zu genießen, um selbständig, aus eigenem Erleben, die Abscheulichkeit und Lächerlichkeit des nazistischen Gefasels über entartete Kunst zu entlarven.

Über all diese Dinge sprach ich auch ausführlich mit Pater Couturier, diesem großen Förderer und Liebhaber moderner Kunst. 1948, zum ersten Mal nach Kriegsende, besuchte ich die Jouhandeaus; ich war zum Abendessen eingeladen. Ich ging um das Haus herum und blickte durch die Fenster im Erdgeschoß in den Salon. Ich erkannte Marcel, Elise und weitere Gäste, unter denen mir ein Dominikaner in weißer Kutte auffiel: das war Pater Couturier. (Bei Marcel Jouhandeau heißt es in *Das Leben ein Fest:* »Der Held der *Heimlichen Reise* schreibt mir: ›Ich kann es gar nicht glauben, daß Ihr nicht mehr an der Porte Maillot wohnt; dann sollen also all meine Besuche dort nur noch Erinnerungen sein? Ich liebte diesen Jahr für Jahr gleichen Weg dorthin. Vor allem erinnere ich mich an jenen letzten Abend im August 1944 und vier Jahre später im Juni 1948, wo ich – nur noch ein Geist? ein Phantom? – erst einmal um das Haus herumschlich, bevor ich klingelte, um meine Freude, Euch wiederzusehen, noch zu steigern. Und dabei sah ich Dich, Elise und Pater Couturier durchs Fenster im Salon! Ich spürte, wie meine Augen feucht wurden. Ja, solche Regungen befallen einen . . .‹«) Ich traute mich nicht hinein, war es doch das erste Mal, daß ich, ein ehemaliger

Soldat der Besatzungsarmee, nach Paris zurückkehrte. Dabei erwarteten mich alle mit Ungeduld; als ich eintrat, begrüßten Marcel und Elise mich mit alter Herzlichkeit. Sie stellten mich dem Pater vor, der den »berühmten Heller« nur kurz sehen wollte, dann aber doch zum Abendessen blieb und sich später von mir zur Métro begleiten ließ. Doch auch dort wollten wir uns noch nicht trennen, so gefangen, so begeistert waren wir von unserem Gespräch; wir schlenderten mal in die eine, mal in die andere Richtung, schier unaufhörlich hin und her. Ich sprach fasziniert über das prometheische Abenteuer der modernen Kunst, diesen Willen zur Neuerschaffung der Welt aus dem rein Menschlichen, während Pater Couturier mir erklärte, diese so starke und neuartige Kunst eröffne jenseits der oberflächlichen Agnostizismen oder Atheismen eine Vielzahl von Möglichkeiten, das Sakrale zum Ausdruck zu bringen. Unsere Diskussion nahm ein gut Teil der Nacht in Anspruch und blieb für mich ein unvergeßliches Erlebnis.

Während meiner vier Pariser Jahre hatte ich oft Gelegenheit, Künstler kennenzulernen, vor allem bei Florence Gould, wo einige – wie Marie Laurencin und Christian Bérard – Stammgäste waren. Außer mir interessierten sich natürlich auch noch ein paar andere Deutsche für moderne Kunst, insbesondere Ernst Jünger, dem ich im Februar 1943 den Maler Hans Kuhn vorstellte, der als Gefreiter in einer Abteilung der Kommandantur im *Hôtel Meurice* seinen Dienst versah und sich unter den Dächern ein kleines Atelier hatte einrichten können. Wir aßen im *Tour d'Argent* zu Mittag und plauderten ausgiebig. Alle drei erklärten wir uns tief beeindruckt vom gewissermaßen magischen Einfluß mancher Bilder, wobei wir insbesondere an die von Picasso dachten. Kuhn hatte das Glück gehabt, Picassos Atelier besuchen und eine ganze Reihe Fotos machen zu können. Nach dem Mittagessen führte er uns ins *Meurice* und zeigte uns in seinem Atelier zunächst diese Fotos und dann auch seine eigenen Bilder; aufgrund seiner abstrakten und surrealistischen Motive galt auch er in Deutschland als entarteter Maler.

In Paris war es dann, wo ich jenen anderen von höchster Stelle anerkannten und mit Ehren überhäuften deutschen Künstler kennenlernte, der in gewisser Weise als der offizielle Bildhauer des Reichs galt: Arno Breker. Er hatte das Glück, gleichzeitig ein Ehemaliger vom Montparnasse (ein »Montparno«), ein Bewunderer von Rodin und Bourdelle, ein Schüler von Maillol und zugleich der Lieblingsbildhauer des Führers zu sein. Diese doppelte Bindung hat er in seinem nur Französisch erschienenen Buch *Paris, Hitler und ich* ausgeführt. Brekers größter Wunsch war es gewesen, seinen alten Meister Maillol bei der Eröffnung seiner Ausstellung in der Orangerie, die von Mai bis Juli 1942 dauern sollte, begrüßen zu dürfen. Es mußte ihn aber jemand in Banyuls abholen, um ihn während der Reise zu begleiten. Ich war glücklich, daß ich für diesen Auftrag ausersehen wurde. Das für die Überschreitung der Demarkationslinie erforderliche *laissez-passer*, der Passierschein, war ihm noch nicht zugegangen; man übergab es mir erst, als ich gerade mein Hotel verlassen wollte. Allerdings war es nicht unerläßlich: in meiner Begleitung hätte Maillol auch ohne dieses Papier von der einen Zone in die andere reisen können.

Ich fuhr also nach Banyuls und nutzte die Gelegenheit, noch schnell einen Abstecher nach Toulouse zu machen, wo ich das Studienjahr 1934/35 an der Philosophischen Fakultät verbracht hatte. In Banyuls sah ich zum ersten Male die Côte Vermeille und diesen kleinen, damals noch völlig intakten malerischen Fischerhafen.

Ich traf Maillol nicht in seinem Haus, sondern in seinem Atelier, das eher eine Art Schuppen weit hinten im Garten war, wo er trotz seines hohen Alters noch stundenlang zu arbeiten pflegte. Der Weg dorthin führte mitten durch in allen Farben funkelnde und duftende Blumenbeete. An diesem und auch noch am folgenden Tag schlenderten wir gemeinsam durch dieses herrliche Fleckchen Land zwischen Meer und Gebirge. Ich mochte Maillol sehr. Dieser achtzigjährige, nicht sehr große Mann mit seinem langen weißen Bart, seinem schalkhaften Blick, seinem singenden südfranzösischen Akzent war eine faszinierende Figur. Ich höre ihn noch auf katalanisch mit seiner Frau streiten. Sie war jünger als er, und mit einer ungeheuren Vitalität und einer dröhnenden Stimme ausgestattet. Als wir noch im Garten verweilten und sie uns zum Essen rief, sagte Maillol zu mir: »Hören Sie, junger Mann, dieses ungeheure Getöse?!« Als wir einmal an einer Garteneinfriedung vorbeikamen, wo die Heckensträucher durch Draht ersetzt worden waren, rief er aus: »Was soll das?« (Dieser Ausspruch kehrte häufig bei ihm wieder.) Ein andermal, als junge Mädchen in leichten Sommerkleidern an uns vorbeikamen, betrachtete er ihre Beine und sagte zu mir: »Schauen Sie sich nur diese Beine an. Darauf läßt sich's stehen!«

Maillol kannte Breker zwar gut, da dieser sein Schüler gewesen war, doch auf eine Einschätzung seiner neuen Werke wollte er sich nicht so recht einlassen. Und als ich ihn fragte, ob er sie kenne, antwortete er ziemlich ausweichend: »Ja, man hat mir gesagt, sie sind groß.« Tatsächlich hatte Arno Breker sich auf das Monumentale, man könnte fast sagen das Bombastische, spezialisiert, und das entsprach kaum Maillols Geschmack.

Bei der Vernissage der Ausstellung am 22. Mai 1942 waren außer Maillol noch Dunoyer de Segonzac, Vlaminck, Friesz, Derain, Van Dongen und Despiau anwesend. Um all diese Künstler wiederzusehen, von denen er seit Kriegsbeginn gänzlich abgeschnitten war, hatte Maillol der Reise schließlich auch zugestimmt, ohne sich darüber Gedanken zu machen, daß er sich gewissermaßen exponierte, wenn er an dieser hochoffiziellen Zurschaustellung deutsch-französischer Zusammenarbeit teilnahm. Abel Bonnard, inzwischen Erziehungsminister, eröffnete die festliche Veranstaltung im Kreise aller hohen Würdenträger der deutschen Besatzungsbehörden, an ihrer Spitze Botschafter Otto Abetz; zu den Uniformierten der deutschen Besatzungsarmee gesellten sich wie selbstverständlich alle französischen Kollaborateure von Rang und Namen. Die Teilnahme Maillols an dieser Demonstration wurde natürlich prompt ausgenützt, um 1944, als er starb, das Gerücht in Umlauf zu setzen, er sei einem Attentat der Untergrundbewegung zum Opfer gefallen. Ich erfuhr aus sicherer Quelle, von Louis Carré, daß daran kein wahres Wort war. Maillol hatte Raoul Dufy in Perpignan besucht, und auf der Heimfahrt war sein Wagen ins Schleudern geraten und gegen einen Baum geprallt.

Wie ich schon sagte, waren uns in Deutschland nicht nur alle neuen, revolutionären Strömungen in der modernen Malerei vorenthalten worden, sondern ebenfalls jegliche gewagte zeitgenössische Musik. Daß ich sie dennoch entdecken durfte, verdanke ich gleichfalls meinen französischen Freunden, denn sie luden Jünger und mich zu den im Mai 1943 vom Verlagshaus Gallimard organisierten Pléiade-Konzerten ein, die zwischen 17 und 19 Uhr entweder im Konservatorium oder in der Galerie Charpentier inmitten von Bildern von Berthe Morizot, Renoir oder Braque stattfanden und hauptsächlich der französischen Musik gewidmet waren. Dort hörte ich zum ersten Mal *Die Visionen beim Amen* von Olivier Messiaen, ein Stück für zwei Klaviere, gespielt von dem Komponisten selbst und Yvonne Loriod, oder auch die *Drei Stücke in Form einer Birne* von Eric Satie. Beim erstmaligen Hören war ich natürlich ganz verwirrt, irgendwie aus dem Konzept geraten; doch nach und nach gewöhnte ich mich daran und war in der Lage, die beißende Ironie des einen wie die üppige Modalharmonie und das himmlische Geläut des anderen zu genießen.

Bei einem dieser Konzerte, wo ich unter den Gästen Braque, Marie Laurencin, Jouhandeau und seine Carya, Paulhan und andere wahrnahm, befiel mich plötzlich ein merkwürdiges Gefühl: von einem der Zuhörer gingen Energien aus, die zutiefst auf mich einwirkten. Paul Valéry saß in der ersten Reihe, und vermutlich stammten diese elektrischen Strömungen, die ich verspürte, von ihm. Ich war ihm bereits mehrfach begegnet, vor allem bei den Verhandlungen mit Paulhan um die Wiederaufnahme der NRF durch ein neues Direktionskomitee. Und als ich einmal 1942 in Uniform im Café *Le Rond-Point* saß, hatte ich Valéry am Nachbartisch entdeckt und ihn auch gegrüßt, mit Abstand allerdings, doch er hatte sich nicht gescheut, als er das Café verließ, dem deutschen Offizier die Hand zu drücken.

Im November 1943 stattete ich ihm einen Besuch ab. Fahles Winterlicht fiel in das Arbeitszimmer, in dem er mich empfing. Er schien mir sehr matt; seine beiden Hände mit den hageren Fingern hielten das tiefgefurchte Gesicht umfaßt, aus dem mich seine großen, von Intelligenz blitzenden Augen ansahen. »Ich freue mich, Sie zu sehen, Heller, wenn es mir auch heute nicht gut geht, da ich auf die mir seit langem heiligen zwei Arbeitsstunden vor Morgengrauen verzichten mußte, und das macht mich regelrecht krank, müssen Sie wissen.« Seit mehr als fünfzig Jahren stand Paul Valéry fast täglich um vier Uhr früh auf – »zur Stunde der Dienstmädchen«, wie er sagte –, um ungebunden für sich selbst seine »kleinen philosophischen Aperçus« niederzuschreiben, an deren Veröffentlichung er niemals gedacht hat. Doch wieso sollte der Welt vorenthalten bleiben, was zwischen 1894 und 1945 sein wichtigstes Anliegen war: die Erforschung der Mechanismen des Geistes? Und als diese Hefte schließlich veröffentlicht wurden, ergaben sie neunundzwanzig Bände von je neunhundert Seiten!

Ziel meines damaligen Besuches war, ihn daran zu erinnern, daß er uns ein paar Seiten seines *Faust* für das noch vor dem Ende der NRF im Juli geplante Goethe-Heft versprochen hatte. War das Werk fertig? »Nein, und ich werde es auch niemals fertigstellen. Die letzten Monate habe ich überwiegend einer Auftragsarbeit gewidmet: einer versgetreuen Übersetzung von Virgils *Bucolica.* Mein *Zwiegespräch über den Baum* habe ich ebenfalls abgeschlossen und im vergangenen Monat in der Académie française vorgelesen.« Paulhan hatte mir den Text dieser philosophischen Meditation geliehen. Und Valéry hatte es stets weit von sich gewiesen, ein Philosoph zu sein! Ich war voller Bewunderung für dieses souveräne Ausschöpfen aller Möglichkeiten der Sprache und diese gleichsam zeitlose Schönheit der Darstellung vom Entstehen eines Baumes, ein »Gesang, dessen Rhythmus eine vorbestimmte Form entfaltet und ein Mysterium der Zeit im Raum gestaltet«.

Ich fragte ihn damals: »Wie können Sie auf diese Weise über ewige Wirklichkeiten schreiben und niemals auf die brennende Aktualität unserer alles umstürzenden Epoche verweisen?« Die Alliierten waren in Italien gelandet, Korsika war befreit, und die russische Offensive hatte Smolensk und Kiew zurückerobert.

»Die Tagesereignisse langweilen mich«, hatte er entgegnet. »Die Ereignisse sind nur die Schaumkrone der Dinge, mich aber interessiert das Meer.«

In diesem Stil sprach er noch eine Zeitlang weiter, und mir war es vergönnt, seine Liebenswürdigkeit, seinen Scharfsinn und seinen Humor zu entdecken, nachdem ich schon in seinen Werken die Tiefe seiner Gedanken und die Brillanz seines Stils bewundert hatte. Wie immer, wenn ich ihm von Angesicht zu Angesicht gegenübersaß, übertrug sich auch diesmal seine außergewöhnliche Kraft: sie wurde physisch spürbar.

Die gleiche Wirkung übte Picasso auf mich aus. Bei einem Opernabend, wo *Johanna auf dem Scheiterhaufen* von

Paul Claudel und Arthur Honegger gegeben wurde, fühlte ich mich in meiner Loge von elektrischen Strömen ereilt, die ich nicht nur der Wirkung der Musik zuschreiben konnte. Ich suchte mit den Augen die Nachbarlogen ab und entdeckte in einiger Entfernung Picasso, der mich aus seinen großen glühenden Augen ansah.

Ich hörte damals viel Musik, ging zu Konzerten in den Sälen des Konservatoriums oder in die *Salle Pleyel,* zu Solo- oder Kammermusikabenden bei Marie-Louise Bousquet und besonders zu Hauskonzerten bei zwei Freunden, die ein unter Denkmalschutz stehendes Stadtpalais im Faubourg Saint-Germain bewohnten. Bei ihnen traf ich eine ganze Reihe sehr kultivierter junger deutscher Dolmetscher in Uniform, die wir alle in der Atelierwohnung der Brüder Valentiner wiedersehen werden. Malerei, Literatur, aber vor allem Musik waren unsere Gesprächsthemen. In freundschaftlicher und aufnahmebereiter Atmosphäre hörten wir den großen Cellisten Pierre Fournier, die Pianisten Jacques Février, Wilhelm Kempff oder die Sängerin Germaine Lubin, »die Göttliche, die Unermeßliche«, wie wir sie nannten.

Es ist gewiß schwer zu verstehen oder hinzunehmen, daß wir uns solche Stunden voller Beglückung gönnten, während doch Hungersnot wütete, Geiseln erschossen und jüdische Kinder in Konzentrationslager abtransportiert wurden. Ich wußte davon, besaß aber weder die Mittel, noch ausreichend innere Stärke oder Mut, dem Regime, das solche Schändlichkeiten beging, offen Widerstand zu leisten. Doch in der mir übertragenen Funktion bemühte ich mich, nach bestem Wissen und Können all das zu schützen, was ich für die echten Werte Frankreichs hielt und deren Existenzmöglichkeiten zum Teil von mir abhingen. Ich konnte nicht pausenlos in Angst und Spannung leben; mich hungerte und dürstete nach echten menschlichen Beziehungen, nach Kultur, und vor allem nach

Freundschaft; und das fand ich auf jenen seligen Inseln, wohin wir, ein Grüppchen Gleichgesinnter, uns flüchten konnten, inmitten eines Ozeans aus Schlamm und Blut.

Über einige Pariser Verleger

Als ich Ende 1940 in Paris meinen Dienst antrat, bestanden nicht nur Probleme mit der NRF und dem Verlagshaus Gallimard, sondern auch mit dem Verlag *Mercure de France,* der Georges Duhamels Buch *Zufluchtsort* herausgebracht hatte und in dem der Autor, der ursprünglich Arzt war, seine Erlebnisse auf den innerfranzösischen Fluchtwegen schildert. Das hatte gewissen deutschen Dienststellen mißfallen, und das Buch war verboten worden, woraufhin Duhamel am Deutschen Institut vorstellig wurde, um zu protestieren. Bremer hatte ihn empfangen und ihn sogleich abgekanzelt: »Sie sind unser Feind, und das genügt als Maßgabe für unser Verhalten.« Das war vor meiner Ankunft geschehen. Das Buch war bereits gedruckt, als zwei Männer der Propaganda-Staffel Jacques Bernard, dem Direktor des *Mercure de France,* den Befehl überbracht hatten, sämtliche Exemplare dieser Auflage im obersten Stock des Hauses zu deponieren und unter Verschluß zu halten. Die genaue Anzahl sei ihnen zu melden, und kein Buch habe das Haus zu verlassen, bevor die Deutschen nicht alles abgeholt hätten.

So war der Stand der Dinge, als ich mit dem Fall betraut wurde. Mir oblag nun die Kontrolle und der Abtransport der gelagerten Bücher. Ich begab mich in die Rue de Condé und ließ mich bei Monsieur Bernard melden. Doch noch bevor ich sein Büro betrat, stieß ich unter dem Torbogen auf eine Angestellte des Hauses, die das Verladen der Bücher auf einen Lastwagen zu überwachen hatte. Der ganze Bestand sollte in die Avenue de la Grande Armée verbracht werden, wo in einer Garage ein Sammellager eingerichtet war: letzte Etappe, bevor der Reißwolf in Aktion trat. Ich bat die Angestellte, mir eines der Pakete, das die Erstausgabe enthielt, zu öffnen, zwölf Exemplare herauszunehmen, sie gut zu verpacken und zu verschnüren und darauf zu schreiben: »Privateigentum von Leutnant Heller«. Anhand dieser Belegexemplare einer Erstausgabe würde man später das Buch nachdrucken können. Ich war ja dazu da, ein Kulturerbe zu retten, welches kurzsichtige Funktionäre in ihrem Wahn zu zerstören sich anschickten.

Jacques Bernard führte mich dann durch das Verlagshaus. Als wir im letzten Stockwerk angelangt waren, spielte sich eine gespenstische Szene ab: eine Tür wurde geöffnet und eine uralte Frau wurde sichtbar, die bei meinem Anblick zu schreien anfing. Es war Rachilde, die Frau von Alfred Vallette, dem Gründer des *Mercure.* Bernard hatte ihr das Wohnrecht im Hause belassen, teils aus Treue zu seinem Vorgänger, teils aus Bewunderung für die Romane, die Rachilde geschrieben hatte: der berühmteste, *Herr Venus,* läßt auch nicht eine einzige Frage offen bei der Schilderung einer hemmungslosen und perversen Sexualität. Als sie mich nun in Uniform vor sich stehen sah, glaubte sie sicher, ich sei gekommen, um sie zu verhaften. Ich beeilte mich, sie zu beruhigen, entschuldigte mich und küßte ihr die Hand, bevor ich wegging.

Ein paar Tage später suchte mich Jacques Bernards Frau, eine Dänin, die ausgezeichnet Deutsch sprach, in meinem Büro auf, um mich zu einem Abendessen in ihrem Haus einzuladen. Gleich am darauffolgenden Samstag ging ich hin, in Begleitung eines anderen Mitarbeiters von der Propaganda-Staffel. Noch häufig im Jahr 1941 war ich samstags Gast im Hause Bernard, wo auch meine beiden Sekretärinnen, meine zukünftige Frau und ihre österreichische Kollegin und Freundin, eingeladen waren. Die Gastgeberin bestach durch ihre Liebenswürdigkeit, und auch gegessen wurde auffallend gut und reichlich. Doch schockierten uns immer wieder Bernards überspannte Deutschfreundlichkeit und sein eindeutiger Haß auf Leute, bei denen er auch nur ein Fünkchen Widerstandsgeist entdeckte. Léautaud behauptet sogar in seinem *Literarischen Tagebuch*, Bernard habe einige seiner Landsleute bei den Besatzungsbehörden denunziert. Ich für meinen Teil bin Jacques Bernard und seiner Frau zu Dank verbunden, da sie die ersten Franzosen waren, die uns ihr Haus öffneten und uns an ihren Tisch baten, wo wir über Literatur und trotz allem recht freizügig über Politik sprechen und ihm sogar seine übertriebene Schwärmerei für alles Deutsche vorhalten durften. Marie-Luise, die Österreicherin Annie Hackenberg und ich, wir haben alles getan, um ihn zu mehr Mäßigung zu veranlassen, indem wir ihm vor Augen führten, daß er nach dem Krieg in Schwierigkeiten geraten würde. Und genau das trat ein: nach der Befreiung wurde er zu einer Gefängnisstrafe verurteilt.

Auch bei den *Presses Universitaires de France* sollte ich noch vor Ende 1940 vorstellig werden. Der Verleger hatte den literarischen Fundus mehrerer ehemals jüdischer Verlagshäuser aufgekauft, und wir mußten nachprüfen, ob in diesen Beständen noch jüdische oder antideutsche Bücher vorhanden waren. Tatsächlich hatten sie den Behörden längst alles abgeliefert. Diese Inspektion führte ich mit einem deutschen Kollegen durch, zu dem ich kein Vertrauen hatte, denn er war oft betrunken. An diesem Tag hatten wir kaum das Büro des Verlagsleiters Paul Angoulvent betreten, als mein Kollege auch schon seinen Revolver auf dessen Schreibtisch legte. Roger Basselier, der kaufmännische Direktor, der durch seinen trockenen Humor bestach, war ebenfalls anwesend und schreckte entsetzt zurück. Am meisten schockiert war vermutlich ich: ich brauste auf und herrschte meinen Kollegen an, was diese absurde Geste denn zu bedeuten habe. Zu meiner Erleichterung steckte er die Waffe dann auch ohne Umschweife wieder ein. Ich persönlich haßte es, immer einen Revolver bei mir tragen zu müssen, und so beschloß ich eines Tages, mir von einem Schreiner in der Rue de Ponthieu eine Imitation aus Holz anfertigen zu lassen, die ich dann auch ständig in meiner Revolvertasche trug.

Das war – ohne daß ich es wußte – meine Antwort auf die Frage, die Jean Guéhenno in seinem *Tagebuch* vom 7. Januar 1941 stellt: »Diese armselige Waffe, die der Kerkermeister stets bei sich trägt, verurteilt uns zum Schweigen. Aber was soll's? Wie lange wird er sie noch tragen? sie tragen müssen? Denn ohne Revolver . . . Wird er sich selbst dazu verurteilen, sie immer zu tragen und in diesem Exil zu leben, ohne andere Rechtfertigung, ohne andere Freunde als nur diesen kleinen Revolver?«

Ich habe auch Bernard Grasset gut gekannt. Er war der Verleger Friedrich Sieburgs und hatte in seinen Einführungsworten zu einem Vortrag dieses berühmten deutschen Schriftstellers zu Beginn des Jahres 1941 den Ausdruck »intellektuelle Kollaboration« gebraucht, wie er insgesamt überhaupt recht weit vorgeprescht war. Henry Muller nannte ihn unter Anspielung auf seine in die Stirn fallende Haarsträhne und seinen Hitlerschnurrbart den »Caesar von Garchtesgaden«, denn Grasset wohnte im Vorort Garches.

Ich war ein paarmal in seinem Landhaus eingeladen, und oft haben wir in Paris, in der *Brasserie Lipp* zum Beispiel, zusammen zu Mittag gegessen. Unsere Beziehungen waren recht freundschaftlich, denn er sah in mir fast so etwas wie einen Kollegen in »literarischen Belangen«, wie er zu sagen beliebte. Er brachte es fertig, mitten in der Nacht bei mir anzurufen, um sich einen Rat zu holen. Das gehörte zu seinen Arbeitsmethoden und entsprang seiner Leidenschaft für den Verlegerberuf, denn es ging ja immer darum, als erster das interessante Buch aufzuspüren.

Eine Gelegenheit ließ er ungenutzt: *Schutt und Asche* von Lucien Rebatet zu veröffentlichen, und doch hätte gerade er dieses Buch mit offenen Armen aufnehmen sollen. Er verschmähte diese Goldgrube, mit der der Verlag Denoël dann ein Vermögen machte. Ich glaube, das Buch kam durch schnell aufeinander folgende Auflagen in etwa hunderttausend Exemplaren auf den Markt. Wie war es möglich, daß dieser ungeheuerliche Haß- und Racheschrei ein solches Echo fand? In mir sträubte sich alles, als ich dieses Gegeifer über Autoren, die mir teuer waren, lesen mußte: »Diese gallespeiende Hyäne Mauriac, dieser irrsinnige und trübselige Saufbruder Bernanos, dieses Warzenschwein Louis Gillet, dieser tintenbekleckste Fußabstreifer, an dem alle Saujuden von *Pourri-Soir* sich schon abgewischt haben . . .« Vielleicht hat die Schändlichkeit dieses Machwerks Grasset tatsächlich abgeschreckt, doch einem Denoël, der auch Céline verlegte, war das nicht zu viel.

Denoël war überhaupt rätselhaft: in seinem Safe bewahrte er auch Manuskripte von Aragon und Elsa Triolet auf. In den *Memoiren eines Faschisten* von Rebatet fand ich jene Szene wieder, wo Denoël uns ahnungslose Besucher auf einer Truhe Platz nehmen ließ, die das Manuskript *Das weiße Pferd* von Elsa Triolet enthielt. Das war aber nicht als heroische Tat gedacht, sondern vielmehr Vorfreude auf jenes teuflische Vergnügen, in ganz Paris diese pikante Geschichte herumerzählen zu können.

Robert Denoël hat sich als Kollaborateur und Antisemit zu sehr exponiert, als er im *Cahier jaune* dann auch noch Célines Judenhaß als etwas Erhabenes feierte. Das hat ihn bei der Befreiung das Leben gekostet: er wurde unter bis heute noch ungeklärten Umständen auf der Straße erschossen.

Die Verleger suchten mich manchmal auf, wenn es um die Erst- oder die Wiederauflage eines »problematischen«

Buches ging. Aus diesem Grunde kam auch Anfang 1942 Robert Esménard, der Schwiegersohn Albin Michels zu mir, in Begleitung des Autors von *Die hölzernen Kreuze:* Roland Dorgelès. Dieser war schon – noch bevor er mein Büro betrat – voller Mißtrauen jenem deutschen Offizier gegenüber, der über die Wiederauflage dieses Meisterwerks befinden sollte. Er hatte seine Handschuhe anbehalten, grüßte knapp und ging sofort *in medias res:* »Monsieur, als erstes muß ich Ihnen sagen, daß ich mein Land liebe, wie Sie sicherlich das Ihre lieben. Niemals werden Sie mich in den Reihen der Kollaborateure finden; ich verachte sie, und denke mir, daß auch Sie sie nicht achten können!« Beide, er und Robert Esménard, waren wahrscheinlich darauf gefaßt, daß ich auf diese einleitenden Worte heftig reagieren würde. Doch als ich seelenruhig erwiderte: »Von denen wollen wir lieber nicht reden«, war Dorgelès sprachlos. Nun konnte ich ihm vorschlagen, doch zunächst eine mögliche Wiederauflage seines 1937 erschienenen *Es lebe die Freiheit* ins Auge zu fassen, in dem er die unmittelbare Vorkriegszeit geschildert hatte. Mir kam der Gedanke, das Werk aufzuteilen und erst einmal die Erlaubnis und die Papierzuteilung für die das sowjetische Rußland behandelnden Kapitel zu geben. Doch das lehnte er ab; er wollte diese Seiten nicht herauslösen aus seinem Gesamturteil über die europäischen Diktaturen, was allerdings jegliche Publikation unmöglich machte. Dann kamen wir auf *Die hölzernen Kreuze* zu sprechen, die ich seit langem, in deutscher und französischer Fassung, kannte. Mit Ausnahme weniger Details, wie zum Beispiel die unaufhörliche Wiederholung des Wortes *boche,* diese verächtliche Bezeichnung für den Deutschen, war meines Erachtens an diesem Buch nichts auszusetzen, weswegen ich mich auch bereiterklärte, mein Placet zu erteilen.

Doch Dorgelès rang um jedes Wort und wies jede Änderung weit von sich. Ich versprach ihm dennoch, alles zu versuchen, um die Druckgenehmigung zu erlangen. Doch – leider! – wurde daraus nichts, und so konnte das Buch erst nach der Befreiung wieder erscheinen.

Gallimard gegenüber hatte ich mich in noch stärkerem Maße engagiert, was Saint-Exupérys *Flug nach Arras* anbetraf. Ich hatte das Manuskript gelesen, und meiner Meinung nach war nichts daran auszusetzen. Ich hatte das Papier zugeteilt, und das Buch wurde gedruckt. Doch da gingen bei meinen Vorgesetzten Schultz und Major Schmidtke – vermutlich von französischer Seite – Denunziationen ein; zum Beispiel: »Seien Sie vorsichtig, dieser Autor ist Philosemit, Kommunist oder jedenfalls antideutsch eingestellt!« Das Buch wurde verboten, und der ganze Bestand mußte konfisziert werden. Ich wurde vorgeladen und erhielt eine Verwarnung; da ich wußte, daß jede Rechtfertigung sinnlos war, schwieg ich. Die Strafe fiel auch einigermaßen milde aus, da ich nur zu ein paar Tagen Zimmerarrest verurteilt wurde und meine Sekretärinnen und Mitarbeiter mir Wein und Kuchen brachten . . .

Ich hatte vielfältige Kontakte mit dem Haus Gallimard, da ich im Laufe der Zeit die ganze Familie kennengelernt hatte: Raymond, Claude und Michel, aber vor allem Jeanne und Gaston, den Chef, den Patriarchen. Ihn sah ich häufig, entweder im Verlagshaus in der Rue Sébastien-Bottin, oder bei gemeinsamen Freunden. Dieser energische, intelligente Mann war für mich der Inbegriff eines Verlegers, und so empfand ich es immer als ein Erlebnis, mit ihm über seinen Beruf sprechen zu können. Während der Besatzungsjahre dürfte er ein recht heikles und gefährliches Spiel getrieben haben, denn unter den Autoren des Hauses befanden sich sowohl Kollaborateure, als auch Widerstandskämpfer, ja sogar Juden (die er natürlich nicht publizieren durfte, mit denen er aber dennoch persönlichen Kontakt wahrte). Sogar einer der Direktoren seines

Hauses, Charles-Henry Hirsch, war Jude; dessen Frau – wie wir aus einem Brief Paulhans schon ersahen – war eine Zeitlang eingesperrt worden. Gaston Gallimard war in erster Linie um das Überleben seines Verlagshauses besorgt; um dieses Ziel zu erreichen, erklärte er sich auch mit der Wiederaufnahme der NRF durch Drieu sowie der Publikation zahlreicher Werke aus der Feder von Kollaborateuren einverstanden. Seit dem Tage, wo ich die Versiegelung des Hauses Gallimard aufhob, bis zum Schluß, habe ich alles mir mögliche getan, um diesen Verlag mit einer Art Schutzwall zu umgeben. Darüber habe ich sehr oft mit Paulhan, aber auch mit Drieu, gesprochen. Zugegebenermaßen erleichterten die Stellungnahmen und der Einfluß Drieus auf die deutschen Dienststellen dieses Vorhaben nicht unwesentlich.

Natürlich blieb die NRF daraufhin nach der Befreiung noch ein paar Jahre lang verboten. Das Verlagshaus und Gaston Gallimard selbst genossen aber den Schutz ihrer mächtigen Freunde in der literarischen Welt und fanden auch Anerkennung für ihr außerordentlich würdiges, sogar mutiges, mit viel Fingerspitzengefühl nüanciertes Auftreten gegenüber den Besatzungsbehörden.

Doch der von mir am meisten geachtete Verlagsleiter war Georges Poupet aus dem Hause Plon. Er war eng befreundet mit Ernst Jünger, dessen *Gärten und Straßen* betiteltes Tagebuch aus den Jahren 1939–1940 in französischer Sprache bei Plon herausgekommen war. Poupet und Jünger trafen sich häufig, und mehrmals kamen wir auch alle drei zusammen. Poupet war zugleich ein Schöngeist und ein Arbeitstier, er fühlte sich in allen europäischen Literaturen zu Haus. Leider war er häufig krank, da er an einer niemals völlig ausgeheilten Tuberkulose litt. Doch auch dieses Leiden nahm er tapfer hin. Fragte man ihn, wie es ihm gehe, so beliebte er zu antworten: »Ach, wissen Sie, ich habe halt eine schwache eiserne Gesundheit.«

Auch was im Untergrund veröffentlicht wurde, blieb mir nicht unbekannt: Zeitschriften wie *Les Lettres françaises* oder Bücher aus den *Editions de Minuit* wurden mir entweder von französischen Freunden zugespielt oder kamen direkt in unsere Dienststelle. Epting und das Deutsche Institut machten mir meine Aufgabe allerdings nicht leicht. Sie wußten vieles, erachteten es jedoch nicht für opportun, es mir mitzuteilen, weil sie mir mißtrauten. Ich ahnte natürlich, daß auch Paulhan bei diesen Publikationen aus dem Untergrund seine Finger im Spiel hatte, denn bereits im Februar 1941 hatte Jacques Debû-Bridel ihn mit Pierre de Lescure wegen der *Editions de Minuit* in Kontakt gebracht. Nach dem Verschwinden von Jacques Decour, der im Februar 1942 verhaftet und im Mai erschossen wurde, vermittelte Jean Paulhan dann seinerseits über Edith Thomas den Kontakt zwischenClaude Morgan, der bei den *Lettres françaises* Decours Nachfolge antreten sollte, und den ersten Mitgliedern des *Comité National des Ecrivains:* Debû-Bridel, Blanzat, Vildrac, Pater Maydieu, Guéhenno und Mauriac.

Edith Thomas erklärte Debû-Bridel: »Bei der Propaganda-Staffel gab es einen deutschen Antinazi, Studienkollegen von Abetz und Freund von Paulhan, der uns aus der Ferne beschützte: er hat viele Denunziationen in den Papierkorb geworfen.«

Obwohl diese Erklärung einige Ungenauigkeiten enthält (ich war kein Studienfreund von Abetz, sondern kam nur aus der gleichen Jugendbewegung wie er), habe ich mich tatsächlich bemüht, diese Männer und diese Gruppen zu schützen, ohne recht zu wissen, was sie darstellten und was sie taten – und auch ohne es wissen zu wollen. Nachdem ich erfahren hatte – ohne jetzt noch sagen zu können von wem –, daß *Les Lettres françaises* und einige Titel der *Editions de Minuit* in einem kleinen Haus am Boulevard de l'Hôpital gedruckt würden, bin ich einmal hingegangen, um mir die Örtlichkeiten anzusehen und notfalls einschreiten zu können, falls diesen Leuten Gefahr drohen sollte. Ich sah durch ein Kellerfenster und entdeckte im schwach erleuchteten Gewölbe zwei mit Feuereifer arbeitende Setzer, während Radiomusik den Lärm der Maschine übertönte. Vermutlich war einer von ihnen Oudeville, der unter anderem *Das Schweigen des Meeres* von Vercors gedruckt hatte.

Wenn ich mich recht erinnere, gingen mir eine Zeitlang *Les Lettres françaises* sogar per Post zu; vermutlich hatte mich Paulhan abonniert. Eines Tages, als ich mehrere Exemplare in meiner Aktentasche bei mir trug und, in Begleitung eines Freundes, in Zivil die Métro verließ, geriet ich in eine französische Polizeikontrolle. Ein Brigadier öffnete meine Aktentasche, durchwühlte sie, sah mich durchdringend an, machte sie hastig wieder zu, nahm mich beiseite und raunte mir ins Ohr: »Hau ab, Freundchen, aber schnell!« Das ließen wir uns nicht zweimal sagen.

1942 wurde ich beauftragt, mir die Bouquinisten genauer anzusehen. Denunziationen waren eingegangen: angeblich verkauften sie nach wie vor verbotene Bücher, woraufhin ein Durchsuchungsbefehl ergangen war. Durch einen zuverlässigen Freund ließ ich einem von ihnen eine Warnung zugehen: »Vorsicht mit den üblen Büchern, eine Razzia steht vor der Tür.« Ich war sicher, daß durch Flüsterpropaganda alle gewarnt werden würden. Und als diejenigen, die die Kontrolle durchzuführen hatten, mich aufforderten, sie zu begleiten, sagte ich zu ihnen: »Einverstanden, aber wenn Ihr nichts findet, zahlt Ihr mir ein Mittagessen mit Austern und *Blanc de Blanc* bei *La Périgourdine* an der Place Saint-Michel.« Sie fanden nichts, und so kam ich zu einem feinen Mittagessen.

Vier große Persönlichkeiten: Anouilh, Giono, Giraudoux, Mauriac

Anfang 1944 hatte ich Jean Anouilhs *Antigone* im *Théâtre de l'Atelier* gesehen. Damals fiel in den Theatern häufig der Strom aus, und Fenster oder Dach mußten geöffnet werden, um das Tageslicht hereinzulassen, während man abends auch im Scheinwerferlicht von Fahrrädern spielte. Dazu mußte in den Kulissen jemand eifrig in die Pedale treten ...

Die Antigone hatte ich als Symbolfigur des ewigen Widerstands der Menschheit gegen die Unterdrückung durch ungerechte Gesetze empfunden, und daher wünschte ich mir sehnlichst, den Autor kennenzulernen. Diese Begegnung wurde mir durch Roland Laudenbach vermittelt, einen jungen Schriftsteller der Gruppe um André Fraigneau und Jacques Laurent, dem ich mich nach dem Krieg, als er den Verlag *La Table Ronde* gegründet hatte, noch enger anschloß. Anouilh traf ich zu einem Mittagessen unter vier Augen in einem Restaurant an der Esplanade des Invalides. Wir sprachen über seine Stücke, über den *Reisender ohne Gepäck,* den ich 1938 gelesen und vor allem über *Antigone,* die ich soeben gesehen hatte. Er gab zu, daß dieses Stück den Deutschen tendenziös erscheinen könnte. Die kleine Antigone, die stolz und einsam der Macht die Stirn bietet, erinnerte unweigerlich an die Widerstandskämpfer jener Zeit, und dieser kühne Entwurf wurde durch die Interpretation auch noch unterstrichen, indem die Soldaten darstellenden Schauspieler in schwarzen Trenchcoats und Stiefeln auftraten und somit Inspektoren der französischen Polizei oder der Gestapo ähnelten.

Jean Giono war selten in Paris zu sehen, er lebte fast ständig in seinem Heimatort Manosque. 1942 hatte ich ihn auf einem Empfang beim Verleger Grasset kennengelernt und ihn dann zufällig in Aix-les-Bains wiedergetroffen, wo ich meine medizinisch recht vage als Rheumatismus bezeichnete Krankheit auszukurieren hoffte. Giono wohnte den Dreharbeiten zur Verfilmung eines seiner Romane bei. Von *Hügel* (1928) bis *Gehorsamsverweigerung* (1937) hatte ich fast alle seine Bücher gelesen, und daher war ich glücklich gewesen, seinen Namen neben dem von Jouhandeau in der ersten Nummer der von Drieu geleiteten NRF zu entdecken. In den Jahren 1941, 42 und 43 hatte er noch weitere Texte über die Provence und über Marseille beigesteuert. Ich liebte diese Beschreibungen des Hochlandes, wo die Schafe Jahr für Jahr zwischen Sisteron und dem Mont Ventoux hin- und herwandern, geleitet von ihren Hirten, jenen von irgend- und nirgendwo herstammenden, geradezu kosmischen Gestalten. Aber auch über Melville sprachen wir damals, Giono und ich, den wir beide gleichermaßen bewunderten und dem er 1941 einen Essay gewidmet hatte. Homer, die Bibel und Melville waren damals seine großen Vorbilder.

Am 6. März 1944 erhielt ich einen Brief von Giono, in dem er mich bat, zugunsten zweier Männer aus seiner Heimat zu intervenieren. Es handelte sich um Pierre Martel und dessen Sohn Louis, die in einem Bergdorf eine Mechanikerwerkstatt betrieben. Widerstandskämpfer, die sich in einen einsam gelegenen Hof geflüchtet hatten, beschlagnahmten immer mal wieder etwas im Dorf, und so wurden auch die Martels von Zeit zu Zeit gezwungen, ihr Auto auszuleihen oder einige dieser Männer mal hier-, mal dorthin zu chauffieren. Daraufhin wurden sie denunziert wegen aktiver Widerstandstätigkeit, verhaftet, ins *Baumettes*-Gefängnis von Marseille und schließlich nach Compiègne verbracht.

Giono bürgte für die Unschuld seiner Landsleute: sie seien ehrlich, praktizierende Katholiken, ohne Partisanenambitionen und keiner Organisation zugehörig. In einem späteren Brief erzählte mir Giono, wie er selbst 1939 zwei jungen Deutschen, die bei einer Wanderung durch die Provence von den Ereignissen überrascht worden waren, Obdach und Stärkung geboten hatte. Giono hatte sie besagtem Martel anvertraut, der sie per Motorrad dann dreihundert Kilometer weit in Richtung der deutschen Grenze befördert, und damit sie auch keinen Verdacht erregten, ihnen sogar französisches Geld zugesteckt hatte.

Durch diese Schilderung wollte Giono deutlich machen, daß sowohl die Martels, wie auch er, niemals Haß auf die Deutschen gehegt hätten, sondern ganz im Gegenteil stets bereit gewesen waren, alles zu tun, damit es zu einer Verständigung zwischen den beiden Nationen käme. Er fügte noch hinzu, daß er nach wie vor auf solch einen glücklichen Ausgang hoffe, daß aber Deutschland sich auch einmal großzügig zeigen müsse.

> »Sie können sich gar nicht vorstellen, wie leicht es – vornehmlich jetzt – wäre, eine sehr große Anzahl Herzen zu gewinnen und die von demagogischen Parolen irregeleitete landläufige Denkweise regelrecht umzukrempeln! Eine gerechte Einschätzung der Dinge würde genügen, eine – wenn Sie wollen – genau bemessene Großzügigkeit, die jedem Einzelfall aber auch wirklich gerecht werden müßte. Sehr schnell würde den Deutschen dann der Ruf zuteil, zu jenen zu gehören, die die Schuldigen zwar strafen, die Unschuldigen aber auch mit sicherem Blick herauszufinden wissen. Mir ist bekannt, daß man es ringsum, anstatt Ihnen zu helfen, nur darauf anlegt, Sie zu täuschen. Aus diesem Grunde bin ich überzeugt, Ihnen einen Freundschaftsdienst zu erweisen, wenn ich Ihnen diesen konkreten Fall zur Kenntnis bringe. Ver-

stehen Sie, lieber Heller, man muß sich beruhigt fühlen dürfen, wenn man deutsche Uniformen sieht, um mit Madame Martel zu sprechen. Dann hätten Sie den größten Krieg der Geschichte gewonnen, aber nicht vorher!«

Diese Zeilen Gionos lassen deutlich erkennen, welchen Illusionen er sich noch 1944 hingab: er hielt noch während des Krieges eine echte Verständigung zwischen Deutschen und Franzosen für möglich. Sein humanitärer Pazifismus, der ihn schon 1939, weil er dem Mobilmachungsaufruf nicht gefolgt war, ins Gefängnis gebracht hatte, blieb das Trugbild auch seiner weiteren Jahre. Da er sich nach eigenen Worten nur um den »Ruhm, lebendig zu sein« sorgte, verschloß er die Augen vor den unerträglichen Lebensbedingungen, die der deutsche Sieg seinem Volke aufzwang, und er wollte von der Naziideologie und den in ihrem Namen begangenen Verbrechen gar nichts hören. Und da er – wie er selbst sagte – ein Feind jeglicher Politik war, ging er sogar soweit, die schlimmste zu erdulden, ja sogar zu stützen, was ihm 1945 einen zweiten Gefängnisaufenthalt einbrachte.

Im Anschluß an diese Briefe trat Madame Martel die Reise von der Provence nach Paris an; sie kam in mein Büro, um mir über ihren Mann und ihren Sohn zu erzählen. Der Kummer dieser Gattin und Mutter berührte mich tief. Sie hatte mir ein Fläschchen Lavendelöl mitgebracht, und noch lange nach 1944 begleitete mich der Duft der Provence durch die Katastrophen, die Bombennächte und die Wirren des Kriegsendes.

Seinem zweiten Ersuchen zugunsten der Martels hatte Giono eine ganz persönliche Bitte beigefügt. Er arbeitete zu jener Zeit an einem großen lyrischen Werk, das den provisorischen Titel trug: *Bruchstücke eines Paradieses,* in dem er alle Reichtümer, alle Lebenskraft, die die Natur dem Menschen zur Verfügung stellt und die dieser nicht zu nutzen weiß, erfassen wollte. Um diese Art Katalog zu erstellen, mußte er die Handlung immer wieder an andere Orte, rund um den Globus, verlegen; daher spielte ein Teil des Romans auch auf einem Segelboot. Um den Südatlantik bei Feuerland zu beschreiben, benötigte er die diesen Landstrich behandelnden *Seefahrtsinstruktionen*, die aber von den deutschen Behörden konfisziert worden waren und nur nach Vorlage einer Sondergenehmigung ausgeliehen werden durften. Diese hoffte Giono durch meine Intervention zu bekommen. Abschließend lud er mich noch zu sich nach Manosque ein, wo ich so lange wie ich wollte bleiben könnte. Leider überstürzten sich die Ereignisse des Jahres 1944, so daß ich weder wirkungsvoll für seine Schützlinge eintreten, noch seine liebenswürdige Einladung annehmen konnte.

Jean Giraudoux hatte ich 1941 mit Brasillach im Parc Montsouris getroffen; wir aßen im *Chalet du Parc* gemeinsam zu Mittag. Ich war damals recht erstaunt zu hören, er betrachte eine Annäherung an Deutschland als wünschenswert, während er sich über Großbritannien und die USA sehr kritisch äußern müsse. Sein Sohn Jean-Pierre war damals in London bei General de Gaulle, und vielleicht hatte Giraudoux eine Zeitlang geglaubt, sie könnten sich die Aufgaben teilen, indem der eine sich für »Radio London« und der andere sich für die Mikrophone Vichys stark mache. Tatsächlich verlor Giraudoux recht schnell das Vertrauen in die guten Absichten Marschall Pétains; wie ich später erfuhr, hatte er früh schon Informationen über die Geheimaktivitäten französischer Intellektueller nach London geliefert.

Davon hatte ich damals natürlich keine Ahnung, doch als ich ihm 1942 im *Hôtel du Beaujolais* im Gebäudekomplex des Palais Royal einen Besuch abstattete, spürte ich, daß er eine tiefgreifende Entwicklung durchgemacht hatte. Ich war sehr bewegt, ihn gerade hier zu besuchen, einen Katzensprung nur entfernt von den Wohnungen Cocteaus und Jean Marais', die der von Colette benachbart waren. Im gleichen Hotel hatte ich anläßlich der Pariser Weltausstellung im Jahre 1937 ein Zimmer bewohnt – es war dasselbe, das jetzt Giraudoux bezogen hatte. Ich erzählte ihm, wie ich, als er noch Informationsminister war, in Berlin seine Radioansprachen abgehört und übersetzt und wie ich seine ausführlichen Reflexionen über den Krieg verfolgt hatte, die sich durch sein ganzes Werk zogen: angefangen mit *Lektüre für einen Schatten* (1917) über *Hochgelobte Clio* (1920), wo er in seiner exakten, aber im Ton gedämpften Art den langen Leidensweg der Soldaten schildert, bis hin zu *Der Trojanische Krieg findet nicht statt* von 1935, wo er alle Kräfte anprangert, die sich zusammenschließen, um den Tod junger Männer herbeizuführen. Besonders berührt hatte mich *Siegfried et le Limousin* von 1922, dem er 1928 den Stoff für sein erstes Theaterstück entnahm, das dann den Titel *Siegfried* trug und noch besser war als der Roman. Giraudoux, der ein hervorragender Germanist war, stellte seine profunde Kenntnis der deutschen Nation in den Dienst des Friedens, indem er aufzeigte, in welchem Maße germanische und französische Tugenden einander ergänzen.

Kurz darauf traf ich Giraudoux nochmals, als er mich zum Mittagessen in ein kleines Restaurant bei der Börse einlud. Dort sprachen wir über ebendiese deutsch-französischen Beziehungen und die Unmöglichkeit einer echten Begegnung beider Kulturen, solange der Krieg andauerte. Um ungestört zu sein, hatten wir eine späte Stunde gewählt: zwei Uhr nachmittags, und so hatte die Inhaberin des Restaurants die Tür verriegeln können. Wir waren derart in unser Gespräch vertieft, daß wir so lange sitzen blieben, bis die Tische für das Abendessen gedeckt wurden. Und während all dieser langen Stunden hatte der Hund

Puck, den Giraudoux heiß liebte und der bei all unseren Treffen dabei war, zu Füßen seines Herrn geschlafen.

1943 wurde ich von René Delange, dem Herausgeber der Wochenschrift *Comœdia,* zu einem Abendessen in die Rue de Lille gebeten; Giraudoux war auch da, umringt von einer Gruppe junger Mädchen, die aus seinen Romanen oder Theaterstücken entstiegen schienen: Isabelle, Juliette, Ondine . . . ein Reigen weiblicher Gestalten, eine wie die andere aufrecht und rein, anspruchsvoll und beharrlich auf ihrer Wegsuche nach dem verlorenen Paradies. An einem der »Donnerstage« bei Florence sahen wir uns nochmals wieder. Ich glaube, es war das letzte Mal vor seinem Tod, der uns alle im Januar 1944 wie ein Blitzschlag traf. Ich nahm an der Messe in Saint-Pierre du Gros Caillou teil, in Begleitung von Marcel Jouhandeau, der mich auf den tränenüberströmten Cocteau in der Menge der Freunde aufmerksam machte. Später erfuhr ich, daß er von Giraudoux' Frau Suzanne gerufen worden war, um ein Porträt Jeans auf dem Totenbett zu zeichnen. Uneingeschränkt bejahte ich, was Cocteau damals schrieb: »Was wir mit dir verlieren, ist unersetzbar; die Waffen des Geistes sind die einzigen, die uns verbleiben; Frankreich brauchte dich.« Auch auf Puck kam er zu sprechen, den ich immer in der Nähe seines Herrn gesehen hatte: »Ich zeichne, ich spreche, ich versuche dich zu hören. Wollte ich erfahren, wo du bist, müßte ich vielleicht nur deinen Hund an die Leine nehmen und ihm folgen; dann würde ich dich, wo auch immer, ausfindig machen.«

Auf ganz ungewöhnliche Weise habe ich diesen Hund zwei Jahre später wieder getroffen. Es war 1946 in Baden-Baden vor dem Hotel »Badischer Hof«, wo mir eine Dame mit einem großen Pudel begegnete und ich instinktiv murmelte: »Das ist doch Puck!« Der Hund – und auch die Dame – drehten sich um: »Sie kennen diesen Hund, Monsieur?« – »Entschuldigen Sie, Madame, ich habe einmal einen Hund wie diesen gekannt, es war Giraudoux' Hund.« – »Es ist ja auch Puck«, entgegnete sie, und dann erzählte sie mir, daß sie und ihr Mann aus Cusset stammten, wo Giraudoux für gewöhnlich wohnte, und den Hund nach dem Tode seines Herrn übernommen hatten.

Paulhan hatte mir verraten, daß Giraudoux ihm eines Tages über mich gesagt hatte: »Haben Sie denn nicht begriffen, daß er ein Köder ist?« Außer ihm haben vielleicht auch andere geglaubt, es müsse eine machiavellinische List sein, einen Mann wie mich, der den Franzosen so zugetan war, auf einen solchen Posten zu berufen, um auch jene zu ködern, die durch autoritärere und rauhere Methoden abgestoßen worden wären.

Ich weiß nicht, ob Giraudoux bis zum Schluß an dieser Meinung festgehalten hat; doch mir, wie vielen anderen, ist er ständig präsent, lebendig geblieben, weit über seinen Tod hinaus.

Ich entsinne mich noch, wie ich nach seinem Tod mit meinem Freund Ernst Wilhelm Eschmann eine Aufführung von *Sodom und Gomorrha* sah. Gérard Philipe spielte darin einen Engel. Seine prophetische Ansprache an den Gärtner hatte mich frappiert: »Plötzlich, in wenig Stunden, greift die Krankheit die gesündesten, die ausgezeichnet glücklichen Gebilde an. Es ist dann die Krankheit der Staaten und Reiche. Sie ist tödlich.« Als wir das Theater verließen, ergriff Eschmann meinen Arm und sagte: »Gerhard, jetzt weiß ich, warum Jean Giraudoux sterben mußte: Er hat dem lieben Gott zu tief in die Karten geschaut.«

1941 wurde mit meiner Genehmigung François Mauriacs Roman *Die Pharisäerin* gedruckt. Neugierig hatte ich dieses Buch gelesen, da ich wissen wollte, ob Mauriac sich Sartres scharfe Kritik in der NRF vom Februar 1939 (»François Mauriac und die Freiheit«) zu Herzen genommen hatte. Tatsächlich hatte Mauriac versucht, sich nicht mehr auf den Standpunkt eines allwissenden Gottes zu stellen, dem keine Handlungen und keine Gedanken seiner Romanhelden verborgen bleiben. Er will uns vielmehr glauben machen, Louis' Bericht sei nur das Ergebnis aller aus Zeitungen, Briefen, vertraulichen Mitteilungen verschiedener Personen an ihn herangetragenen Informationen. Wichtig an dem Buch ist hingegen nicht dieses Bemühen um einen methodischen Neuansatz, sondern wie die psychologische Analyse durchgehalten wird, was im Vergleich zu den früheren Romanen den größten Unterschied, ja vielleicht sogar einen Fortschritt ausmacht. Ich verstand natürlich, daß Epting an dieser ungewöhnlichen Auffächerung des erschreckenden Charakters der Pharisäerin, der hochmütigen Brigitte Pion, keinen Gefallen hatte finden können. Als Mauriac ihn in Begleitung von Henry Muller, dem Mitarbeiter seines Verlegers Grasset, aufgesucht hatte, sprach der Leiter des Deutschen Instituts das vernichtende Urteil: »Das ist entartete Kunst! Es ist uns unbegreiflich, was die Franzosen daran finden.«

Ich fand durchaus Geschmack daran. Ich sah sie vor mir, die Pharisäerin, die ihre gesamte Umwelt massakriert und kurz vor dem eigenen Tod zu der Erkenntnis gelangt: »Nicht Verdienste erwerben ist wichtig, sondern lieben.« Ich mußte unweigerlich an jene hochmütige Gräfin in Bernanos' *Tagebuch eines Landpfarrers* denken, die der kleine Landpfarrer zum Frieden hinführt: »Ich bin nicht resigniert«, schrieb sie ihm, »ich bin glücklich, ich begehre nichts.« War es bewußte oder unbewußte Beeinflussung: auch die Priester in beiden Romanen ähnelten einander sehr stark. Mauriacs Abbé Calon hätte in der Geschichte vom scheinbar überall triumphierenden Bösen ebensogut wie der Landpfarrer von Bernanos das Schlußwort sprechen können: »Alles ist Gnade.«

Im Juni begab ich mich ins Verlagshaus Grasset, wo Mauriac seine Bücher signieren sollte. Ich bat Henry Muller und André Fraigneau, mich dem Autor vorzustellen, dem ich meine Hochachtung bekunden wollte. Er überreichte mir ein Exemplar mit folgender Widmung: »Für Leutnant Heller, der sich sehr für das Schicksal der *Pharisäerin* interessiert hat. Mit meinem Dank, François Mauriac.« Diese Worte brachten jedem von uns ein paar Mißhelligkeiten ein. Mich rügten meine Vorgesetzten, einem solchen Buch überhaupt die Druckerlaubnis erteilt zu haben: »Wie konnten Sie so etwas durchgehen lassen? Ein Mann wie Mauriac dürfte gar kein Publikationsrecht haben. Er ist antideutsch eingestellt.« Ich verteidigte mich wie üblich, indem ich meinen Vorgesetzten und den Leuten vom SD klarzumachen suchte: »Verstehen Sie denn nicht, daß Sie mit all diesem Einsperren, Ausrotten, Verbieten, in Wirklichkeit nur Märtyrer schaffen? Das schadet Ihrer Sache viel mehr als die Aktivitäten von Menschen, die Sie damit treffen. Mit diesen Methoden werden Sie niemals Ihr Neues Europa schaffen!« Ich hatte sogar »*Ihr* Neues Europa« zu sagen gewagt, als ob ich es ablehnte, es auch als das meine anzusehen. Während der vier Besatzungsjahre konnte ich mich mit dieser Haltung zwar behaupten, doch wie wir noch sehen werden, wurde meine Akte später in Berlin sehr schlecht beurteilt, und nur mit knapper Not entkam ich der Verhaftung, vielleicht sogar dem Tod.

Auch Mauriac erwuchsen Schwierigkeiten, als diese Widmung von Leuten entdeckt wurde, die ihm nicht wohlgesonnen waren: Am 14. August 1944, ehe ich Paris verlassen mußte, hatte ich überstürzt all meine Bücher bei Freunden untergebracht. Diese dürften sie später wohl verloren oder verkauft haben, jedenfalls gelangte mein Exemplar der *Pharisäerin* in die Hände von Gegnern Mauriacs, die sich ein Vergnügen daraus machten, diese Widmung gegen ihn auszuschlachten: »Wußten Sie schon«, posaunten sie in Paris herum, »daß dieser angeblich so große Widerstandskämpfer mit Offizieren der Wehrmacht befreundet war?

Mit den Zensoren scheint er sich ausgezeichnet verstanden zu haben!« Ich erfuhr davon erst 1948 und ließ ihm durch einen Freund in Paris eine mündliche Botschaft in Form einer lateinischen Sentenz zugehen: *Habent sua fata libelli . . .* (Auch Bücher haben ihr Schicksal).

Während der Besatzungszeit sah ich François Mauriac nur noch zweimal, ohne ihn jedoch sprechen zu können: in einem winzigen Restaurant an der Rue de Grenelle, wo er ein paar Tische von mir entfernt zu Mittag aß, und bei der Beisetzungsfeier für Ramon Fernandez in Saint-Germain-des Prés. Erst später erfuhr ich, daß er auch der Autor des Buches *Schwarzes Notizheft* von Forez (sein Pseudonym) war, welches ich, ebenso wie *Das Schweigen des Meeres* von Vercors, gelesen hatte. Ich hatte diese herrliche französische Prosa bewundert und den darin kaschierten geistigen Widerstand auch voll und ganz herausgespürt. »Wir gehören zu jenen, die glauben, der Mensch entkomme dem Gesetz des Einander-Zerfleischens, ja wir glauben nicht nur, er entkomme ihm, sondern sehen seine ganze Würde in dem Widerstand, den er aus ganzem Herzen und mit der ganzen Kraft seines Geistes ihm entgegensetzt.« Man hatte Mauriac ersucht, seinen Text nochmals zu überarbeiten, bevor er in den *Editions de Minuit* erscheinen sollte, damit er an gewissen stilistischen Wendungen von Kennern seines Werkes nicht sofort als Autor identifiziert werde.

Mauriac hat aktiv an der Résistance teilgenommen; bereits Anfang 1942 war er an der Seite Jean Paulhans und Jean Blanzats im *Comité National des Ecrivains* zu finden. Aber auch ihm blieb der Haß der Kollaborateure nicht erspart: Drieu La Rochelle geißelte ihn in seinem der *Pharisäerin* vorbehaltenen NRF-Artikel vom September 1941 als den »Verfechter eines roten Spanien«, und Rebatet schrieb im Frühjahr 1942 in *Schutt und Asche:* »Es ist wirklich erstaunlich, daß man ihn noch nicht zum Schweigen gebracht hat. Das wäre doch die geringste Strafe gewesen für einen solchen Schurken.«

Doch Mauriac plädierte – wie auch Paulhan – 1945 auf Nachsicht für jene, die nicht seinen Scharfblick oder seinen Mut besessen hatten. Gesehen habe ich ihn nicht mehr, doch 1961 erhielt ich jenen Brief, der an die Vergangenheit erinnert, wo ich mit meinen spärlichen Mitteln mich bemühte, der Maxime zur Anwendung zu verhelfen, die ich bei meinem Freund Ernst Jünger gefunden hatte: »Die wahre Stärke ist die, welche schützt.«

Paris, 15. März 1961

Lieber Gérard Heller,

ich war sehr glücklich, von Ihnen zu hören. Ich vergesse nicht und habe auch immer gewußt, vor allem seit der Besatzungszeit, was Sie für uns waren.

Ich habe es niemals bedauert, Ihnen dieses Exemplar gewidmet zu haben: Sie wissen, was meine Feinde alles daraus abgeleitet haben. Ich habe mich wohlweislich gehütet, zu protestieren oder zu erklären, was Sie für uns bedeuteten, da ich ja fürchten mußte, Ihnen bei Ihren Landsleuten dadurch zu schaden.

Heute können Deutsche, die wie Sie Frankreich geistig so eng verbunden sind, das von ihnen gesuchte Klima wiederfinden.

Sollten Sie je nach Paris kommen, wollen wir uns sehen – aber diesmal nicht heimlich!

Seien Sie, lieber Gérard Heller, all meiner Sympathie versichert.

François Mauriac.

Dieser Freundschaftsbeweis nach zwanzig Jahren berührt mich zutiefst; darin finde ich die Sensibilität, den Mut und die Treue gegenüber Freunden wieder, die – mehr noch als der literarische Ruhm – Mauriac zur Ehre gereichen.

Zwischen Kollaborateuren und Widerstandskämpfern

Unter den Männern, die aus ihrer Kollaboration mit den Deutschen kein Hehl machten, war einer, den ich unbedingt kennenlernen wollte: Paul Morand. Für mich repräsentierte er den kosmopolitischen Franzosen *par excellence.* Er war im vollsten Sinne des Wortes ein »Mann von Welt«: elegant, nach englischem Stil sehr geschmackvoll gekleidet, Stammgast auf allen Ozeandampfern, Liebhaber schneller Autos, ein Kenner Großbritanniens wie auch östlicher Länder. Doch seine Vorliebe galt Italien, und Venedig hat er in mehreren seiner Bücher besungen.

Obwohl er in dem Ruf stand, nie greifbar, immer in Eile oder gerade »auf dem Sprung« zu sein, gelang es mir doch eines Tages, ihn telefonisch zu erreichen. Ich lud ihn zum Mittagessen ein, und wir verabredeten uns vor seinem Haus in der Avenue Charles-Floquet, wo ich ihn mit einem Wehrmachtswagen abholte. Ich war in Zivil, nannte an der Tür meinen Namen und wurde in einen Vorraum eingelassen, wo ich ein paar Minuten wartete. Dann erschien Paul Morand, ging auf mich zu und blieb fünf Meter vor mir stehen: »Aber Sie sind ja ganz jung! . . .« Vermutlich war er auf den in allen Karikaturen dargestellten typischen Wehrmachtsoffizier in strammer Haltung, mit kurzgeschorenem Haar und strenger Miene gefaßt gewesen.

Wir sprachen über seine Bücher, seine Reisen und vor allem über Italien, das wir beide leidenschaftlich liebten: seine Paläste, seine Brunnen, seine Parks, seine großen Kirchen, aber auch seine kleinen Dörfer oder die Kanäle Venedigs. Durch Jünger, den er schätzte und häufig bei sich zu Gast hatte, traf ich noch mehrmals mit Morand zusammen, bevor er als Botschafter nach Bukarest und von dort aus nach Bern ging.

Über einen deutschen Verleger lernte ich Jacques Benoist-Méchin kennen, der, da er ein profunder Kenner deutscher Kultur war, im Juni 1941 von Admiral Darlan zum Staatssekretär für deutsch-französische Beziehungen ernannt worden war. Er nahm auch an den Verhandlungen zwischen Darlan und Abetz im Januar 1942 hinsichtlich einer Kriegserklärung an die Adresse der Angelsachsen teil. Zwischen Juli und September befaßte er sich mit der Rekrutierung französischer Arbeiter für Deutschland, und in den Regierungsplanungen Marcel Déats 1943 war er als Außenminister vorgesehen.

Ich traf Benoist-Méchin in der Botschaft und unternahm eines Sonntags einen Autoausflug mit ihm nach La Ferté-sous-Jouarre. Dabei sprachen wir auch über seine Bücher *Ernte Vierzig* und *Geschichte des deutschen Heeres,* die ich beide kannte.

Auch auf den Bildhauer Arno Breker kamen wir zu sprechen, dessen Ausstellung er im Mai 1942 mit Abel Bonnard eröffnet hatte. Benoist-Méchin sah in Brekers Statuen Symbolfiguren zur Verherrlichung der dem deutschen Volke eigenen Tugenden der Treue und Opferbereitschaft. Für ihn waren diese heroischen Gestalten der künstlerische Ausdruck von Hitlers Lebens- und Weltanschauung. Ich war der gleichen Ansicht, und daher konnte ich mich mit diesen kraftstrotzenden und bombastischen Figuren nicht anfreunden.

Benoist-Méchin repräsentierte für mich eine Sphäre der Macht, mit der ich weder Umgang pflegen konnte noch wollte.

Er wurde übrigens im September 1944 verhaftet, am 6. Juni 1947 zum Tode verurteilt, dann aber begnadigt und freigelassen, so daß er noch umfangreiche historische Werke schreiben konnte.

In einem ähnlichen Milieu lebte Alfred Fabre-Luce, dessen Artikel *Brief an einen Amerikaner* mir in der ersten Nummer der NRF aufgefallen war. Darin beschrieb er die Franzosen im besetzten Paris: »Vom Ozean abgeschnitten, blicken wir nach Europa, und erst jetzt, vor diesem neuen Horizont, verstehen wir, daß eine Hälfte der Welt uns gefehlt hat ... Eine neue Rasse beginnt sich herauszubilden ... Von nun an blicken wir in eine neue Richtung, wenn wir Größe vor Augen haben wollen.« Wie er »Europa«, »neue Rasse« und »Größe« aneinanderreihte, konnte es den Deutschen nur gefallen; mich schockierte es, und ich wunderte mich, wie Franzosen sich zu dieser Ideologie bekehren lassen konnten.

Ich las auch die aufeinanderfolgenden Bände seines *Frankreich-Tagebuchs;* für einen hatte ich sogar die Druckerlaubnis erteilt, nachdem ich die Streichung einiger strittiger Sätze erreicht hatte. Anschließend publizierte Fabre-Luce eine *Anthologie des Neuen Europa*, in der sich neben Texten von Maurras und Péguy auch welche von Hitler und Bergson befanden, obgleich letzterer, da er Jude war, für gewöhnlich nicht genannt werden durfte. Epting ließ mich wissen, daß ich diese Texte eigentlich nicht hätte durchgehen lassen dürfen, und ich empfahl daraufhin Fabre-Luce mehr Vorsicht, doch das war nicht seine Stärke. Nachdem der zweite Band seines *Frankreich-Tagebuchs* erschienen war und ihm etliche Schwierigkeiten mit der französischen Zensur eingebracht hatte, hielt Fabre-Luce es schlicht und einfach für unnötig, auch für den dritten Band, der 1943 erscheinen sollte, das Imprimatur einzuholen, da er es für die früheren Bände ohnehin erhalten hatte. In diesem Band nun sprach er unumwunden von der Landung der Alliierten in Nordafrika und verwies jegliche Politik der Kollaboration mit Deutschland auf die Zeit nach dem Kriege. Am 9. Juli wurde er verhaftet und im *Cherche-Midi*-Gefängnis interniert, von dort in eine berüchtigte Villa in Neuilly gebracht, wo »Sonderfälle« des SD behandelt wurden. Dort blieb er bis September; dann wurde er freigelassen aufgrund zahlreicher Interventionen von deutschen Freunden und Kollaborateuren, die alle darin wetteiferten, plausibel darzustellen, daß es sich hier doch wohl nur um ein groteskes Mißverständnis handeln könne, das auf die Nervosität gewisser Dienststellen in dieser Kriegsphase zurückzuführen sei.

In der Zwischenzeit hatten wir um ihn gebangt. Im August 1943 war ich zu einer Verhandlung über ihn geladen worden, bei der die maßgeblichen Männer der Propaganda-Staffel, der Botschaft, des Deutschen Instituts und des SD versammelt waren. Auf dem Wege dorthin hatte einer von ihnen zu mir gesagt: »Wir müssen unbedingt vermeiden, daß Fabre-Luce etwas geschieht.« Diesen Worten hatte ich überzeugt zugestimmt. Aber als der Chef des SD, Knochen, dann das Wort »Nacht und Nebel« fallenließ, was bedeutete, daß an eine Begnadigung nicht mehr zu denken war, schwieg jener, der kurz vorher noch so entschlossen zu mir gesprochen hatte. Und dabei hätte sein Wort großes Gewicht gehabt. Als ich ihm nach Beendigung der Sitzung sein Schweigen vorhielt, sagte er, er habe es nicht gewagt, Helmut Knochen die Stirn zu bieten. Zum Glück konnte die über Fabre-Luce verhängte Bedrohung abgewendet werden; er wurde nur schärfstens verwarnt und dann freigelassen.

Unter den regelmäßigen Besuchern des Deutschen Instituts gab es jemanden, dem man dort unweigerlich einmal begegnen mußte: Louis-Ferdinand Céline, der Arzt war und den Namen Dr. Destouches trug. Karl Epting schätzte ihn sehr, daher machte Céline ihm häufig Besuche. Ich hatte seine *Reise ans Ende der Nacht* und *Die Judenverschwörung von Frankreich* gelesen und sollte für *Wie man sich bettet* die Druckerlaubnis erteilen. Ich war entsetzt über dieser antisemitischen Raserei und den hysterischen Unflätigkeiten, von denen es in diesem Buch nur so wimmelte: »Jud ... Saujud ... semitische Scheiße ... stinkendes, Europa besudelndes Aas ... lächerliches Gesindel«, oder Sätze wie: »Den Essigschwamm her! Dreh ihm die Knochen um, dem Jud dort am Galgen! Es ist höchste Zeit!« Aber wie sollte man damals ein Buch verbieten wegen antisemitischer Äußerungen? Indes – wenn das Deutsche Institut auch voll hinter Céline stand, so gab es doch in den anderen Dienststellen Leute, die der Meinung waren, solch niederträchtige Schriften gehörten verboten. In diesem Zusammenhang möchte ich Bernhard Payr nennen, der eine Art »fliegender Inspektor« des Amtes Rosenberg war und der in seinem Buch *Phönix oder Asche* sowie in seinen Berichten an das Ministerium die skandalöse Ermunterung anprangerte, die Epting einem Autor zuteil werden ließ, der durch seinen Antimilitarismus, seine Obszönitäten und seine Pornographie alle positiven Werte der menschlichen Existenz in den Schmutz ziehe.

Trotz meines Widerwillens gegen Célines hemmungslosen Antisemitismus war ich mit Epting einer Meinung, daß Célines Sprachkraft und sein eigenwilliger Stil etwas bemerkenswert Neues waren. Wie ein Magnet fühlte ich mich von ihm angezogen. Ich wollte ihn daher einmal außerhalb der offiziellen Stätten treffen; nachdem ich ihn zu Hause, auf der Butte Montmartre, aufgesucht hatte, begaben wir uns, mit seinem ständigen Begleiter, dem Filmschauspieler Le Vigan, in ein kleines Bistro. Célines Gesicht war damals schon verwüstet, seine Augen zeigten den verschwommenen Blick jener, die Dinge sehen, die andere nicht wahrnehmen: die teuflische Fassade der Welt. Wir sprachen über Literatur, aber ich konnte ihn nicht davon abbringen, in seinem Judenwahn zu schwelgen: wir müßten sie ausrotten, einen nach dem anderen, Häuserblock um Häuserblock, ausmerzen in diesem von der internationalen Juderei überschwemmten und verpesteten Paris. Meine Mißbilligung dürfte er gespürt haben; er erfuhr auch von meiner tiefen Bindung zu Paulhan, woraufhin er eines schönen Tages im Juni 1943 mit Kreide die Buchstaben NRF an meine Bürotür schrieb. Als ich mich dagegen wehrte, entgegnete er: »Stell dich doch nicht so an, es weiß doch jeder, daß du ein Agent von Gallimard bist und der persönliche Sekretär von Paulhan!« Dann zog er zwei große Schutzbrillen, wie Motorradfahrer sie tragen, aus der Tasche, gab eine Marie-Luise, die andere mir und sagte: »Die werden euch gute Dienste leisten, wenn die deutschen Städte in Rauch und Flammen aufgehen.« Tatsächlich erlebte ich am 3. Februar 1945 in Berlin einen grauenvollen Luftangriff. Die ganze Stadt war voller Rauch und Staub. Da ich Célines Brille bei mir trug, setzte ich sie auf, und sie schützte mir die Augen.

Zum letztenmal begegnete ich Céline im Februar 1945 bei meinem Kurzaufenthalt in Sigmaringen. Er bewohnte mit seiner Frau Lili und dem Kater Bébert ein winziges Zimmer im Gasthof »Zum Löwen«. Er schimpfte auf die ganze Welt: Pétain, Laval, das ganze Vichy-Personal, die Pariser Kollaborateure, die in Sigmaringen weilten, die Engländer, die Juden, die Deutschen. Und mit allen rechnete er ab in dem Buch, das seinen Sigmaringer Aufenthalt beschreibt: *Von einem Schloß zum andern.*

Zur mir war er sehr nett, und als er die Lähmung bemerkte, die damals bei mir an Armen und Beinen einsetzte, sagte er: »Das wird dich das ganze Leben lang plagen. Leider kann ich dir kein entsprechendes Medikament geben, denn in meinem hiesigen Behandlungsraum steht nur Jodtinktur.« Über die Zukunft Deutschlands machte er sich keine Illusionen mehr; er hoffte nur noch, aus diesem Land herauszukommen und nach Dänemark zu gelangen. Er reiste dann auch dorthin, mit Bébert und Lili; nach Frankreich kehrte er erst 1951 zurück, nachdem 1950 seine Verurteilung auf Aberkennung der bürgerlichen Ehrenrechte aufgehoben worden war. Er hatte sein Genie in den Dienst rassistischer und totalitärer Ideen gestellt; und durch diese Pervertierung seiner schriftstellerischen Begabung ist er selbst dafür verantwortlich, wenn sein Name mit den schändlichsten Ungeheuerlichkeiten des zwanzigsten Jahrhunderts in Verbindung gebracht wird. Aber seine halluzinatorische Darstellung einer von den zerstörerischen Kräften Tod und Wahnsinn beherrschten Welt, sein revolutionärer Stil, der mit einer jahrhundertelang geschliffenen und polierten Sprache radikal bricht, seine schier unversiegbaren Wortschöpfungen, machen aus ihm einen Giganten der französischen Literatur, der einem Rabelais und Victor Hugo an die Seite zu stellen wäre.

Die Schriftsteller unter den Widerstandskämpfern habe ich seltener persönlich kennengelernt, aber ihr Verhalten und ihre Werke bewundere ich. Ich hatte Aragons *Die Glocken von Basel* und *Die Viertel der Reichen* bereits gelesen, als Jean Paulhan mich auf *Herzeleid* aufmerksam machte, das im April 1941 in der Sammlung *Metamorphose* herauskam. *Elsas Augen*, 1942 in *Les Cahiers du Rhône* erschienen, ging mir heimlich zu, und so kam auch ich in den Genuß jenes berühmten Gedichts *Schöner als Tränen*, das Aragons würdige und kraftvolle Entgegnung auf Drieus schandbare Denunziation darstellt. Den Dichter selbst habe ich jedoch niemals getroffen. Er lebte in Nizza, in Lyon, dann in einem Versteck in der Nähe von Dieulefit im Département Drôme und veröffentlichte in Frankreich meist unter Pseudonym. Er gehörte zu jenen Männern, denen ich mich nicht nähern konnte, ohne ihre oder meine Sicherheit zu gefährden.

Das gleiche galt jedoch nicht für Schriftsteller wie Brice Parain oder Bernard Groethuysen, deren Ideen oder Aktivitäten von den deutschen Behörden nicht überwacht wurden. Brice Parain war mit einer Russin, Natascha, verheiratet und kannte die Sowjetunion sehr gut, da er von Regierungsseite vor dem Kriege zu einem Studentenpraktikum dorthin geschickt worden war. Als Frankreich noch in zwei Zonen geteilt war, hatte er Juden geholfen, die Demarkationslinie zu passieren; eine Zeitlang wurde er verdächtigt, was mich ihm näherbrachte. Aber er war sehr zurückhaltend, und wenn er publizierte, dann ging es um linguistische Probleme, sein Spezialgebiet. Ich erinnerte mich jedoch auch an seine *Dokumente über den Nationalsozialismus,* die im August 1933 in der NRF erschienen waren. Er war einer der wenigen Schriftsteller jener Zeit gewesen, die den Franzosen die in Hitlers *Mein Kampf* versteckten Drohungen vor Augen führten. Als im Dezember 1940 die NRF erneut erscheinen durfte, schrieb er eine Besprechung von J.-M. Le Blonds *Logik und Methode bei Aristoteles;* aber ich glaube nicht, daß ich während der Besatzungszeit nochmals eine von ihm unterzeichnete Publikation in die Hand bekam.

Brice Parain hatte ich bei der NRF getroffen, wo wir über Drieu und sein Verhalten sprachen; er sagte: »Ich glaube letztlich, daß er Gaston und dem ganzen Hause Gallimard zuliebe die Zeitschrift wiederaufleben lassen wollte.« Meiner Meinung nach hatte Drieu – wie ich schon weiter oben ausführte – noch andere Gründe. Aber Parain bemühte sich immer, die Leute von ihrer besten Seite zu sehen. Er war überzeugt davon, daß der Sprache als gesellschaftlichem Kommunikationsmittel Lüge innewohne, und daher suchte er nach Ausdrucksformen, die die wahren Beziehungen der Menschen zueinander besser wiedergeben könnten. Um mit Sartre zu sprechen: »Parain leidet an Wortschmerz und möchte davon geheilt werden.« Er besaß einfach nicht die »unmenschliche Unparteilichkeit des Linguisten«, die er Paulhan vorwarf; er wußte tatsächlich nicht, daß die Graue Eminenz der NRF hinter der Fassade des Skeptikers und Ironikers genau wie er mit religiösen und mystischen Problemen rang. Beiden, dem einen und dem anderen, habe ich ein verfeinertes und tieferes Verständnis der französischen Sprache zu verdanken.

Aber Parain und ich hatten auch noch andere Interessen gemeinsam: wir liebten beide die öffentlichen Schwimmbäder; das ungezwungene Miteinander und die Anonymität, die diese Institutionen gewähren, zog uns gleichermaßen an.

Recht häufig sah ich Brice Parain im Verlag Gallimard und in den Bistros ringsum. Einmal war ich sogar in seinem kleinen Haus in Sceaux. In diesen vier Pariser Jahren befand ich mich eigentlich immer »auf Achse«, weil ich ja ständig jemanden zu treffen suchte. Ich war wie besessen von dem Wunsch, die Franzosen leben zu sehen, mit ihnen zu sprechen, ihnen zuzuhören, vor allem, wenn uns die Liebe zur Literatur einte.

Ebenfalls im Umkreis der NRF lernte ich dank Jean Paulhan Bernard Groethuysen kennen. Allein die Tatsache, daß er 1880 in Berlin geboren und dort von 1931–34 als Professor tätig gewesen war, brachte uns einander näher. Als Marxist hatte er Hitlerdeutschland freiwillig verlassen und sich in Paris etabliert; 1946 starb er. Gallimard hatte ihn mit einer Arbeit betraut, für die er wie geschaffen schien: die Leitung der *Bibliothèque des idées,* in der er viele bedeutende Texte französischer und ausländischer Autoren herausbrachte. Ich hatte sein Buch *Entstehung der bürgerlichen Welt- und Lebensanschauung in Frankreich* gelesen, in dem er mit bewundernswerter Klarheit die großen Züge der Geistesgeschichte herausgearbeitet und aufgezeigt hatte, wie die abstrakten Prinzipien sich in der historischen Realität konkretisieren. Er besaß die Gabe, dergleichen plastisch darzustellen.

Als ich Groethuysen kennenlernte, hatte er die Sechzig gerade überschritten, doch mit seinem dichten weißen Bart und seiner nachlässigen Art, sich zu kleiden, wirkte er älter. In seiner Gegenwart fühlte ich mich immer wie ein junger Student vor einem verehrungswürdigen Professor, und stets ließ ich mich – ob nun Paulhan dabei war oder nicht – mit Begeisterung in jenes historische und philosophische Universum entführen, in dem sein Geist sich gleichsam schwerelos bewegte.

Albert Camus bin ich nicht persönlich begegnet, aber an der Veröffentlichung seines Werkes war ich beteiligt. Jean Paulhan hatte Ende 1941 durch Vermittlung von Pascal Pia das Manuskript des *Fremden* in die Hände bekommen und war davon ebenso begeistert wie vor ihm schon André Malraux und Francis Ponge.

Gaston Gallimard schloß sich ihrer Meinung natürlich an und ließ mir im Januar 1942 durch seine Sekretärin Madeleine Boudot-Lamotte das Manuskript überbringen. Damals war ich noch bei der Propaganda-Staffel (bis Juli), und Gallimard wollte wissen, welchen Eindruck ich von dem Buch hatte und ob er mit einer Veröffentlichung wohl gegen die zwischen französischen Verlegern und deutschen Dienststellen festgesetzten Regeln der Selbstzensur verstoßen würde. Ich ließ alles stehen und liegen und machte mich noch am gleichen Nachmittag an die Lektüre des Manuskripts, das ich erst gegen vier Uhr früh, als ich es ausgelesen hatte, wieder aus der Hand legte. Ich war fasziniert: dieses Buch brachte einen ganz neuen Ton in die französische Literatur! Im Laufe des Vormittags rief ich Madeleine Boudot-Lamotte an, teilte ihr mein uneingeschränktes Einverständnis mit und bot meine Hilfe an, falls Schwierigkeiten auftreten sollten, um zumindest die nötige Menge Papier zu beschaffen. Camus galt als Sympathisant der Kommunisten und des Widerstands. Das Buch erschien dann im Juni und fand eine sehr positive Aufnahme. Ich entsinne mich noch eines Artikels von Marcel Arland in *Comœdia,* in der er als literarischer Mitarbeiter regelmäßig schrieb. Sein Artikel nahm zwei der sechs Spalten auf der ersten Seite ein: »Wir haben einen neuen Schriftsteller ... Albert Camus.« Später erfuhr ich, daß Camus neben Paulhan, Arland, Malraux und Sartre zur neuen literarischen Jury des *Prix de la Pléiade* gehörte. Im Februar 1944 erhielt Marcel Mouloudji den ersten Preis für sein Buch *Enrico,* das ich auch las. Zwei Männer dieser Jury habe ich jetzt bereits genannt, und von ihnen möchte ich noch kurz sprechen: Sartre und Malraux.

Drieu hatte mir viel von Malraux erzählt, denn er bewunderte ihn sehr. Jedes neue Buch von ihm – *Die Eroberer, Der Königsweg, So lebt der Mensch* – hatte er mit einem Artikel bedacht. Ihre unterschiedliche Einstellung zum spanischen Bürgerkrieg hatte sie auseinandergebracht, doch nach der Flucht Malraux' 1940 aus dem Gefangenenlager sahen sie sich während der gesamten Besatzungszeit regelmäßig wieder. Und doch schrieb Drieu in seinem am 1. Dezember 1942 in der NRF erschienenen Artikel mit dem vielsagenden Titel *Alles aus* über Malraux: »M. ist ein Schriftsteller, der politisch engagiert ist, wie ich. Sollte ein Bürgerkrieg ausbrechen, wird er nur noch ein politischer Führer sein, ich vermutlich auch. Und wenn er als solcher ernst macht, dann wird er ein Todfeind sein, auf den ich schießen müßte, wenn ich ihm im Kampf gegenüberstünde; vielleicht hätte ich auch nicht das Recht zu verhindern, daß man ihn, sollte er gefangen werden, unter gewissen extremen Umständen erschießt ... Wäre ich anderer Meinung, würde ich M. nicht ernst nehmen; ich würde ihn beleidigen und auch mich selbst nicht ernst nehmen. Es fügt sich, daß M. sich nicht mehr in dem Lager befindet, wo ich ihn damals aufs Korn nahm [im spanischen Bürgerkrieg]. Im feindlichen Lager befindet er sich allerdings nach wie vor; aber er und ich beschränken uns auf ganz persönliche Polemiken, wenn wir wie alte Freunde, die sich nicht trennen können, miteinander reden. Doch wie lange noch?«

Wenn Malraux ab und zu einen Blitzbesuch in Paris machte, suchte er regelmäßig Drieu auf, und dieser fuhr auch zu ihm an die Côte d'Azur und übernahm sogar die Patenschaft über Malraux' zweiten Sohn. Nächtelang redeten sie miteinander, und Malraux hat Drieu auch immer, trotz ihrer fundamental gegensätzlichen politischen Einstellungen, für einen der nobelsten Männer gehalten, die er je getroffen hat.

Auch mit Jünger sprach ich über Malraux; er sah in ihm »einen der seltenen Betrachter, denen ein Auge für die Bürgerkriegslandschaft des zwanzigsten Jahrhunderts gegeben ist« (Tagebuchnotiz vom 11. 10. 1941). Ich, der ich Malraux persönlich nicht kannte, hielt ihn für einen bedeutenden Schriftsteller; eine gewisse Geistesverwandtschaft mit Jünger hatte mich frappiert: beide waren Männer der Meditation und der Tat, beide besaßen einen kämpferischen Geist und schriftstellerische Begabung, beide zeichneten sich aus durch eine ungeheure Bildung und eine – wenn ich so sagen darf – »Gipfelschau« der Weltpolitik. Als ich nach dem Krieg mit Paulhan über Malraux sprach, sagte mir dieser: »Sie sollten Malraux einen Besuch machen« [damals war er Kulturminister]; »er würde sich bestimmt freuen, Sie zu sehen.« Ich wollte nicht so recht, was meine französischen Freunde zu Spötteleien veranlaßte: »Du brauchst gar nicht zu reden; es genügt, wenn du ihm geduldig zuhörst und von Zeit zu Zeit zustimmend nickst; und beim Verlassen seines Büros wirst du das Versprechen mitnehmen, daß dir bald das kleine rote Bändchen der Ehrenlegion zugehen wird!«

Sartre sah ich häufig im *Café de Flore* am Boulevard St. Germain sitzen, aber gesprochen habe ich ihn nie. Simone de Beauvoir schrieb zwar in *Die Zeit der Reife*, weder Sartre noch sie hätten dort je einen Deutschen gesehen. Dabei war das *Flore* für mich eine Art Stammquartier, das ich ein- oder zweimal pro Woche – in Zivil allerdings – aufsuchte. In meinem Eckchen las ich *Das Sein und das Nichts*, während ein paar Meter von mir entfernt Jean-Paul Sartre und seine Gefährtin an ihren neuen Büchern schrieben. Es wäre also für mich nicht schwierig gewesen, ihre Bekanntschaft zu machen, da es genügt hätte, zu Jean Paulhan zu sagen: »Ich würde gern einmal mit Sartre und Simone de Beauvoir sprechen.« Er hätte diese Begegnung bestimmt bereitwillig vermittelt. Aber gerade dies habe ich mir wie in manchen anderen Fällen versagt, um durch zu enge Kontakte weder die anderen noch mich selbst in Gefahr zu bringen. Doch ohne daß er es erfuhr, habe ich mich für die Annahme seines Theaterstücks *Die Fliegen* bei den deutschen Dienststellen eingesetzt: Ich war schon an der Botschaft, als ein Kollege von der Propaganda-Staffel, der mit der Sparte »Theater« betraut war, zu mir kam und mich fragte: »Könnten Sie mich zu einer Aufführung von Sartres *Fliegen* begleiten? Viele Franzosen sagen, es sei ein Widerstands-Stück. Ich hätte gerne Ihre Meinung gehört.« Ich besuchte also mit ihm die Vorstellung im *Théâtre de la Cité* (besser bekannt unter dem Namen *Sarah Bernhardt*), und anschließend hielten wir Manöverkritik ab: »Mit der Résistance hat das nichts zu tun. Das Thema stammt aus der klassischen Antike. Es ist ein großes Stück, das der Weltliteratur zur Ehre gereicht.« Und trotz der feindlichen Angriffe von seiten der Kollaborationspresse erhielten *Die Fliegen* das Aufführungsrecht. Sartre hatte Mut: mir war natürlich klar, daß Elektras und Orests Worte und Taten nicht nur auf Ägisth und Klytämnestra abzielten.

Ernst Jünger

Während meiner vier Pariser Jahre von November 1940 bis August 1944 habe ich natürlich nicht nur Franzosen getroffen. Als deutscher »Soldat« und Angehöriger einer offiziellen deutschen Dienststelle hatte ich regelmäßig oder zumindest gelegentlich Kontakt mit einer großen Anzahl meiner Landsleute. Als ersten möchte ich Ernst Jünger nennen, dessen Anwesenheit in Paris für viele, und ganz besonders für mich, ungeheuer wertvoll war.

Er hatte sich im ersten Weltkrieg hohe Auszeichnungen erworben, war ein überzeugter Nationalist und entwickelte sich mehr und mehr zum entschiedenen Gegner Hitlers und des Nationalsozialismus; er hatte den Frankreichfeldzug mitgemacht und wurde im April 1941 nach Paris beordert, wo sein Regiment die Wachtruppe stellen sollte. In verschiedenen Funktionen blieb er in Paris bis zum 14. August 1944, wenn man von kurzen Unterbrechungen – wie seinem Ostfrontaufenthalt von Oktober 1942 bis Februar 43 und gelegentlichen Kurzurlauben daheim in Kirchhorst bei Hannover, wo seine Frau Perpetua und sein jüngster Sohn lebten – absieht.

Im Mai 1941 löste Ernst Jünger also mit seiner Kompanie die Wache im Hotel *Continental* ab; er befehligte den Vorbeimarsch am Grabmal des Unbekannten Soldaten, und dabei meine ich ihn erkannt zu haben: an der Spitze seiner Truppe, die über die Champs-Elysées defilierte. Später erzählte er mir, wie er am 29. Mai 1941, also noch im gleichen Monat, die Erschießung eines wegen Fahnenflucht zum Tode verurteilten Soldaten zu beaufsichtigen hatte. Seine erste Reaktion war gewesen, sich krank zu melden, doch dann beschloß er, die Sache zu übernehmen, und zwar aus zweierlei Beweggründen: »Vielleicht ist es besser, daß *du* dort bist als irgendein anderer«, sagte er sich – und er bemühte sich tatsächlich, die Exekution so wenig inhuman wie möglich durchführen zu lassen –, zum anderen interessierte es ihn aber auch zu sehen, wie ein Mensch unter derartigen Umständen den Tod hinnimmt. Mir persönlich schien eine solche Neugier zwar leicht morbide Züge zu tragen, obwohl er sie selbst als »höhere Neugier« qualifizierte. Daß Jünger sich auf eine andere Stufe stellte als jeden x-beliebigen Befehlsvollstrecker, obwohl er doch in der gleichen Zwickmühle steckte wie wir alle und mit den gleichen Widersprüchlichkeiten fertigzuwerden hatte, erklärt sich aus seinem Stolz – der war nicht zu leugnen.

Persönlich lernte ich Ernst Jünger erst im Januar 1942 kennen, und zwar durch Vermittlung von Benno Ziegler, seinem Hamburger Verleger, der ein sehr mutiger Mann und Antinazi war. Er trat eines Tages in mein Büro an den Champs-Elysées und sagte: »Ich muß Jünger nachher noch einmal sprechen, wollen Sie, daß ich Sie mit ihm bekanntmache?« Ich war hocherfreut, und Jünger erwies mir sogar die Ehre, in mein Büro heraufzukommen und mich mit Ziegler zum Mittagessen einzuladen.

Er trug seine Hauptmannsuniform mit viel Eleganz; sein Blick strahlte eine lebhafte Neugier aus, die durch ein feines, humorvolles, freundliches Lächeln gleichzeitig wieder etwas gedämpft wurde. Dank der Protektion von Oberst Speidel war er bereits seit Juni 1941 im Stab des Oberbefehlshabers Karl Heinrich von Stülpnagel mit neuen Aufgaben betraut worden: er sollte alle Phasen (und alle sie betreffenden Dokumente) des Kampfes um die Hegemonie in Frankreich zwischen Heer und Partei aufzeichnen. Sein besonderes Interesse galt allem, was das Problem der Geiselerschießungen betraf, und er gehörte auch zu jenen, die die zahlreichen und hartnäckigen Bemühungen des Oberbefehlshabers um eine Reduzierung der Erschießungen auf ein Minimum unterstützten, was den Direktiven Hitlers und des Hauptquartiers natürlich entgegenlief. So hatte er auch die Abschiedsbriefe der in Nantes Erschossenen und die Gefängnisbriefe des nach Verurteilung durch ein deutsches Militärtribunal am 29. August 1941 erschossenen Grafen Estienne d'Orves übersetzt, eines »dieser verdienstvollen Männer, die nur aus Liebe zum Vaterland gehandelt haben«, wie sogar im Urteil respektvoll vermerkt. Diese Übersetzungen sollten in deutschen Archiven aufbewahrt werden.

Ernst Jünger wohnte im Hotel *Raphael*, arbeitete aber im *Majestic;* in seinem Büro war ein Panzerschrank aufgestellt worden, in dem er seine Dokumente und Manuskripte verwahrte; dort lag auch lange Zeit sein Traktat *Der Friede* verborgen, den er im Winter 1941/42 begann. Er pflegte täglich Tagebuch zu schreiben; der erste, die Jahre 1939 und 1940 behandelnde Band, *Gärten und Straßen* betitelt, war bereits 1941 ins Französische übersetzt worden, und die sechs die ganze Kriegszeit behandelnden Bände sollten später in einem Sammelband mit dem Titel *Strahlungen* herauskommen.

Ihm ging es tatsächlich darum, jeden Lichtstrahl in finsterer Nacht einzufangen und zum Strahlen zu bringen. Es war wie ein Appell, auch inmitten von Katastrophen sich Hellsichtigkeit und inneres Gleichgewicht zu bewahren. Ich kannte seine früheren Werke: *In Stahlgewittern* (1920), *Das abenteuerliche Herz* (1929), *Der Arbeiter* (1932), *Auf den Marmorklippen* (1939), aber erst in seinem *Tagebuch* sollte ich den ganzen Reichtum, die ganze Komplexität und den Charme seiner Persönlichkeit entdecken. Wie Paulhan auf französischer Seite, war Ernst Jünger für mich eine Art geistiger Vater.

Von Januar 1942 an traf ich ihn häufig, allein, mit Freunden, bei ihm oder bei mir oder in Cafés und Restaurants wie *Drouant, La Tour d'Argent, Le Chapon fin,* vor allem aber bei Jouhandeau und Florence Gould, mit der er eng befreundet war. Einer unserer beliebtesten Treffpunkte war die Wohnung der Brüder Valentiner, Söhne des berühmten Unterseebootkommandanten im Ersten Weltkrieg. Sie waren in einer Dolmetscherkompanie und von Anfang an bestrebt, sich eine ruhige und schöne *Absteige* zu schaffen, um sich nach dem Dienst zu erholen oder Freunde zu empfangen. Daher hatten sie unter den Dächern eines Wohnhauses am Quai Voltaire eine Art Großraumatelier gemietet, von dessen Fenstern aus man weit in die Ferne schauen und der Geist sich am Anblick des Himmels und alter Dächer wundervoll regenerieren konnte. Bei ihnen traf ich neben Jünger auch regelmäßig Deutsche wie Graf Rantzau, Benno Ziegler, Ernst Wilhelm Eschmann oder Graf Podewils, und dann sprachen wir freizügig über die Entwicklung der militärischen und politischen Lage, da sie alle mehr oder weniger in Opposition zu dem herrschenden Regime standen. Aber auch französische Freunde wie Cocteau oder Madeleine Boudot-Lamotte gesellten sich dort zu uns, und dann drehten sich die Gespräche hauptsächlich um Literatur oder Psychologie.

Die umfassende Bildung Jüngers wurde mir bei jeder Begegnung offenbar, doch ich entdeckte auch den unermüdlichen Beobachter, dessen Blicke Insekten, Pflanzen und in gleicher Weise Menschen festhielten. Das war jene »subtile Jagd«, deren Triebkräfte vielgestaltig waren: es vermischten sich eine echte Zuneigung, die Begabung zu genauer Beobachtung und eine Art mystische Schau, die ihm jenseits der vielfarbigen und schillernden Hüllen den geheimnisvollen Urgrund der Natur, des Allgöttlichen, nach dem er sich sehnte, offenbarte.

Er vernahm die Sprache der Päonien, der Lupinen, der Orchideen ebensogut wie die der Orchestes, der Staphylinidae oder der Eumeniae. Er liebte an diesen nicht nur die bizarren Namen oder Formen, sondern empfing von ihnen, nach eigener Aussage, »gleichermaßen einen Ruf, das Versprechen der Unvergänglichkeit solcher Herrlichkeiten, die er auffangen durfte in dem funkelnden Strahl, welche die kurzfristig offengelegten Schätze abgaben«. Mit der gleichen wachsamen Aufmerksamkeit und Liebe näherte er sich dem Wesen großer Denkmäler oder bescheidener Behausungen, weiter Perspektiven oder enger Gäßchen oder gar den Geheimnissen der Friedhöfe. Vier Jahre lang durchlief er, genau wie ich, Paris in allen Himmelsrichtungen, bei Tag und bei Nacht.

Diese Stadt war für uns eine zweite geistige Heimat – ob wir nun in der *Comédie-Française* saßen und abermals *Die gelehrten Frauen* oder den *Misanthrope* von Molière sahen oder Cocteaus *Renaud et Armide* erstmalig entdeckten, ob wir uns an der Place du Tertre, in der *Brasserie Lorraine* an der Place des Ternes oder in der Rue Mouffetard, auf dem *Père-Lachaise* oder dem kleinen Friedhof beim *Trocadéro,* im Garten des *Palais-Royal* oder in den Parks von *Bagatelle* aufhielten –, das vollkommenste Bild all dessen, was aus alten, vergangenen Zivilisationen bewahrt worden war, bot uns Paris. Wie Jünger – oftmals auch mit ihm – genoß ich in vollen Zügen diese Atmosphäre von Glück und verliebter Heiterkeit, die die alten Steine, der Fluß oder der Himmel von Paris ausstrahlten. Und unsagbare Freude und Dankbarkeit erfüllte uns bei dem Gedanken, daß diese Stadt der Städte der Katastrophe noch einmal entgangen war und ihr auf ewig entgehen würde; das hofften wir zumindest, und Jünger war nicht unbeteiligt daran, daß es dann auch so kam.

Eine der Lieblingstätigkeiten Jüngers war es, bei den Antiquaren und den Bouquinisten herumzustöbern. So traf ich ihn beispielsweise im November 1943 bei Haumont, einem kleinen Verleger in der Rue Boissonade, dessen ganze Leidenschaft der Typographie galt. Jünger dachte an ihn, als später eine Geheimedition seiner Friedensschrift geplant wurde, von der er mir ein Exemplar anvertraute, das ich an Henri Thomas zur Übersetzung weiterleiten sollte. Wenn er etwas entdeckte, war er überglücklich, ob es nun bei den Bouquinisten am Seine-Quai, bei Lechevallier in der Rue de Tournon oder bei Gonod in der Rue de Miromesnil war; oft kaufte er auch alte Grafiken in seltener Auflage; all diese Dinge halfen ihm, wie er sagte, von einer zu belastenden, zu beängstigenden Gegenwart etwas Abstand zu gewinnen, um in eine Vergangenheit einzutauchen, mit der sie getränkt waren und die sie uns teilweise zurückerstatteten.

Aber Jüngers Aufmerksamkeit und glühende Neugierde richteten sich nicht nur auf die Wunder der Vergangenheit; er war auch im Heute voll gegenwärtig und war geradezu erpicht auf Kontakte mit lebenden Menschen, insbesondere Schriftstellern. Mit jedem von ihnen – Sacha Guitry, Drieu La Rochelle, Giraudoux oder Montherlant – konnte er dank seiner immensen Belesenheit leidenschaftliche Gespräche führen. Aber auch auf anderer Ebene, auf der der Ethik, wußte er sie einzuschätzen und zu beurteilen. So war ihm im Dezember 1941 bei einem Gespräch mit Céline, den er in seinem Tagebuch Merline nennt, »der in sich gekehrte Blick der Manischen« nicht entgangen, wie er auch dessen teuflischen Haß bemerkt hatte, der seiner Meinung nach Ausdruck war für »die ungeheure Stärke des Nihilismus«. Was manche auch über Jünger gedacht oder geschrieben haben mögen, hinter der Fassade des Dandys oder des Ästheten (der 1944 ein Bombardement auf Pariser Vororte von seinem Balkon aus betrachtete, »ein Glas Burgunder, in dem Erdbeeren schwammen«, in der Hand) verbarg sich Ernst Jünger der Moralist, der sich mit seinem Volk zu einem Teil verantwortlich fühlte für die auf die Welt losgelassenen dämonischen Kräfte.

Während dieser vier Pariser Jahre freundete er sich besonders eng mit Marcel Jouhandeau und auch mit Paul Léautaud an, die er beide häufig bei Florence Gould traf. Zwischen Jouhandeau und Jünger bestand so etwas wie eine gegenseitige Faszination; trotz aller Unterschiede (der eine stand militärischen und politischen Problemen ahnungslos gegenüber, während der andere seit eh und je mit beiden eng verflochten war) kamen sie einander immer näher, da ihnen beiden die gleiche minuziöse, fast manische Aufmerksamkeit eigen war, mit der sie ihre »subtile Jagd« auf Insekten und auf Menschen betrieben.

Oft saßen sie auch bei Jouhandeau in dem kleinen Haus in der Rue du Commandant-Marchand beisammen und diskutierten endlos über ihre gemeinsamen Kenntnisse, ihre Arbeitsmethoden und ihre Liebe zu den Tieren. Diese gleiche Liebe zu Tieren wie zur Literatur einte auch Jünger und Léautaud, obwohl der eine eher einem stolzen und hochkultivierten Renaissancefürsten glich und der andere der brummige und manchmal auch schmuddelige Bohemien *par excellence* war. Doch uns beiden, Jünger und mir, brachte er eine herzliche Sympathie entgegen, die nur sehr wenigen seiner Zeitgenossen zuteil wurde. Und als wir im August 1944 Paris verließen, sprach er uns abermals seine Zuneigung und seinen Dank aus.

Aber Jüngers Interesse galt nicht nur den Schriftstellern, sondern auch Künstlern wie Braque und Picasso, die er in ihren Ateliers aufsuchte, aber ebenso jungen deutschen Malern, Zeichnern oder Bildhauern, die sich in Paris aufhielten, wie beispielsweise Höll, Kuhn, Maggie Drescher oder Gebhardt. Um den Maler Nay zu sehen, reiste er im Mai 1943 sogar zeimal nach Le Mans. Er sagte zu mir, der Umgang mit unabhängigen und sorglosen Menschen wie Künstlern, sei für ihn immer die beste Medizin gewesen. Ihre Persönlichkeiten und ihre Werke seien für sein eigenes Leben wie ein Windstoß, dem reinigende Kraft innewohne, und der, je nach Ausrichtung oder Stärke seines Urhebers, beruhigende oder aufrüttelnde Wirkung auf ihn habe.

Zu Jüngers Pariser Kontakten gehörten ebenfalls die Familie Boudot-Lamotte, Marie-Louise Bousquet, natürlich Florence Gould, vor allem aber Georges Poupet aus dem Hause Plon, das damals Jüngers Bücher verlegte. Vom Jahr 1938 an war Jünger regelmäßiger Gast in dem mit Büchern und Bildern angefüllten Haus dieses charmanten, immer zu Scherzen aufgelegten und trotz seiner schwachen Gesundheit sehr tapferen Gelehrten.

Unerwähnt bleiben sollen aber auch nicht alle die Pariserinnen, die in Jüngers *Tagebuch* eingingen und für deren Charme er durchaus empfänglich war. Auch einfachen Leuten wandte er sich zu wie Conciergen, Hauswirten, flüchtigen Straßenbekanntschaften. Dem Apotheker in der Nähe seiner Wohnung bekundete er seine besondere Sympathie, als er ihm, auch nachdem dessen jüdische Frau verhaftet worden war, weiterhin seine Rezepte zukommen und ihn, ohne große Worte zu machen, spüren ließ, wie sehr er die gegen diese Frau und die Juden im allgemeinen angewandten Maßnahmen mißbilligte.

Über dieses Thema haben wir häufig diskutiert, denn Jünger verfügte über präzise Informationen, die ihm sowohl von dem im *Tagebuch* häufig erwähnten »Präsidenten«, als auch von hochrangigen Militärs wie Oberst Schaer oder Oberst Speidel zugingen. Die Beschreibungen von Judenerschießungen oder von den »großen Schinderhütten, die in den östlichen Randstaaten errichtet worden sind«, ließen uns beide vor Entsetzen erzittern. Beide waren wir der Ansicht, »daß es einzelne gibt, die für das Blut von Millionen verantwortlich zu machen sind«. Wenn unser Lebensstil in Paris es auch mit sich brachte, daß wir an vielen Vergnügungen teilnahmen und Jünger wie auch ich geneigt waren, uns daran zu erfreuen, so überzog die permanente Erinnerung an diese von den Führern unseres Volkes begangenen Verbrechen das Farbenspiel unserer Tage doch mit einem düsteren Schleier. Am liebsten hätte man die Augen geschlossen, wäre man fortgelaufen, irgendwohin, nur um zu vergessen, um sich davon abzusetzen – aber das war nicht möglich; wir waren nun einmal da und gehörten zu dieser Armee, zu diesem Volk; und so waren wir für unseren Teil auch verantwortlich für die Führer, die sich das Volk erwählt hatte. Dieses Unglück konnten und durften wir keinen Augenblick vergessen.

Aber Jünger beschränkte sich nicht aufs Lamentieren und nahm dieses Leben in Angst auch nicht einfach hin; sehr früh schon hatte er Partei ergriffen gegen dieses Regime und vor allem gegen Hitler, den er – da er in ihm einen finsteren und dämonischen Clown sah – Kniébolo nannte. Übrigens sah ich Jünger niemals den Hitlergruß leisten und dazu »Heil Hitler« sagen. Als sein Sohn Ernstel verhaftet wurde, war er zutiefst erschüttert. Dieser war einer Marineeinheit, die die Nordseeküste sicherte, zugeteilt und hatte eine Rede des Führers kritisiert, woraufhin er – im Januar 1944 – festgenommen wurde. Jünger intervenierte, und auf sein Drängen hin wurde der Junge auch schließlich freigelassen. Doch wurde er an die Italienfront geschickt, wo er im November 1944 achtzehnjährig fiel – »auf den Marmorklippen« von Carrara.

Durch seine Beziehungen zu Grüninger, Podewils, Carlo Schmid, Hofacker und sogar zu Speidel und zum Oberbefehlshaber Karl Heinrich von Stülpnagel, lebte Jünger in der Kernzelle eines der aktivsten deutschen Widerstandszentren, die das Attentat vom 20. Juli 1944 vorbereiteten.

Und dennoch äußerte er sich stets mißtrauisch, skeptisch und ablehnend gegenüber einem möglichen Attentat auf Kniébolo allein oder auf seine engsten Mitarbeiter. Erklärt sich diese Haltung aus einem Rest von Respekt für einen Führer, den die Nation sich gegeben hatte oder aus der Furcht, die nationalistischen und aristokratischen Werte, die ja auch die seinen waren, könnten zutiefst erschüttert werden, oder aus einer realistischen Einschätzung der gesamten politischen und geistigen Situation? Wahrscheinlich spielten alle drei Faktoren zusammen, was ihn aber nicht daran hinderte, den Widerstand, an dem er auf seine Art teilnahm, als etwas Positives einzuschätzen.

Er hatte tatsächlich nichts von einem Fatalisten. Natürlich wußte er auch, daß nur wenige Leute in seiner Umgebung wirklich über genügend Intelligenz und Mut verfügten, um der deutschen Politik eine andere Wendung zu geben. Als er einmal mit mir durch den Speisesaal des *Raphael* ging, wo die Offiziere zu Tische saßen, sagte er, indem er auf die dort Versammelten wies: »Glauben Sie, Heller, daß sich mit diesen Leuten ein anderes Deutschland schaffen läßt?« Woraufhin ich mich fragte: »Wo sind die anderen: das Volk, die Arbeiter?« Aber er war überzeugt, daß jeder von uns an seinem Platz allein durch die Art, wie er die in ihm angelegten Keime zur Entfaltung brachte, den Lauf der Ereignisse zu beeinflussen vermochte. Dieser in sich so reiche, so komplexe und so widersprüchliche Mann, der »so schwer aufzufächern war«, wie Jouhandeau sagte, war für mich eine Galionsfigur an Hellsichtigkeit und Mut. Er glich einem Chirurgen, der einen riesigen und alles überwuchernden Tumor, den es zu entfernen gilt, scharf ins Auge faßt und hartnäckig, aber auch mit dem nötigen inneren Abstand, die langwierige Operation zu Ende führt, ohne Gemütsregungen aufkommen zu lassen, die seine Hände zittern machen würden.

Und wenn ich mit den schlimmsten Schwierigkeiten kämpfte und mich einem gigantischen, alles zermalmenden Räderwerk ausgeliefert fühlte oder in der Zwangsjacke der Angst zu ersticken meinte, dann entsann ich mich der Lehren Ernst Jüngers und sagte mir: »Umsonst bist auch du nicht da; einige der Knoten, die das Schicksal geknüpft hat, vermagst du zu lösen; du kannst die Leiden der Menschen zu lindern versuchen und dazu beitragen, daß bald jener wirkliche Friede kommt, der mit dem tausendjährigen Reich der Nazihydra nichts gemein hat.«

Zwischen Abetz und Stauffenberg

Jünger war nicht der einzige Deutsche, mit dem ich verkehrte. Ich mochte die Franzosen, war aber doch deutscher Soldat und als solcher in tausenderlei Angelegenheiten, die mit meinen Landsleuten zu regeln waren, verwikkelt. Hans Hauswald und Karl Weishaupt waren meine Mitarbeiter bei der Propaganda-Staffel; Hauswald, Sonderführer wie ich, hielt auf Zurückhaltung und war nicht leicht zugänglich, doch eines Tages sprachen wir offen über den Krieg, und dabei erfuhr ich, daß er schon einmal in Schwierigkeiten mit der Gestapo geraten war, da er Juden über die tschechische Grenze geholfen hatte. Von diesem Moment an wußte ich: »Endlich jemand, mit dem ich reden kann.« Und angesichts so mancher Dienstvorschrift oder Weisung konnte ich zu ihm sagen: »Das ist einfach Unsinn, was wir da machen sollen. Wir müssen einen Ausweg finden.«

Dieser Mitarbeiter, der für mich ein echter Freund geworden war, wurde jedoch an die Front geschickt und bei Kriegsende in der Provence von Partisanen umgebracht. So schlägt das Schicksal manchmal solche, die es nicht verdient haben. Ebenso erging es einem anderen jungen Leutnant, mit dem ich mich anläßlich seiner Besuche in Paris (er war bei der Propaganda-Staffel Brüssel eingesetzt) angefreundet hatte. Frankreich und die französische Literatur liebte er leidenschaftlich. Gegen Kriegsende wurde er zum Verbindungsoffizier einer Einheit der französischen Waffen-SS ernannt. In der Nähe von Freiburg im Breisgau geriet er in Gefangenschaft; man fand seinen Wehrpaß, den er in einem Schuh versteckt hatte, und das genügte, um ihn zu verurteilen. Er war unschuldig, die Zufälligkeiten des

Krieges hatten ihn dorthin gebracht. Ich bin heute noch erschüttert, wenn ich nach Staufen komme, an die Stelle, wo er erschossen worden ist.

Mein anderer Mitarbeiter, Oberfeldwebel Weishaupt, hatte in Köln Romanistik studiert; er war sehr nett, politisch eher neutral. Und was Marie-Luise und ihre österreichische Kollegin Annie Hackenberg anbetraf, so wurde ich mir sehr schnell, nachdem sie meine Sekretärinnen geworden waren, ihrer ablehnenden Einstellung dem Regime gegenüber bewußt.

Nachdem im August 1943 ein fürchterlicher Bombenangriff auf Hamburg gemeldet worden war, wollte Marie-Luise mit einer anderen Sekretärin aus dem Deutschen Institut, die ebenfalls Hamburgerin war, von dort aus telefonieren, um zu erfahren, ob beider Eltern unversehrt geblieben waren. Doch keine Verbindung mit Hamburg kam zustande; die beiden Frauen waren sehr niedergeschlagen. Da betrat ein Mitarbeiter des Instituts, der bestimmt als Informant für den SD tätig war, das Büro und sagte zu ihnen: »Was haben Sie denn nur? Ein Bombenangriff ist ja noch kein Weltuntergang!« Woraufhin Marie-Luise entgegnete: »Einer der beiden Verbrecher ist zum Glück jetzt hinter Schloß und Riegel [Mussolini war soeben auf den Gran Sasso verbracht worden]; und den anderen wird's auch bald erwischen!« Ich hatte meine liebe Not, eine Denunzierung zu verhindern.

Mit den Leuten vom Deutschen Institut kam ich häufig zusammen. Als ich von der Propaganda-Staffel zur Botschaft versetzt wurde, hatte ich dort in der Rue Saint-Dominique Nr. 54 sogar mein Zimmer und mein Büro. Als erstes möchte ich Karl Heinz Bremer erwähnen, den Stellvertreter von Karl Epting. Er war ein großer, blonder junger Mann, der mit der französischen Sprache und Literatur bestens vertraut war; aber er war ein Nazi und fühlte sich verpflichtet, der französischen Kultur durch Reinigung zur

Gesundung zu verhelfen. Nachdem Jean Paulhan verhaftet und dank dem energischen Einschreiten Drieus wieder freigelassen worden war, ließ Bremer ihn rufen, um ihm die Leviten zu lesen, wobei er seine Kompetenzen weit überschritt. Jean Paulhan verteidigte sich meisterhaft, und Bremer sagte mir im Anschluß an diese Unterredung: »Das ist einer von denen, die immer gegen Deutschland sein werden.« Ich entgegnete: »Ich sehe das auf einer ganz anderen Ebene: Jean Paulhan ist für die heutige Zeit eine Art Diderot oder Voltaire. Aus Gesprächen mit ihm ziehe ich den gleichen substanziellen Nutzen wie aus der Lektüre der Schriftsteller der Aufklärung.« 1942 wurde Bremer an die Ostfront geschickt, wo er fiel.

Karl Eptings Position war wichtiger und zwiespältiger. Vor dem Kriege war er Leiter des Büros des Deutschen Akademischen Austauschdienstes in Paris gewesen, und durch ihn hatte ich mein Studienjahr in Frankreich bekommen. Er war einer der ersten, die im Herbst 1940 das Problem der kulturellen Beziehungen zwischen Deutschland und Frankreich in Angriff nahmen, da er wirklich die Absicht hatte, den Austausch zwischen beiden Ländern zu erweitern und die Entwicklung der französischen Kultur zu fördern. Aber leider hegte er auch ausgesprochene Antipathien und Sympathien – und sein Gerechtigkeitssinn wurde dadurch eingeschränkt.

So machte er sich beispielsweise lustig über meine Bewunderung für Paul Claudels Genie; er war wütend, daß viele Deutsche sich in der *Comédie-Française* den *Seidenen Schuh* angesehen und ihrer Begeisterung freien Lauf gelassen hatten; in seinen Augen war dieses grandiose und burleske Stück nichts weiter als ein »Schwank für Dienstmädchen«. Im Gegensatz dazu kannte seine Bewunderung für Céline keine Grenzen; dieses Autors wegen bot er sogar Payr die Stirn, dem es unbegreiflich war, wie man eine so anfechtbare Persönlichkeit derart stützen und ermutigen konnte. In einem Artikel in der Wochenschrift *Das Reich* veröffentlichte Payr 1942 schließlich sogar seine Vorbehalte und seine Kritik, was ihm einen beleidigenden Brief von Céline einbrachte, den Epting an ihn weiterleitete. Payr sagte, dieser Brief sei eines der schönsten Stücke in seiner Autographensammlung . . . In seinen Berichten an das Ministerium kritisierte Payr vermutlich dann aber auch das gesamte kulturpolitische Konzept Karl Eptings und spielte vielleicht sogar eine Rolle bei Eptings Rückberufung nach Berlin vom Juni 1942 bis Februar 1943, sofern diese Rückberufung nicht auf eine allgemeine Verhärtung der Politik gegenüber Frankreich zurückzuführen ist, denn fast zur gleichen Zeit (November 1942 bis Dezember 1943) fiel auch Otto Abetz in Ungnade.

Abetz war 1940 nach Paris gekommen. Er war siebenunddreißig Jahre alt und hatte schon manches geleistet: er war wie ich aus der Jugendbewegung hervorgegangen und hatte sich schon als junger demokratischer Lehrer bei der Organisation deutsch-französischer Begegnungen auf dem Sohlberg im Schwarzwald betätigt. Auf französischer Seite spielten Männer wie Jean Luchaire oder Bertrand de Jouvenel eine wichtige Rolle. Aber so ganz lupenrein waren die Beziehungen damals nicht: Sekretär des französischen Jugendwerks für deutsch-französische Verständigung war André Weil-Curiel, ein Israelit, Linkssozialist und Freund von Otto Abetz. Vor dem Kriege gab es durchaus noch Juden, die keinen Hinderungsgrund sahen, an derartigen Treffen teilzunehmen, und auch die Deutschen waren viel zu beschäftigt, ihrer Politik zum Erfolg zu verhelfen, als daß ein solch eklatanter Verstoß gegen die Rassengesetze des Dritten Reichs unweigerlich geahndet worden wäre. Abetz lag in erster Linie daran, Vertreter der Linken in einen Dialog mit Deutschland einzuspannen, und sein Wunsch, Sozialisten als Diskussionspartner zu gewinnen, setzte jeden anderen Gesichtspunkt außer Kraft.

Abetz machte schnell Karriere; 1932 heiratete er die Französin Suzanne de Bruycker, bislang Sekretärin von Jean Luchaire, 1934 trat er in die Dienste Baldur von Schirachs und wurde trotzdem erst 1937 Parteimitglied. Ribbentrop, der damalige Außenminister, wurde bald gewahr, daß ein solcher Mann für seine Dienststellen nur ein Gewinn sein konnte: verheiratet mit einer Französin, befreundet mit vielen einflußreichen jungen Franzosen, perfekt Französisch sprechend – den könnte man einsetzen, um sowohl die verschiedensten Kreise der Linken wie auch die christdemokratische Rechte auf allen Gebieten zu ködern! Und darauf fielen eine Zeitlang tatsächlich Persönlichkeiten wie Gaston Texier, die treibende Kraft des Christlichen Arbeiterverbandes, herein. Doch nach und nach wurden Männer wie Fernand de Brinon, Leiter des *Comité France-Allemagne,* Luchaire oder Drieu seine eigentlichen Partner, die er dann auch zu den Olympischen Spielen nach Berlin oder zu den Nürnberger Parteitagen einlud.

Abetz selbst fuhr häufig nach Paris, erging sich in Salongesprächen und hielt Vorträge (wie zum Beispiel 1938 über »Die deutsche Jugend und das Glück«), bis sein Auftreten und sein ungezügelter Tatendrang der französischen Regierung zu viel wurden und sie ihn im Juli 1939 des Landes verwies. Daher war seine Rückkehr im Juni 1940 als offizieller Vertreter der Wilhelmstraße in Paris eine Art Revanche für den schmählichen Abgang im Jahr zuvor. Und als er am 3. August 1940 zum Botschafter bei den militärischen Besatzungsbehörden und gleichzeitig zum Hochkommissar für die besetzte Zone ernannt wurde, scharte er Männer um sich, die ihm ähnelten: Grimm, Sieburg, Epting, Schleier, Achenbach. Sie alle waren hervorragende Frankreichkenner, galten als liberal und zeigten sogar eine gewisse Neigung zu einer »sozialistisch« orientierten Kollaboration.

Obwohl diese Männer eher Sympathie für Frankreich

und die Franzosen hegten und ihnen das Schlimmste ersparen wollten, mußten sie den offiziellen Ansichten, dem tiefverwurzelten Mißtrauen Hitlers gegenüber dem Erbfeind und der erklärten Feindschaft Görings und Goebbels' Rechnung tragen, was ihren Handlungsspielraum stark einschränkte. Selbst der geschickt manövrierende Abetz wurde immer wieder von seinen Vorgesetzten als zu sentimental und bei der Ausführung ihrer Anweisungen als zu weich gerügt und von November 1942 bis Dezember 1943 sogar nach Berlin zurückbeordert: daß er in Ungnade gefallen war, wurde diplomatisch als Erkrankung getarnt. Er kehrte erst nach Paris zurück, nachdem ihm von Hitler persönlich klargemacht worden war, daß Gefühl in der Politik nichts zu suchen und er gefälligst Strenge walten zu lassen habe. Nachdem er die französischen Kollaborateure nach Sigmaringen ins Exil begleitet hatte, wurde er im Oktober 1945 verhaftet. Man machte ihm den Prozeß und verurteilte ihn im Juli 1949 zu zwanzig Jahren Zwangsarbeit; 1954 wurde er jedoch begnadigt, und am 5. Mai 1958 starb er bei einem Autounfall. Doch seine Tätigkeit in Frankreich hatte er bereits in Büchern wie *Geschichte einer deutsch-französischen Politik* und *Erinnerungen eines Botschafters* beschrieben und verteidigt.

Immer wenn ich mit Abetz zu tun hatte, fand ich in ihm einen verständnisvollen Gesprächspartner. Er ließ mir schließlich sogar freie Hand in meinen Beziehungen zu den französischen Intellektuellen. Manchmal begegnete ich ihm in der Botschaft, wenn ich meine Verlobte, Marie-Luise, abholte, die dort einmal pro Monat den Spätdienst zu versehen hatte. Während ich auf sie wartete, kam des öfteren Otto Abetz aus seiner Wohnung herunter in die Büroräume, um die letzten Telegramme oder eingegangenen Akten anzusehen. Bei solcher Gelegenheit konnte ich ihn begrüßen und ihm das eine oder andere Problem vortragen, und ob es sich nun um Boutelleau (den Sohn von

Chardonne), Fabre-Luce oder Max Jacob handelte, stets versicherte er mich seiner Unterstützung: »Versuchen Sie das Beste daraus zu machen, ich werde Sie decken.« Mir gegenüber – das muß ich wirklich sagen – war er immer sehr offen und stets bereit, meine Interventionen zugunsten der Franzosen zu verstehen und zu unterstützen. Er persönlich war auch weder antisemitisch eingestellt, noch glaubte er an die Überlegenheit der germanischen Rasse. Doch seine Macht war begrenzt, vor allem nach seiner Rückkehr im Dezember 1943. »Diesmal hatte ich den Eindruck«, sagte er, »als sei Paris zum zweiten Mal erobert worden: überall kamen mir Sonderbeauftragte der Partei oder des SD ins Gehege, und diese Leute hatten keinerlei Konzept für eine Zusammenarbeit mit Frankreich, sie wollten das Land nur bis zum letzten Blutstropfen aussaugen.«

Bedauerlich ist nur, daß er nicht den Mut fand, seinen Abschied zu nehmen, als die Anweisungen seiner Vorgesetzten in fundamentalen Gegensatz traten zu seinen ureigensten Überzeugungen. Doch er war nun einmal in das Räderwerk dieser Kriegsmaschinerie eingespannt, liebte außerdem die Macht und glaubte, das Schlimmste verhindern zu können, wenn er nur auf seinem Posten ausharrte. Diese meine Interpretation deckt sich übrigens auch mit der Zeugenaussage von General von Choltitz im Prozeß gegen Otto Abetz; er sagte dem Sinn nach: »Herr Botschafter Otto Abetz stellte sich im Guten wie im Bösen an meine Seite. Mit dem Guten meine ich die Entscheidung, Paris nicht zu zerstören, mit dem Bösen die Rache des Verrückten in Berlin.«

In diesem Zusammenhang kann ich vielleicht auch meine eigene Zeugenaussage vom 25. April 1948 wiederholen: »Botschafter Abetz hat sich besonders darum bemüht, die kulturelle Isolierung Frankreichs gegenüber dem übrigen Europa unter der deutschen Besatzung – eine Isolierung, die von bestimmten Dienststellen gewollt war – zu verhindern ... Herr Abetz hatte stets Verständnis für die Schwierigkeiten der französischen Verleger und Schriftsteller während der Besatzungszeit. Wenn solche Schwierigkeiten auftraten, hat er mich rückhaltlos unterstützt, ob es sich um Interventionen zugunsten verhafteter Intellektueller oder um Zensurfragen usw. handelte.«

Unvergleichlich wohler als in den Büros von Epting oder Abetz fühlte ich mich allerdings in der Gesellschaft von Ernst Jünger oder der Brüder Valentiner. Durch sie lernte ich verschiedene erklärte Regimegegner persönlich kennen.

Da war zum Beispiel Carlo Schmid, dessen Name mir aus den Mitternachtssendungen des Berliner Rundfunks vertraut war. Ich hatte das, was er sagte, sehr mutig gefunden. Zum ersten Male dürften wir einander 1942 im Hause des jüdischen Verlegers Ollendorf in Bellevue begegnet sein. In der Folgezeit traf ich ihn dann entweder allein oder mit Jünger. Unsere Gespräche waren ganz offen, und er dachte bereits sehr intensiv über die Nachkriegszeit nach, in der er dann eine große Rolle gespielt hat: er wurde Mitglied der sozialdemokratischen Partei, war beteiligt an der Ausarbeitung unserer Verfassung, wurde Regierungschef von Süd-Württemberg-Hohenzollern und schließlich Vizepräsident des Deutschen Bundestages. Unvergeßlich sind mir unsere Diskussionen zu dritt: Carlo Schmid, Jünger und ich, wir sparten nicht mit Kritik an Hitler-Kniébolo, und Carlo Schmid hielt es für unumgänglich, die ganze etablierte politische Führung, und nicht nur den Führer, auszutauschen.

Aber auch noch anderen kritischen Köpfen begegnete ich bei den Brüdern Valentiner: etwa Gerhard Nebel, einem der Adlaten Ernst Jüngers. Er war ein besonders unvorsichtiger Mann: Eines Tages im Jahre 1942 stürzte er in mein Büro bei der Propaganda-Staffel und rief lauthals:

»Jetzt werden wir endlich den Krieg verlieren!« Außer meinen Mitarbeitern, denen ich vertrauen konnte, wurden noch andere Leute Zeugen dieses Ausrufs, der, wenn er höheren Orts wiederholt worden wäre, ihn teuer hätte zu stehen kommen können. Der im *Majestic* residierende Stab hatte dann auch seine liebe Not, ihm die Ostfront zu ersparen; er wurde in eine Art Exil auf die Inseln Jersey oder Guernesey geschickt, was ihm im Freundeskreis den Spitznamen *the outcast of the islands* eintrug.

Einer meiner Zimmernachbarn im Hotel *Berkeley* war Clemens Graf Podewils, auch er ein Freund Jüngers. Wenn ich abends in meinen vier Wänden arbeitete oder las, hörte ich ihn drüben Maschine schreiben. Wir trafen einander ebenfalls bei den Brüdern Valentiner und führten sehr offene Gespräche miteinander. Eines Abends, als wir das Hotel *Georges V* verlassen hatten, wo wir durch Jüngers Vermittlung Gäste von Oberst Speidel gewesen waren (Jünger nennt diesen Kreis in seinem Tagebuch die »Georgsrunde«), schlenderten wir in Richtung Champs-Elysées, bis Podewils plötzlich innehielt und sagte: »Wenn uns jemand belauscht hat und meldet, was dort gesprochen wurde, dann, mein lieber Heller, ist uns allen bei Morgengrauen die Kugel sicher.«

Doch die Regimegegner, mit denen ich am liebsten sprach, waren nach wie vor meine Freunde Carl Rothe und Paul Hövel. Als ich eines Tages mit Carl die Champs-Elysées hinaufging, begegnete uns die Wachtruppe, die im Paradeschritt die Avenue heruntermarschierte. Und da sagte er zu mir: »Komm, hauen wir ab! Diese Musik und dieses Stiefelklatschen auf diesem Pflaster – unerträglich!« Ein andermal gingen wir über den Vorplatz von Notre-Dame, als jemand ihm aus einem Auto heraus zuwinkte. Ich war überzeugt, Carlo Mierendorff, einen aktiven Widerstandskämpfer, erkannt zu haben und sagte zu Rothe: »War das nicht Mierendorff?« Er antwortete, kreidebleich: »Gerhard, du hast ihn nicht gesehen! Niemand darf wissen, daß er hier ist!« Tatsächlich sah ich beide noch am gleichen Abend in jenem Haus am Boulevard des Invalides verschwinden, in dem Henrik de Man wohnte. Carl Rothe war auch mit Cäsar von Hofacker und Adolf Reichwein befreundet, die als Komplizen der Attentäter vom 20. Juli hingerichtet wurden.

Paul Hövel nutzte wie Rothe die Freizügigkeit, die ihm seine Stellung als Verantwortlicher für den Vertrieb deutscher Bücher im Ausland gewährte, um so viel wie möglich zu reisen. Auch ihn traf ich daher mehrmals in Paris, wo ich ihm bereits Ende 1941 eröffnete, wie mir ums Herz war: Wir hatten bei *Mère Catherine* am Montmartre zu Abend gegessen, und ich hatte mir entgegen meiner Gewohnheit Mut angetrunken, um meinen Entschluß auch in die Tat umzusetzen. Wir stiegen die Butte Montmartre hinunter und setzten uns in der Nähe des *Bateau-Lavoir* auf eine Bank an einem Brunnen. Es war finstere Nacht, wir saßen stumm nebeneinander, bis ich mir ein Herz faßte: »Ich muß dir etwas sehr Wichtiges anvertrauen. Schau mich nicht an, antworte mir auch nicht und versprich mir, daß du morgen früh alles vergessen haben wirst. Ich sehe meine Aufgabe hier in Paris darin, all jene zu schützen, mit denen ich in Kontakt kommen kann, insbesondere die Verleger und die Schriftsteller, da sie in mein Arbeitsgebiet fallen. Und ich glaube sogar, daß man mein Verhalten als ein Verdienst ums Vaterland deuten kann, denn auch wir werden Menschen benötigen, die uns verteidigen, wenn wir diesen Krieg, den wir verlieren werden, meines Erachtens sogar verlieren müssen, weil wir sonst Hitler und sein ganzes Regime nicht loswerden, erst einmal verloren haben. Ich verstehe natürlich, daß die Militärs bis zum Schluß um den Sieg kämpfen, aber ich kann nicht wünschen, daß es ihnen gelingen möge.« (Nach und nach kamen übrigens auch viele der Militärs zu einer ähnlichen Auffassung: sie dachten an einen Separatfrieden mit dem Westen nach Ausschaltung Hitlers. Das erklärt die Teilnahme einiger hoher Militärs – wie zum Beispiel Heinrich von Stülpnagels – an den Vorbereitungen des Komplotts vom 20. Juli). Paul Hövel sagte kein Wort, drückte mir nur die Hand, und niemals mehr – weder in Briefen, noch in Telefongesprächen oder bei weiteren Zusammentreffen – kamen wir auf dieses Thema zurück. Ich aber wußte von jenem Augenblick an, daß ich jemanden hatte, der in Berlin einen wichtigen Posten bekleidete, mich kannte, mich verstand und notfalls alles tun würde, um mich zu schützen.

Die deutschen Freunde, die ich hier erwähnt habe, waren also alle – jeder auf seine Weise – Regimegegner, und mehrere von ihnen waren eingeweiht oder gar mitbeteiligt an der Vorbereitung des 20. Juli 1944, wofür Graf Stauffenberg die moralische und praktische Verantwortung übernahm. Am Abend des Attentats war ich Gast bei einem Empfang im Deutschen Institut. Jemand ließ mich zum Telefon rufen, um mir mitzuteilen: »Hast du einen deutschen oder ausländischen Sender gehört? Hitler ist einem Attentat erlegen!« Ich wagte es kaum zu glauben und geriet dennoch in eine unbeschreibliche Erregung: wie oft hatte ich den Tod dieses Mannes gewünscht! Ich stürzte auf den Maître d'hôtel zu und sagte: »Füllen Sie Champagnergläser und gehen Sie mir voraus!«

Ich wollte den Salon betreten und im Kreise deutscher und französischer Freunde einen Toast ausbringen, und zwar mit den Worten Goethes anläßlich der Kanonade von Valmy: »Von hier und heute geht eine neue Epoche der Weltgeschichte aus, und ihr könnt sagen, ihr seid dabeigewesen.« Doch in letzter Minute änderte ich mein Vorhaben, denn blitzartig war mir der Gedanke gekommen: »Und wenn es nicht wahr wäre?« Dem Kellner, der die Flasche noch nicht entkorkt hatte, sagte ich: »Lassen Sie's doch lieber.« Wie gut, daß ich dieser Eingebung gefolgt war, denn sonst hätte ich vielleicht zu jenen fünftausend Opfern der Repression gehört, die für das mißglückte Attentat büßen sollten.

Fehlschläge, Drohungen und Protektionen

Trotz aller Anstrengungen, die ich unternahm, um mich den Entscheidungen der deutschen Dienststellen und vor allem der Verhaftung von Schriftstellern zu widersetzen, mußte ich auch Mißerfolge hinnehmen, von denen drei mich ganz besonders schmerzten. Diese drei Niederlagen sind verbunden mit den Namen Jean Cayrol, Robert Desnos und Max Jacob.

Der Lyriker und Romancier Jean Cayrol gehörte zum Widerstandskreis um »Colonel Henry« (auch *Réseau de Rémy* genannt). Er war 1942 verhaftet worden und sollte deportiert werden. Am 14. Januar 1943 erhielt ich folgenden Brief von Drieu La Rochelle:

> Heller,
> hier ist Mademoiselle . . ., die mit Ihnen über ihren Verlobten Jean Cayrol sprechen möchte, der seit sieben Monaten in Haft ist. Cayrol ist ein begnadeter Lyriker. Ich denke, Sie könnten etwas für ihn tun.
> In Trauer,
>
> Drieu La Rochelle.

Ich empfing also die Verlobte von Jean Cayrol; sie erwähnte unsere Zusammenkunft in ihrem Brief vom 26. Januar an Jean Paulhan: »Ich habe Heller gesehen. Er war sehr liebenswürdig und hat mir versprochen, alles ihm Mögliche zu unternehmen.« Doch zu unser aller Leidwesen war Cayrol zu »Nacht und Nebel« verurteilt worden, und das bedeutete – laut einer Verfügung Hitlers vom 6. Dezember 1941 –, daß jeder, der sich eines Verbrechens gegen das Reich oder die Streitkräfte schuldig gemacht hatte, dem Reichssicherheitshauptamt auszuliefern sei.

In all den Fällen, wo die Todesstrafe nicht innerhalb von acht Tagen an Ort und Stelle verfügt wurde, mußten die Schuldigen nach Deutschland deportiert werden und dort »in Nacht und Nebel« verschwinden. Und in diesem Falle vermochte niemand mehr etwas für sie. Jean Cayrol wurde also ins KZ Mauthausen gebracht, wo er wie durch ein Wunder bis zur Befreiung überlebte; doch sein gesamtes späteres, lyrisches wie auch episches, Werk ist geprägt von dieser »Lazarus-Erfahrung« (Lazarus wurde von Jesus wieder zum Leben erweckt, nachdem er schon drei Tage im Grab gelegen hatte).

Das gleiche Schicksal widerfuhr Robert Desnos, der mir bekannt war als Anhänger der Surrealisten bis zu seinem Bruch mit Breton im Jahre 1930. Getarnt als Mitarbeiter bei der Wochenzeitschrift *Aujourd'hui,* beteiligte er sich an Aktionen der Widerstandsgruppe *Agir,* und am 22. Februar 1944 wurde er verhaftet. Da ich auch mit Malern verkehrte, kannte ich Raymond de Cardonne, der in der Rue des Beaux-Arts eine Gemäldegalerie besaß. Youki, seit 1931 Desnos' Lebensgefährtin, war ebenfalls mit Cardonne befreundet; sie hatte ihm von ihrem Kummer erzählt, woraufhin er sie zu mir schickte. In ihrem Buch *Youkis Bekenntnisse* erwähnt sie unser Gespräch: da ich – genau wie sie – die Leute von der Gestapo als unsere Feinde ansah, gab ich ihr die geheime Telefonnummer von Illers, einem der hohen Beamten der Avenue Foch, der Robert Desnos' Deportation nach Deutschland eventuell verhindern könnte.

Das war alles, was ich tun konnte, und vielleicht hätte es sogar genügt, da Illers selbst anläßlich eines Diners mit Leuten von der Presse im *Maxim's* erklärt hatte, er beabsichtige, Desnos im Lager Royallieu festzuhalten und vielleicht sogar freizulassen. Leider veranlaßte ein heftiger Protest von Alain Laubreau, Journalist von *Je suis partout,* der Desnos als Hitlerfeind und Kommunisten charakterisierte, Illers zu einer Änderung seines Entschlusses. Robert Desnos wurde am 27. April nach Buchenwald deportiert und starb am 8. Juni 1945 im tschechischen Terezin an Typhus – wenige Tage nach Ankunft der Alliierten.

Doch ebenso schmerzlich, fast noch schmerzlicher war mir der Fall Max Jacob. Diesen Mißerfolg werde ich niemals verwinden. Der große Dichter, Freund Picassos und Apollinaires, hatte sich nach Saint-Benoît-sur-Loire zurückgezogen, wo er – mit seinem Judenstern auf der Brust – im Kloster Mesnerdienste versah. Am 24. Februar 1944 wurde er von französischen Gendarmen festgenommen; Marcel Jouhandeau und Jean Cocteau, die sofort verständigt worden waren, riefen mich an. Ich alarmierte die Botschaft und telefonierte selbst mit einem SD-Mann: »Es wäre eine Schande, ihn nach Deutschland zu verschleppen; er ist ein alter Mann, lassen Sie ihn in Frieden!« Ich informierte Abetz, der mir sagte: »Tun Sie alles, was in Ihrer Macht steht; ich werde Sie hinterher decken.« Diese zeitraubenden Demarchen brachten schließlich den Erfolg, daß ich ihn in Drancy besuchen durfte. Es war ein eisiger Tag, als ich dort ankam. Doch leider mußte ich erfahren, daß Max Jacob einem Lungenstau erlegen war. Ein jüdischer Lagerarzt, der ihn gepflegt hatte, sagte zu mir: »Er hat sich auslöschen lassen wie eine Kerze.« Aus anderer Quelle erfuhr ich später, er habe sich kurz vor seinem Tode noch bei seinen jüdischen Mitbrüdern entschuldigt, zum Katholizismus übergetreten zu sein. Da stand ich nun mit leeren Händen vor dem Tor dieses schauerlichen Lagers; aber einen letzten Gruß wollte ich ihm noch zukommen lassen, und so kaufte ich in einem Blumenladen eine Rose, die ich über die Mauer des Lagers warf.

Über diesem Fall hatte ein Unstern gestanden: eine größere Zahl von Freunden war bei der Botschaft, beim Deutschen Institut, sogar beim SD vorstellig geworden, so daß Max Jacob vermutlich freigelassen worden wäre und friedlich in Saint-Benoît-sur-Loire hätte sterben können. Doch er starb in einem anderen Kloster, näher bei seinen jüdischen Brüdern und noch näher bei dem Gott, dem er hatte dienen wollen.

Dabei spürten in diesem Jahr 1944 auch schon die Nationalsozialisten – wie alle anderen –, daß sie nichts mehr ausrichten konnten, daß das Ende nahte; doch ihr Haß, ihre Zerstörungs- und Tötungswut waren um so stärker. Noch im Juni wurden lange Listen von Leuten, die es zu vernichten oder zumindest zu verschleppen galt, angelegt. Im Laufe dieses Monats Juni wurde ich in die Diensträume des SD an der Avenue Foch zu einem freundschaftlichen Beisammensein eingeladen. Ein Geburtstag wurde gefeiert, und im Bemühen, die über uns hängenden Bedrohungen zu vergessen, wurden Erinnerungen an diese Pariser Jahre erzählt. Auch über Literatur wurde gesprochen, und da legte plötzlich jemand eine ganze Liste mit Schriftstellernamen auf den Tisch; sie waren in zwei Kategorien eingeteilt: die einen sollten als Geiseln genommen werden – zu ihnen gehörten Duhamel und Mauriac –, die anderen waren zu beschützen: ich erinnere mich nur an Montherlant. Das alles war vorbereitet worden im Hinblick auf einen provisorischen Rückzug, dem eine siegreiche und endgültige Rückkehr in ein zertretenes und unterworfenes Paris folgen sollte.

Trotz meines Entsetzens brachte ich es fertig, jenen Moment zu nutzen, als der Wein ausgeschenkt wurde: ich nahm die Liste, die mit anderen Papieren auf einem Schreibtisch liegengeblieben war, an mich, verließ den Raum, eilte in die Toilette, wo ich sie in kleine Fetzen zerriß und die Spülung zog. Da ich gehört hatte, daß eine Kopie dieser Liste an das Deutsche Institut gegangen war, damit Epting seine Meinung abgebe, suchte ich sie zwei Nächte lang im dortigen Sekretariat. Ich wußte, wo die Akten aus der Botschaft abgelegt wurden, und der Schlüssel zum Sekretariat hing an einer Tafel in der Loge des Portiers, der nicht darauf achtete, wer den Schlüssel nahm. Endlich fand ich das zweite Exemplar dieser fatalen Liste, und sie nahm denselben Weg wie die erste . . .

Während des gleichen Zeitraums stellten wir eine Art Ausweis für jene Schriftsteller aus, die sich für die deutsche Sache engagiert hatten – Brasillach, Rebatet und andere –, damit sie sich, sofern es zu Kämpfen in Paris kommen sollte, entweder in befestigte Stützpunkte innerhalb der Hauptstadt flüchten oder mit den zurückweichenden Truppen nach Deutschland gelangen könnten.

Auch unsere eigene Abreise galt es vorzubereiten. Am 13. August 1944 machte ich tagsüber bei den beiden Jouhandeaus und anschließend bei Florence Gould meinen Abschiedsbesuch, und abends entschloß ich mich dann, Papiere, die ich nicht mitnehmen konnte, zu verstecken. Diese letzten Stunden verlebte ich wie ein Schlafwandler: ich bewegte mich und tat auch die üblichen Gesten wie alle Tage, doch mein Geist war leer, war ertränkt in Trauer und Entsetzen.

In einer länglichen Weißblechbüchse, die ich durch einen Gummiring gegen Luft und Wasser abgedichtet hatte, lag bereits wohl verschlossen, was ich vor der Zerstörung bewahren wollte: eine Art Tagebuch dieser vier Pariser Jahre, ein paar Briefe und eine Kopie mehrerer Abschnitte von Ernst Jüngers Essay *Der Friede.*

Ich ergriff also die Büchse sowie einen Suppenlöffel und machte mich auf, einen geeigneten Platz zu suchen, um meinen Schatz zu vergraben. Zuerst hatte ich an den Garten beim Petit-Palais gedacht; aber es war schon spät, beinahe Mitternacht, und der Weg dorthin zu weit. Als ich über die ausgestorbene Esplanade des Invalides ging, fiel mir ein Baum genau an einer Ecke des großen rechteckigen Platzes auf: die Stelle konnte man sich gut merken! Ich begann zu graben; der Boden war hart wie Beton; aber ich ließ nicht eher locker, bis ich zu Füßen des Baumes ein Loch gegraben hatte, das groß genug war, meine Büche aufzunehmen; ich legte sie hinein und bedeckte sie mit Erde, die ich mit den Füßen sorgfältig feststampfte. Das Wetter war herrlich, vielleicht ein wenig schwül; ich aber war restlos erschöpft, in Schweiß gebadet.

Ich kehrte in mein Zimmer im Deutschen Institut zurück, unfähig, etwas zu tun. Zum Glück wartete dort Franz Tumler, der österreichische Schriftsteller, auf mich; er war Soldat und hatte Urlaub. Mit ihm konnte ich offen über alles reden, was mir am Herzen lag, und so erzählte ich ihm auch, was ich gerade getan hatte, um meine Erschöpfung und Nervosität zu erklären. Er sprach mir Mut zu und half mir sogar beim Kofferpacken, und im Morgengrauen des 14. August rollten wir gen Osten.

Ich fuhr mit Leuten von der Botschaft in einem alten Citroën; unser Ziel war Gérardmer in den Vogesen. Dort wurden mir Papiere für die Rückkehr nach Deutschland ausgehändigt; ich sollte mich in Berlin beim Auswärtigen Amt melden. Wie ein willenloses Geschöpf ließ ich mich hin- und herschieben, denn zum Denken war ich nicht fähig. Doch in Colmar kam mir plötzlich die Idee, Rossé zu besuchen; er war für die Autonomie des Elsaß eingetreten, und ich hatte ihn in Paris als einen der Leiter des Verlagshauses *Alsatia* kennengelernt. Ich erinnerte mich an ihn als einen sehr geradlinigen und wirklich sympathischen Mann, der, obwohl er das Parteiabzeichen trug – meistens unter dem Revers –, sich in unseren Gesprächen sehr kritisch über den Nationalsozialismus geäußert hatte.

Er lud mich zum Abendessen ein und stellte mir einen geistig zurückgebliebenen Jungen als seinen Adoptivsohn vor. Als wir nach dem Essen durch die Stadt bummelten, fiel mir auf, wie ehrerbietig ihn die Leute, die wir trafen, grüßten. Natürlich wußte Rossé, daß alles aus war; er wußte es sogar schon seit einiger Zeit, denn er war ein scharfsichtiger Mann, der auch vor seiner unausweichlich düsteren Zukunft nicht erzitterte.

Ich verließ Colmar, fuhr jedoch nicht direkt nach Berlin, sondern machte noch einen Umweg zum Bodensee, wo mein Freund Carl Rothe auf mich wartete. Wie ich schon sagte, war er mit Oberst von Hofacker, einem der Verschwörer des 20. Juli, befreundet; aber er hatte der schrecklichen Repression entkommen können, die all jene zerschmetterte, die – aus der Nähe oder Ferne – in die Vorbereitungen des Attentats verwickelt gewesen waren. Er riet mir, meinem Auftrag, mich in Berlin zu melden, nachzukommen, versicherte mir aber gleichzeitig, er sei bereit, mich an seinem augenblicklichen Wohnsitz in Überlingen zu verstecken, falls ich in Schwierigkeiten geraten sollte.

In Berlin hatte ich mich in einer Abteilung des Auswärtigen Amtes mit Problemen der Propaganda gegen die von de Gaulle im befreiten Frankreich eingesetzte provisorische Regierung zu befassen. Das war natürlich eine völlig unsinnige Tätigkeit, denn wir vermochten gar nichts mehr. Ich wohnte wieder bei meinen Eltern in Potsdam und fuhr jeden Tag mit dem Vorortzug zu meiner Arbeitsstätte. Alles wurde immer schwieriger: Lebensmittel-Rationierungen, tägliche Bombenangriffe usw. Mein dem Anschein nach rheumatisch bedingtes Leiden, das in Frankreich begonnen hatte, breitete sich mehr und mehr aus und wurde immer schmerzhafter. Gott sei Dank konnte ich auch hier Marie-Luise ab und zu sehen, die von Hamburg nach Berlin gekommen war, wo sie sich in einer Abteilung der Wilhelmstraße mit Frankreichfragen zu befassen hatte.

Anfang Oktober 1944 stellte Marie-Luise in meinem Potsdamer Freundeskreis, wo über das Atttentat vom 20. Juli gesprochen wurde, die tollkühne Frage: »Warum war bloß keiner der Militärs bereit, sich selbst zu opfern, um dem Attentat zum Erfolg zu verhelfen? Einer Charlotte

Corday hätte es bedurft, um uns von diesem Marat zu befreien!« Einige der Anwesenden hätten Marie-Luise gerne denunziert, und es war äußerst schwierig, sie davon abzubringen.

Eines Tages im Herbst 1944 erhielt ich einen Anruf von Carl Rothe: »Ich bin in Berlin und würde dich gern sehen.« Ich begab mich zur verabredeten Stelle, und kaum hatten wir einander begrüßt, sagte er schon: »Es liegt etwas recht Schwerwiegendes gegen dich vor; ich muß unbedingt Paul Hövel im Propagandaministerium sprechen, denn nur er kann etwas unternehmen.« Ich begleitete ihn zur Friedrichstraße und wartete, da es regnete, unter einem nahen Torbogen auf ihn. Es dauerte über eine Stunde, und ich war in heller Aufregung. Als er zurückkam, sagte er: »Wir müssen dich völlig aus dem Verkehr ziehen.« – »Aber warum denn? Was ist nur los?« Da eröffnete er mir, es lägen Denunziationen gegen mich vor: ich sei ein Defätist und hätte es in Paris selbst permanent bewiesen, indem ich nicht die deutschen Interessen verteidigt, sondern mit den Feinden Deutschlands gemeinsame Sache gemacht hätte. Darüber sei nun von Hans W. Hagen im Propagandaministerium eine Akte angelegt worden. Das war derselbe Mann, der als Verbindungsoffizier zwischen besagtem Ministerium und dem Wachbataillon in Berlin Major Remer vom Fehlschlag des Attentats vom 20. Juli verständigt hatte: »Der Führer lebt; kommen Sie mit mir zu Goebbels, dann werden Sie seine Stimme am Telefon hören können.« Ich hatte ihn nur einmal, anläßlich der berühmten Weimarreise, getroffen; anscheinend hatte er mir von diesem Augenblick an mißtraut und jetzt seinen Bericht mit folgenden Worten geschlossen: »Einen Prozeß können wir uns sparen. Haut dem Schwein die Rübe ab!« Das war in der Tat eine gewaltige Bedrohung, die meine eindeutig von nervlichen und psychischen Komponenten beeinflußte Krankheit sogleich verschlimmerte.

Was war zu tun? Hövel, dem die Akte zur Begutachtung vorgelegt worden war, hatte sie vorerst in den Tiefen seines Schreibtisches verschwinden lassen, fest entschlossen, sie bis zum letzten Augenblick unter Verschluß zu halten; daß dieser letzte Augenblick nahe war, wußten wir alle. Man könnte mich inzwischen als Sachverständigen für Frankreichfragen in spezieller Mission nach Sigmaringen schikken, um mich erst einmal aus Berlin zu entfernen ... Ich wartete noch ein paar Monate und versah meinen Dienst, um nicht auch noch als Deserteur zu gelten, aber da Angst und eine Art Zorn an mir nagten, beging ich Unvorsichtigkeiten.

Als ich zum Beispiel eines Tages auf der zerbombten Wilhelmstraße einem ehemaligen Abteilungsleiter des Rundfunks, bei dem ich vor dem Krieg gearbeitet hatte, begegnete, sagte ich ihm, der inzwischen zu einem der Mitarbeiter Ribbentrops avanciert war, unverfroren ins Gesicht: »Eigentlich bin ich ganz froh, demnächst Berlin verlassen zu können, denn es wird ja bald aus sein!« Er sah mich an und sagte: »Ich wußte gar nicht, daß auch Sie ein Defätist sind.«

Schließlich erhielt ich meinen dienstlichen Sonderauftrag und fuhr am 13. Februar 1945 von Berlin nach Sigmaringen. In Wirklichkeit wollte ich mich dort nur kurz zeigen, um anschließend unterzutauchen. Die Reise im Zug war eine Qual: in den überfüllten Abteilen konnten wir nur ab und an sitzen; meine Polyneuritis verursachte mir arge Schmerzen; es gab Augenblicke, in denen ich nicht mehr geradestehen oder mein Gepäck tragen konnte. An dem Abend, als Dresden bombardiert wurde, fuhren wir in zweihundert Kilometer Entfernung daran vorbei, und über uns zogen die Bombengeschwader dahin. Der Zug blieb auf freiem Feld stehen. Wir stiegen aus und versanken bis zu den Knien im Schnee. Als wir in Sigmaringen ankamen, war ich völlig erschöpft.

Wie ich schon erzählte, besuchte ich bei diesem Anlaß Céline in seinem winzigen Zimmer im Hotel »Zum Löwen«. Aber auch der Doktor Destouches vermochte nichts gegen die Lähmungserscheinungen, die bei mir an Armen und Beinen auftraten. Der Aufenthalt in diesem zur Marionettenhauptstadt der französischen Kollaborateure umfunktionierten Städtchen war deprimierend. Ich sah flüchtig Paul Marion, Lucien Rebatet und einige andere, hatte aber nicht die geringste Lust, unsere Beziehungen enger zu knüpfen. Außer mit Céline sprach ich nur mit dem ehemaligen Erziehungsminister Abel Bonnard, mit dem ich einen Spaziergang durch das verschneite Hügelland entlang der eisführenden Donau machte. Er war stark gealtert, wirkte müde und sagte mit zittriger Stimme: »Stellen Sie sich vor: Sieburg wollte mich veranlassen, eine Proklamation gegen die provisorische Regierung von General de Gaulle zu unterschreiben!« Wirklich, die Zeiten hatten sich geändert; man lebte nicht mehr »wie Gott in Frankreich«.

So schnell wie möglich verließ ich diese Phantomgestalten und ihr Elendsdasein; ich begab mich nach Überlingen, wo Carl Rothe mir Unterschlupf gewähren konnte. In einem nicht weit von dem seinen entfernten Haus besorgte er mir ein Zimmer, und täglich aß ich bei ihm und seiner Frau Martha; sie ernährten mich mit ihren kärglichen Lebensmittelkarten, denn ich durfte keine mehr beziehen. Wir spürten, daß das Ende nahe war und hofften, bis dahin durchhalten zu können. Eines Morgens teilte Rothe mir mit, Rumänien habe kapituliert; Tag für Tag verfolgten wir das Vorrücken der russischen Truppen im Osten und das der Alliierten im Westen. Deutschland wurde in die Zange genommen, aber ich konnte es nicht länger in meinem Versteck aushalten, da die Schmerzen zu heftig wurden; ich suchte also einen Arzt auf, der mich dann auch Mitte März in das Konstanzer Krankenhaus einwies. Ein paar Wochen später kam Marie-Luise: sie hatte eine abenteuerliche Reise auf einem Lastwagen hinter sich, der von Berlin bis zum Bodensee vier oder fünf Tage gebraucht hatte, da nur nachts gefahren werden konnte. Ich mußte bis Ende August im Spital bleiben, und das war mein Glück: im April nahmen die Franzosen Konstanz ein, und die darauffolgenden Monate waren schwierig. Als ich von meinem Zimmer aus das Rollen der Panzerketten vernahm, entkorkte ich eine Flasche Rotwein, die eine fromme Schwester mir geschenkt hatte. Diesmal wurde Goethes Ausspruch in Abwandlung Wirklichkeit: »Heute beginnt ein neues Leben, und ich kann sagen, ich bin dabeigewesen!«

Auf der Suche nach versunkenen Erinnerungen

1945. Der Krieg war beendet; mein gesundheitlicher Zustand hatte sich wieder etwas stabilisiert. Was sollte ich nun anfangen? So viele Jahre hatte ich in engem Kontakt mit der französischen Literatur gelebt – jetzt könnte ich sie doch meinen Landsleuten näherbringen. Das nationalsozialistische Regime, das Deutschland verbarrikadiert hatte gegen Einflüsse aus dem Ausland und insbesondere gegen französische, hatte sie ihnen fast gänzlich vorenthalten. Vieles hatte unser Land aufzuholen, was die europäischen Literaturen betraf; meiner Meinung nach war hier etwas zu tun für jemanden, der entschlossen war, diese Lücke zu füllen und nach der langen Sperrfrist ein Fenster gen Westen aufzustoßen. Für diese Aufgabe fühlte ich mich gut gerüstet. Und so faßten ein Konstanzer Verleger und ich den Plan, eine Zeitschrift herauszubringen, die französische Texte in deutscher Übersetzung enthalten sollte.

Dazu benötigten wir allerdings die Genehmigung der Besatzungsbehörden in Baden-Baden. Ende 1945 setzte ich mich mit ihnen in Verbindung. Mein Plan gefiel ihnen, aber sie wollten ihn in Eigenregie übernehmen: selbst eine solche Zeitschrift herausgeben und mir die Leitung übertragen. So habe ich dann in Baden-Baden – zusammen mit Hans Paeschke – die Zeitschrift *Lancelot – Der Bote aus Frankreich* zwei Jahre lang geleitet. Wir hatten auch relativ großen Erfolg, denn die Deutschen waren lesehungrig, zumal auch die deutsche Literatur erst allmählich wieder aus den Trümmern hervorwuchs.

Zur gleichen Zeit gründete Hans Paeschke – wir wohnten im selben Haus – eine eigene Zeitschrift: *Merkur*. Der Rahmen seines Vorhabens war weiter gespannt; der Untertitel der heute noch erscheinenden bedeutenden Publikation lautet: *Deutsche Zeitschrift für europäisches Denken.* Ich befaßte mich mit den verlegerischen Aufgaben, doch mußte der *Merkur* nach der Währungsreform 1948 in andere Hände gegeben werden; ein größerer Verlag übernahm ihn, Hans Paeschke blieb weiterhin der Herausgeber.

Im gleichen Jahr – 1948 – konnte ich mir endlich einen langgehegten Wunsch erfüllen: nach Frankreich zurückkehren. Ich wollte meine Freunde wiedersehen und war natürlich überglücklich, sie fast vollzählig anzutreffen; auch meine kostbare Büchse, die ich im August 1944 unter einem Baum auf der Esplanade des Invalides vergraben hatte, wollte ich abholen. Nun stand ich da, aber die Bäume, die mir die Orientierung erleichtert hätten, waren verschwunden. Wie sollte ich auf diesem riesigen Platz nun die Stelle, wo meine Büchse lag, exakt bestimmen? Mit dem Fuß scharrte ich mal hier, mal da, doch nichts erkannte ich richtig wieder. Planierungsarbeiten hatten stattgefunden, und meine Büchse war sicherlich von der Schaufel eines Baggers ausgegraben und zerquetscht worden. Ich war traurig, vor allem der verlorenen Briefe wegen; aber auch meine Aufzeichnungen würden mir fehlen, wollte ich eines Tages die Geschichte meiner vier Pariser Jahre niederschreiben. Gedankenverloren schlug ich den vertrauten und geliebten Weg entlang der Seine und über den Boulevard ein, bis hin zum Quartier Saint-Germain-des-Prés.

Jahrzehntelang weigerte ich mich, diese »Memoiren« zu schreiben, obwohl Jean Paulhan und andere Freunde mich drängten. Ich empfand nicht das Bedürfnis nach Rechtfertigung, wie etwa Karl Epting oder Otto Abetz, die fast unmittelbar nach Kriegsende zur Feder griffen. Ich wollte auch nicht die Schwierigkeiten derer vergrößern, mit denen ich vier Jahre lang in engstem Kontakt gelebt hatte und über die man nun skandalöse Enthüllungen von mir zu erfahren hoffte und die zu geben ich mich strikt weigerte.

Außerdem – wie sollte ich die Vergangenheit wiederaufleben lassen, nachdem mir fast alle Notizen abhanden gekommen waren? Ist es legitim, sie aus der Erinnerung, die mein einziges Hilfsmittel ist, neu zu erschaffen, wobei sie unweigerlich leicht verändert wird? Jean Paulhan bejahte diese Frage.

Trotzdem ließ ich diesen ursprünglich gefaßten Plan fallen. Ich hatte mich bereits einer neuen Aufgabe zugewandt: Ingeborg Stahlberg, mein Freund Ernst Krawehl und ich gründeten einen Verlag in Karlsruhe, in dem wir vornehmlich Übersetzungen französischer Bücher herausbrachten. Bis zum Jahre 1968, als der Verlag seine Arbeit einstellen mußte, waren es fast zweihundert Titel. Es war eine spannende Arbeit, Bücher auszusuchen, die übersetzt werden sollten, alles mögliche zu lesen, was zur Vorbereitung wichtig war, mit Autoren und Verlegern Kontakt aufzunehmen und die Übersetzungen durchzuarbeiten. Als unser Verlag von einem größeren Haus übernommen wurde, schied ich aus und beendete meine verlegerische Tätigkeit. Das Übersetzen wurde mein Broterwerb. Dank der Mitarbeit von Marie-Luise konnte ich bis heute diese Tätigkeit beibehalten. Für uns beide ist das die Gelegenheit zu einer fruchtbringenden Zusammenarbeit: dieses subtile Unterfangen des Übertragens von einer Sprache in die andere ist faszinierend. So arbeiteten wir uns nach und nach in die Feinheiten der italienischen, englischen und französischen Sprache ein und eigneten uns die Denkweise und den Sprechstil so verschiedener Autoren wie Michel Déon, Pierre Drieu La Rochelle, Julien Green, Jean Orieux, Jean d'Ormesson, Patrick Modiano und anderer an.

Wir gewannen viele Freunde bei dieser Arbeit; manche der Autoren kamen zu uns nach Baden-Baden, andere suchten wir in ihrem Heimatland auf. So konnten wir fortführen, was der Krieg mich hatte beginnen lassen: etwas zu tun für die Annäherung der europäischen Kulturen, insbesondere der französischen und der deutschen.

Von diesen Aufgaben restlos ausgefüllt, hatte ich den Plan, irgendwie geartete »Memoiren« zu schreiben, endgültig *ad acta* gelegt. Doch als 1975 Marcel Arland und Dominique Aury mich baten, für eine dem Thema Tagebuchaufzeichnungen gewidmete Sondernummer der NRF einen Beitrag zu liefern, entschloß ich mich, einen Artikel mit dem Titel »Bruchstücke eines Tagebuchs« zu schreiben. Ich traf eine Auswahl von verstreuten Erinnerungsfetzen, die ich mir wieder vergegenwärtigt hatte und gab meinen deutsch geschriebenen Text ab, der in den NRF-Büros übersetzt wurde. Auch konnte ich mich auf zwei Texte stützen, deren Niederschrift viele Jahre zurücklag: 1947 traf ich in Baden-Baden mit Jacques Robichon – er ist heute ein bekannter Schriftsteller – zusammen, der mit mir ein über mehrere Tage sich erstreckendes Interview veranstaltete, in dem noch relativ frische Erinnerungen festgehalten wurden. Und zehn Jahre später, in Paris, erzählte ich, drei oder vier Gläser Pastis hatten meine Zunge gelöst, François Nourissier – Romancier und Mitglied der Académie Goncourt – meine Erlebnisse während der Jahre 1940 bis 1944, und, wie es einem manchmal mit Schriftstellern ergeht, fand ich unser Gespräch in einem *Mein deutscher Freund* überschriebenen Kapitel seines Romans *Blau wie die Nacht* ein bißchen ausgeschmückt wieder.

Fünf Wochen vor Erscheinen besagter Sondernummer erhielt ich von Marcel Arland, dem damaligen Herausgeber der NRF, einen Brief, in dem er mir mitteilte, mein Text könne leider nicht erscheinen. Gaston Gallimard habe ihn vor Drucklegung sehen wollen und erklärt, es wäre ihm nicht lieb, daß meine Erinnerungen, in denen er so oft genannt wird, erschienen.

Ich war schockiert, und als acht Wochen später Gaston Gallimard im Alter von sechsundneunzig Jahren starb, unternahm ich nichts, meinen Beitrag doch noch gedruckt zu sehen. Total entmutigt, beging ich eine riesige Dummheit:

ich verbrannte alles, was ich niedergeschrieben hatte und von dem die »Bruchstücke« nur ein Teil gewesen waren.

Andere Vorschläge wurden an mich herangetragen. Mit einem Pariser Verlag schloß ich sogar einen Pro-forma-Vertrag ab, aber dieser Verlag mußte seine Tätigkeit einstellen, und jahrelang hörte ich nichts mehr von ihm. Doch der Wunsch, meine vierjährige Tätigkeit in Paris irgendwie in Worte zu fassen, ging mir nie ganz aus dem Sinn. Ich wollte der Wahrheit dienen und meinen Freunden Gerechtigkeit widerfahren lassen. Da nach und nach die schmerzlichen Ereignisse und emotionellen Reaktionen abgeklungen waren, war auch größere Objektivität möglich, konnte ich mich leichter manichäischer Urteile entledigen. Man durfte wieder hoffen, Gehör zu finden, wenn die Komplexität der Situationen und der Bewußtseinszustände nun exakt aufgeschlüsselt würden. Ich wollte aber auch schreiben, um Frankreich und den Franzosen zu danken für alles, was ich im Laufe meines Lebens – und nicht nur während dieser vier Besatzungsjahre – von ihnen empfangen hatte.

Und da erhielt ich Ende 1979 einen Anruf aus Paris. Antoine Spire hatte mich aufgespürt und bot mir im Namen des Verlags Editions du Seuil die Unterstützung eines französischen Freundes an, damit meine Erinnerungen endlich wieder hervorgeholt, aufgezeichnet, geordnet und veröffentlicht würden, da in Frankreich bereits – wie er sagte – viele Literatur- und Geschichtsliebhaber darauf warteten. Außerdem könnten sie jetzt niemandem mehr sonderlich schaden.

Bei dieser Arbeit, die Jean Grand und mich jeweils einige Tage im Februar, März, April, Mai und Juni 1980 fesselte, huldigten wir beide nur unserer gemeinsamen Passion: der Passion für Bücher, all diese Bücher aus den verschiedensten europäischen Literaturen, die wir beide gelesen hatten und um die sich die Erinnerungen gruppierten, die ihrerseits zu einem Buch zusammenzufassen wir uns redlich mühten.

Der eine oder andere Name, wie beispielsweise Drieu, Paulhan oder Jouhandeau, rief vielgliedrige Erinnerungsketten wach; bei anderen halfen uns zur exakten Orts-, Zeit- oder Handlungsbestimmung Hinweise in den *Tagebüchern* von Ernst Jünger oder Paul Léautaud, die mein Gedächtnis wieder stimulierten; aber auch die fortlaufenden Nummern der NRF von Dezember 1940 bis Juli 1943 und die großen zeitgenössischen geschichtlichen Darstellungen wie die von Henri Amouroux oder das *Wörterbuch des Zweiten Weltkriegs* waren uns nützlich. Danken müssen wir auch Madame Jacqueline Paulhan, Monsieur Claude Mauriac und Monsieur Chapon, Konservator der Bibliothèque Doucet, da sie uns die Genehmigungen erteilten, unveröffentlichte Briefe von Paulhan, François Mauriac und Jouhandeau zu zitieren.

Manchmal waren lange Umwege nötig, um jenseits der Schatten des Vergessens oder unbewußter Verdrängung die großen Zusammenhänge vergangener Zeit wieder hervorzuholen. Doch nun liegt es vor, unser gemeinsames Buch: es besteht aus Gesichtern, Schriftstücken und Worten, die somit vor dem Untergang bewahrt wurden und mal im Schatten, mal im Lichte auftauchen, so wie die Zeit sie modelliert hat.

Eines möchte ich jedoch nochmals aufgreifen: meine eigene Geistes- und Gemütsverfassung während dieser vier Pariser Jahre. Es war ein recht komplexer Zustand: ich befand mich in innerer Opposition zum herrschenden und nazistischen Zeitgeist und war dennoch gleichsam durch die Nabelschnur an mein Volk gebunden; ich wollte unsere Kultur verteidigen und liebte und bewunderte gleichzeitig Frankreich, seine Baudenkmäler, seine Landschaften, seine Literatur und seine Menschen; es war nicht leicht, in diesem schier unentwirrbaren Konflikt von Beglückung und Beklemmung zu leben.

Schon seit längerer Zeit – und in wachsendem Maße während der Besatzungsjahre – hatte ich mich von den herkömmlichen Werten und Symbolen des Patriotismus losgesagt. Allem Militärischen gegenüber empfand ich Abneigung; Schieß-, Exerzier- und Grußübungen vor der Fahne oder den Offizieren versuchte ich möglichst zu umgehen. Daher war ich glücklich, als ich nach meiner Versetzung an die Botschaft im Jahre 1942 Zivil tragen konnte. Endlich war ich befreit von diesem ewigen militärischen Grüßen und Hackenzusammenschlagen, bei dem mir immer ein Bonmot von Marschall Lyautey einfiel: dieses Geräusch symbolisiere die Leere in den Köpfen. Ich verabscheute es, Befehle zu erteilen oder zu erhalten, und diejenigen, die ich erhielt, schienen mir meist wenig gerechtfertigt oder gar unvereinbar mit meinem Gewissen, das meines Erachtens die einzige Richtschnur zu sein hatte; Kriterien wie Nationalgefühl oder Kameradschaft ließ ich nicht als oberste Instanz gelten. Wie vieldeutig ist doch dieses von unserer Armee immer und überall gebrauchte Wort »Kameradschaft«; dieser Begriff war damals zumindest falsch, denn er bezeichnete nicht eine echte Beziehung von Mann zu Mann, sondern ein Bedürfnis, Ellbogen an Ellbogen zu stehen, um in einer größeren oder kleineren, durch die Ereignisse oder behördliche Erlasse künstlich zusammengehaltenen Gruppe Wärme und Schutz zu finden.

In meinem Beharren auf Distanz und innerer Opposition wurde ich bestätigt durch das, was über die Naziverbrechen durchsickerte und auf das ganze Volk, und nicht nur auf die direkt Verantwortlichen, zurückfiel. Wie oft habe ich darüber mit Jünger, Paulhan und anderen gesprochen, wenn Radio London oder die klandestinen Publikationen aus der Résistance, die wir insgeheim lasen, davon berichteten.

Was den Antisemitismus betrifft, so habe ich während des Krieges meine Einstellung revidiert. Wie viele Deutsche hatte auch ich mich von der Nazipropaganda, die durch eigene Beobachtungen bestätigt zu werden schien, beeinflussen lassen. Ich war überzeugt von einem gewissen jüdischen Übergewicht im Verlags-, Presse-, Rundfunk- und Filmwesen und hielt zumindest in diesen Bereichen die gegen sie erlassenen Säuberungsmaßnahmen für angebracht. Doch als ich nach der sogenannten Reichskristallnacht die brennenden Ruinen der Potsdamer Synagoge sah und einer meiner jüdischen Nachbarn mir riet, ihn in der Straßenbahn nicht mehr anzusprechen, wenn ich mich nicht selbst in Schwierigkeiten bringen wollte, da war ich betroffen und erschreckt. Und als ich von den Massakern in den Gettos und Vernichtungslagern erfuhr und im Juli 1942 mit eigenen Augen ansehen mußte, wie endlose Reihen jüdischer Kinder in der Pariser Gare d'Austerlitz in Viehwaggons getrieben wurden, da waren mir vor Entsetzen endgültig die Augen aufgegangen. Doch zwei Jahre hatte ich gebraucht, um nach und nach und vor allem unter dem Einfluß Jean Paulhans mein Urteil über die Juden zu ändern. Das beweisen Briefe von Paulhan an Jouhandeau oder Gide aus den Jahren 1941 und 1942, in denen er meine zwiespältige und – harmlos ausgedrückt – abwartende, ja scheinbar indifferente Haltung gegenüber den bereits damals über die Juden verhängten strengen Maßnahmen schildert. Doch glaube ich sagen zu dürfen, daß ich mich ab 1943 endgültig aus diesem Schlamm befreit hatte und antisemitischen Schmähreden, in denen sich beispielsweise die beiden Jouhandeaus ergingen, offen entgegentrat. Nach und nach wurde auch für mich der persönliche Wert eines Menschen, ungeachtet seiner Nationalität oder Rassenzugehörigkeit, oberstes Kriterium. Unter meinen persönlichen Freunden und Bekannten waren viele Juden.

Einer der liebsten war mir Alfred Döblin, dessen Bücher

mich schon vor dem Krieg fasziniert hatten. 1933 war er aus Deutschland weggegangen, hatte sich als Franzose naturalisieren lassen, und einer seiner Söhne ist 1944 als französischer Soldat in den Vogesen gefallen und wurde auch dort beerdigt. Döblin selbst wollte später neben ihm beigesetzt werden. In Baden-Baden, wo er während der französischen Besatzung – etwa im Range eines Obersts – mit literarischen Aufgaben betraut war, haben wir lange Gespräche geführt. Er urteilte sehr streng über Deutschland, nicht nur über das der Nazizeit, sondern auch über das der Nachkriegsjahre, und ich mußte ihm zustimmen, wenn er sagte, das Gift des Antisemitismus sei auch 1948 noch nicht in allen Deutschen abgetötet.

Obwohl ich die Verbrechen meines Volkes zutiefst verurteilte, war ich doch Deutscher und als solcher – wenn auch gegen meinen Willen – in die Kriegs- und Besatzungsmaschinerie eingespannt und konnte – selbst wenn mein Gefühl mir vielleicht anderes diktierte – die Ziele der französischen Résistance nicht zu meinen eigenen machen. Die klandestinen Aktivitäten Paulhans und anderer, wie zum Beispiel Mauriacs oder Malraux', habe ich zwar geahnt, doch schien es mir sicherer für sie und mich, wenn ich nichts Genaues darüber wußte. Ich konnte sie zwar schützen, diese Intellektuellen, die den Kampf gegen die Nazis angetreten hatten, doch was hätte ich getan, wenn ich erfahren hätte, der eine oder andere dieser Schriftsteller beteilige sich aktiv an den Vorbereitungen eines Anschlags gegen meine Landsleute? Vielen von denen war ich ohnehin schon suspekt; Propaganda-Staffel, Botschaft und Deutsches Institut verweigerten mir gewisse Informationen, und dennoch war ich nicht bereit, mich in den aktiven Widerstand gegen die Armee oder die Behörden meines Landes hineinziehen zu lassen, von dessen Notwendigkeit ich außerdem damals nicht überzeugt war. Ich fühlte mich stets zu einer gewissen Treue den Meinen gegenüber verpflichtet und hätte sie auch gewarnt, wenn ich aus sicherer Quelle erfahren hätte, man trachte ihnen nach dem Leben. Zumindest wäre ich dadurch in einen schweren Gewissenskonflikt geraten, da ich mich hätte entscheiden müssen zwischen meiner Bindung an die französischen Freunde und den Banden, die zwischen mir und den anderen Deutschen bestanden. In ein solches Dilemma wollte ich mich auf keinen Fall hineinmanövrieren lassen.

Doch das schloß nicht aus (mein Gott, mit welchen Widersprüchlichkeiten hatten wir doch zu kämpfen!), daß ich wünschte und hoffte, Hitler möge verschwinden und dieser Krieg so schnell wie möglich zu Ende gehen, wenn nötig, auch mit einer Niederlage unsererseits. Ich war sogar schon überzeugt, ein Deutschland der Freiheit und der Kultur könne nur aus der Niederlage wiederaufleben und sich entfalten. Diese Gefühle konnte ich natürlich schwerlich jemandem mitteilen, mit Ausnahme der wenigen Freunde, von denen ich schon gesprochen habe. Daher blieb ich meist allein und bemühte mich, diesen Zustand der Zerrissenheit und Angst zu ertragen, in dem ich eine der Hauptursachen für mein Leiden sehe.

Ist es denn verwunderlich, wenn Spannungszustände, die Geist und Seele ständig vor eine Zerreißprobe stellen (wie zum Beispiel das Bewußtsein, daß die Gestapo hinter einem herspioniert und Kameraden oder auch Vorgesetzte einen beargwöhnen), sich schließlich auch auf den Körper auswirken und ihm für immer ihr Siegel aufprägen?

Stunden um Stunden wanderte ich nachts durch die Straßen von Paris; teils aus Freude, diese Stadt, die ich liebte, in der Stille der Nacht allein zu ergründen, teils aber auch in dem verzweifelten Bemühen, die Gedanken, die mich quälten, zu verscheuchen. Ich wußte, daß Paulhan Gefahr lief, verhaftet zu werden; ich ahnte seine geheimen Aktivitäten; pflichtgemäß hätte ich ihn denunzieren müssen, doch so etwas kam für mich schon längst nicht mehr in

Frage; aber war ich deswegen schon berechtigt, ihn zu warnen, ihn zu retten und ihm damit zu gestatten, seinen Kampf gegen mein Land fortzusetzen? Und doch habe ich es getan.

Unter einem faschistischen Regime zu leben bedeutet, ständiger Bedrohung gewärtig zu sein. Gibt man sich nicht damit zufrieden, sich auf ein begrenztes Fleckchen innerer Freiheit zurückzuziehen, will man auch weiterhin – auf welche Weise auch immer – gegen Ungerechtigkeiten und Verbrechen, die ein solches Regime begeht, zu Felde ziehen, dann muß man ständig auf der Hut sein. Diese ewige Alarmbereitschaft und Hochspannung führen leicht zu einer Erkrankung, die nervöse und psychische Ursachen haben kann: erste Symptome 1942; 1943 vage als Rheumatismus diagnostiziert (der in meiner Jugend schon Herzbeschwerden nach sich gezogen hatte); Kuraufenthalt in Aix-les-Bains, wo ich von Paulhan den bereits zitierten Brief mit dem tröstlichen Zuspruch: »Werden Sie mit Hilfe des Schwefels nur schnell gesund!« erhielt. In Wirklichkeit verschlimmerte sich mein Zustand fortlaufend, bis nach meiner Reise nach Sigmaringen jene schmerzhaften Schübe auftraten und ich mich nach Konstanz in Krankenhausbehandlung begeben mußte. Seitdem hat es immer einmal wieder ruhigere Phasen, doch auch Rückschläge gegeben.

Ich habe mit allen Kräften darum gekämpft, mir ein Maximum an körperlicher Bewegungsfreiheit zu bewahren und vor allem geistig so weiterzuarbeiten, als habe sich nichts geändert. Diesen Kampf hätte ich jedoch nicht bestehen können, wenn Marie-Luise, die seit 1945 meine Gefährtin in allen guten und allen schlechten Tagen ist, mir nicht stets mit ihrer Kraft und Fürsorge zur Seite gestanden hätte.

Doch nicht nur Leid und Angst prägten meinen Pariser Aufenthalt: es gab auch Tage voller Glück. Ich konnte nach Herzenslust meiner leidenschaftlichen Liebe zur französischen Literatur frönen und mit so manchen Autoren zusammensein. Eine Zeitlang nahm ich sogar wöchentlich Französischunterricht, und zwar bei Jean Chuzeville, dem Übersetzer der russischen und italienischen Klassiker, die bei Gallimard erschienen. Jean kam regelmäßig zu mir ins Büro im Deutschen Institut, und ihm übergab ich auch im August 1944, als ich Paris verließ, eine dicke Akte mit Briefen meiner französischen Freunde; er nahm sie mit sich nach Rom und konnte sie mir fast vollzählig nach Kriegsende wieder zurückgeben.

Ich wollte aber auch den »Normalfranzosen« kennenlernen, der mit der Welt der Literatur und Kunst nichts zu tun hatte. Meine Sympathie galt dem französischen Volk in seiner Gesamtheit. Da ich mit allen Schichten vertraut werden wollte, nutzte ich jede Gelegenheit, die sich bot, und es machte mir fast genausoviel Freude, bei einer Concierge ein Kaninchen, das sie vom Land geschickt bekommen hatte, zu essen, wie bei Drieu das von seiner Haushälterin zubereitete zu verspeisen. Häufiger Gast war ich in den öffentlichen Schwimmbädern, vor allem im *Neptun* auf den Grands Boulevards. In der Badehose war ein Deutscher von einem Franzosen nicht zu unterscheiden. Ich sprach auch gut genug Französisch, um nicht aufzufallen; mein Akzent hätte der eines Elsässers oder Schweizers sein können. So erfuhr ich auf direktem Wege, was das einfache Volk dachte und fühlte, welche Versorgungsprobleme es hatte, welche Furcht vor der Arbeitsdienstpflicht es hegte und wie sehnlich es die Befreiung erhoffte und erwartete.

Über einen deutschen Freund lernte ich einen jungen Mann aus bürgerlichem Hause kennen, der eifrig Schwarzhandel betrieb. Er wohnte in einer Nebenstraße der Champs-Elysées, oberhalb einer Bank, deren Direktor sein Vater war. Unter den Dächern hatte er sich eine von den unteren Stockwerken völlig abgetrennte kleine Wohnung eingerichtet. In seinen drei Mansardenräumen, die mit viel Geschmack eingerichtet waren (helle Holztäfelung und hübsche alte Möbel), betrieb er, unterstützt von ein paar Franzosen und Deutschen, einen regen Handel mit Alkoholika, besonders mit Whisky. Mehrmals war ich bei ihm zu Gast, wenn es Hammelkeule gab, die er vom Land bezog. Im Frühjahr 1944 lud er mich einmal allein ein, um über die Besatzung und das Kriegsende mit mir zu sprechen. »Warum wollen Sie nicht in Paris bleiben, wenn die Truppen sich zurückziehen? Ich kann Sie gut längere Zeit bei mir versteckt halten.« Und um seinen Worten gleich Taten folgen zu lassen, führte er mich in einen geheimen Raum, der von der restlichen Wohnung gänzlich abgetrennt war und vorerst als Lager von allen möglichen Konserven diente. Er besaß ein ganzes Bund Schlüssel für Dachluken, die den Weg über die Dächer freigaben, so daß man von einem Haus zum anderen fliehen und schließlich in einem anderen Stadtteil verschwinden konnte, falls seinem geheimen Kämmerchen Gefahr drohen sollte. Mich erinnerte das Ganze an die unterirdischen Gänge in einigen Pariser Vierteln, die Jules Romains in seinem Zyklus *Die guten Willens sind* beschreibt. Doch ich lehnte das Angebot meines Freundes ab: »Ich habe natürlich schon oft mit diesem Gedanken gespielt, doch sobald Deutschland zusammenbricht, wird es für mich nirgends mehr Ruhe oder Sicherheit geben. Ich liefe Gefahr, jahrelang von meiner Familie und denen, die ich liebe [dabei dachte ich besonders an Marie-Luise] getrennt zu sein. Ich werde bis zum Schluß bei den Meinen ausharren und mit ihnen durch den Abgrund, der sich bald auftun wird, hindurchgehen.«

Zu meinen glücklichen Erinnerungen gehören aber auch die flüchtigen Begegnungen mit Reinette und Jacques. Sie traf ich im September 1942. Seit Juli war ich nicht mehr bei der Propaganda-Staffel, und das Deutsche Institut im ehemaligen Palais Sagan in der Rue Saint-Dominique hatte mir oberhalb der ehemaligen Remisen ein Zimmer zum Innenhof zur Verfügung gestellt. Dennoch behielt ich bis zum Sommer 1943 meine ursprüngliche Wohnung im *Hôtel Berkeley* bei. Ich liebte dieses Hotel in der Nähe des Rond-Point des Champs-Elysées, und die zwei Wohnungen garantierten mir größere Bewegungsfreiheit.

Fast täglich machte ich vor dem Schlafengehen einen kurzen Spaziergang unter den Bäumen zwischen Champs-Elysées und Avenue Gabriel. Eines Abends, als ich dort in der milden Wärme und im goldenen Septemberlicht dahinschlenderte, bemerkte ich, von einer Baumgruppe halbwegs verdeckt, ein junges Mädchen. Ich näherte mich und sprach sie an. Sie schien fünfzehn oder sechzehn Jahre alt zu sein, und obwohl es schon ringsum dunkel wurde, sah ich, wie hübsch sie war mit ihren kurzen blonden Zöpfen, die knapp bis zur Schulter reichten. »Was machen Sie hier?« fragte ich. »Gleich beginnt die Ausgangssperre, und Sie laufen Gefahr, von einer Patrouille aufgegriffen zu werden.« Mit einer zunächst schüchternen, doch nach und nach an Sicherheit gewinnenden Stimme erzählte sie mir, daß sie sich bei einer Freundin verspätet und dann den Vorortzug in der Gare Saint-Lazare verpaßt hatte. Und da die Nacht mild war, gedachte sie sich bis zum Morgen hier im Gebüsch versteckt zu halten und zu schlafen. Ich schlug vor, sie zu einem Polizeirevier zu begleiten, wo sie bis zum Morgen Unterschlupf finden würde. (Ich war in Zivil, hatte ihr aber gesagt, daß ich Deutscher war.) Sie lehnte ab, da sie fürchtete, die Polizei könnte ihre Eltern verständigen. Daraufhin nahm ich sie mit in mein nahegelegenes Hotel, wo sie in der Halle, nachdem der Portier zwei Sessel zusammengeschoben und eine Decke und ein Kissen gebracht hatte, schlafen konnte. Ihm sagte ich noch, er solle mich wecken, falls eine Wehrmachtspatrouille auftauche.

Am nächsten Morgen war sie fort, doch sie hatte auf meinen Namen, den sie vom Portier erfragt hatte, ein Kärtchen hinterlassen, auf dem sie sich bedankte und versprach, mich einmal anzurufen. Das tat sie auch ein paar Tage später. Und nun begann ein reizendes Spiel. Wie hieß sie eigentlich? Wer war sie? Ich habe es nie erfahren. Martine, Nadine, Aline – so ähnlich klang es zumindest, wenn sie ihren Vornamen murmelte. Ich nannte sie Reinette. Und ein paar Monate lang war sie meine Reinette, meine kleine Königin, meine Beatrice, die mich ein Stückchen Weges begleitete durch eine Welt, die von Tag zu Tag düsterer und belastender wurde.

Natürlich erlag ich dem Charme dieses jungen Mädchens: sie war wirklich sehr hübsch, mittelgroß, hatte ein zartes Gesicht, blaue Augen und blondes Haar. Fast bei jedem Treffen war sie anders frisiert: Zöpfe, Pferdeschwanz, glatt herunterfallendes oder zum Pagenkopf in die Stirn gekämmtes Haar. Sie gab sogar zu, daß es ihr Spaß machte, ihr Äußeres ständig zu verändern; daher war sie auch immer anders angezogen: leichtes Kleid oder lange Hose, kurzer Rock oder Shorts in lebhaften Farben.

Wir trafen einander häufig samstags und sonntags und machten manchmal einen kleinen Ausflug *extra muros*. Wir verluden unsere Fahrräder auf den Zug und stiegen in Boury aus, das ich durch Jacques Bernard kannte, der dort ein kleines Landhaus besaß; Brinville, wo Marcel Arland wohnte, war auch nicht weit. Diese ganze Gegend um die Flüßchen Essonne, Juine, Ecole, war mir vertraut. Damals waren wir dort fast die einzigen Ausflügler und konnten wie im Paradies nackt in den Flüssen baden. Doch mußte ich mich an gewisse Regeln halten, die Reinette verfügt hatte: es war mir untersagt, mich auf mehr als fünfzehn Meter zu nähern. Ich respektierte diese Regel ebenso wie ihr Verbot, intimere Vertraulichkeiten als einen flüchtigen Kuß auf den Mund oder eine schlichte Umarmung zu wagen. Dabei schien sie es darauf angelegt zu haben, mich herauszufordern, wenn sie auf dem Land plötzlich beschloß, ohne Bluse Fahrrad zu fahren oder vergaß, ihr Höschen wieder anzuziehen, bevor sie erneut kräftig in die Pedale trat. Ich wollte sie auch nicht verführen und die Situation nicht ausnützen. Ich war viel zu glücklich, mit ihr, die den jungfräulichen Heldinnen von Giraudoux glich, zusammenzusein und über Alltäglichkeiten und harmlose Geschichten plaudern zu können, die mit den großen Problemen, mit Krieg oder auch mit Literatur gar nichts zu tun hatten.

Sie hat mir auch nie verraten, wo sie wohnte. Wenn sie sich vergewissert hatte, daß auf dem Bahnsteig der Gare Saint-Lazare niemand war, der sie kannte, dann durfte ich in ihrem Abteil bis Argenteuil oder Cormeilles-en-Parisis mitfahren, doch dort mußte ich aussteigen. So ging es weiter bis zum Sommer 1943; dann verschwand sie, ohne mir eine Adresse zu hinterlassen oder jemals wieder ein Lebenszeichen zu geben. Ich bin nicht sicher, ob ich sie nicht doch eines Tages im Jahre 1948 im Quartier des Ternes wiedergesehen habe: es war in der Drehtür einer Bankfiliale, ich wollte hinein und bilde mir ein, es wäre Reinette gewesen, die, ohne mich zu bemerken, neben mir hinausging. Doch bis ich selbst wieder draußen war, war sie verschwunden, und mir blieben nur die Erinnerungen an helle Tage in einer durchwegs düsteren Zeit.

Nach jenem »flüchtigen« Sommererlebnis des Jahres 1943 mußte ich aus gesundheitlichen Gründen eine dreiwöchige Kur in Aix-les-Bains machen; daher gab ich mein Zimmer im *Berkeley* auf. Und obwohl ich nun ausschließlich im Deutschen Institut wohnte, kehrte ich häufig auf meinen Spaziergängen an jenen Ort zurück, wo ich an einem Septemberabend des Vorjahres meine kleine Freundin entdeckt hatte. Eines Nachmittags im November 1943 traf ich fast an der gleichen Stelle auf einen Jungen, der ebenfalls fünfzehn oder sechzehn Jahre alt sein mochte. Wir sahen einander an, lächelten uns zu, und dann blieb ich stehen und fragte, ob wir nicht ein paar Schritte zusammen gehen könnten. Auch er gab mir niemals seine Adresse, doch seinen Vornamen durfte ich erfahren: Jacques. Er rief im Institut an, um sich mit mir zu verabreden. Es war Winter, und so machten wir Ausflüge nach Versailles oder Malmaison, gingen ins Kino oder ins Theater. Wie beeindruckt war er, als ich ihn Weihnachten 1943 in die Oper zu einer Aufführung von Richard Wagners »Fliegendem Holländer« mitnahm! Er stammte aus einfachen Verhältnissen und war Laufbursche bei einem Kaufmann. So etwas Prachtvolles wie die Oper hatte er noch nie gesehen, und allein sein verzücktes Staunen erfüllte mich mit Freude. Jacques fühlte sich gewiß zu Männern hingezogen und gestand mir auch, bereits einige Abenteuer gehabt zu haben; er machte auch mir Avancen, doch ich wollte, daß unsere Freundschaft so harmlos blieb wie sie begonnen hatte. Dennoch waren wir einander herzlich zugetan; er liebte es, meine Hand zu halten, und wir umarmten uns auch, wenn wir uns begrüßten, aber weiter ging es nie. Bis zum Frühlingsbeginn 1944 trafen wir uns, doch dann verschwand auch er für immer.

Diese beiden Freundschaften, die mich ein paar Monate lang mit großer Freude erfüllt haben, gingen undramatisch zu Ende, was man nicht von allen ähnlichen Bindungen zwischen Deutschen und Franzosen behaupten konnte. Als Marie-Luise im Juli 1944 Paris verließ, wurde sie außer von mir noch von einer französischen Freundin zum Zug begleitet: diese wollte unbedingt mit ihr fahren, um zu ihrem deutschen Verlobten zu gelangen. Ich hatte meine liebe Not, sie zurückzuhalten und wieder nach Hause zu bringen; ich sehe uns noch, wie wir unter der glühenden Sommersonne den Boulevard de Strasbourg bis Notre-Dame und dann die Seinequais entlangradelten und ich auf sie einredete.

Aber auch andere, noch schmerzlichere Fälle habe ich erlebt: da war dieser deutsche Kamerad, der mit einer Französin liiert war und sich beim Abmarsch der deutschen Truppen bei ihr, in einer Nebenstraße des Boulevard Saint-Germain, versteckt hatte. Als die französischen Truppen einmarschierten, wagte er einen Blick auf die Straße und wurde von einer Nachbarin erkannt und denunziert. Er kam in ein Gefangenenlager, während seine französische Freundin alle Schändlichkeiten über sich ergehen lassen mußte, die den Frauen, die sich mit Deutschen eingelassen hatten, vorbehalten waren. Einem anderen Kameraden vom Deutschen Institut gelang es, sich monatelang bei seiner französischen Freundin versteckt zu halten und sich mit ihr gemeinsam nach Amerika abzusetzen.

Meine Beziehungen zu Franzosen wurden von einigen meiner Kollegen beargwöhnt und bespöttelt. Ich setzte mich abends gern für eine Weile in die Bar des Hotels *Scribe,* um in einer Ecke meine Beobachtungen des Tages niederzuschreiben, während immer die gleichen Schallplatten liefen: *J'attendrai le jour et la nuit, j'attendrai toujours . . .* oder die *Donkey Serenade,* zwei unsäglich melancholische Melodien. Das Heft mit den Aufzeichnungen habe ich leider verloren . . . Als ich eines Tages durch die Hotelhalle ging, hörte ich, wie einer der dort versammelten Offiziere sagte: »Sieh an, da ist ja Heller; er kommt wohl gerade von einem seiner Besuche bei den Negern zurück!« Diese verächtliche Bemerkung entsprach der Einstellung der deutschen Führung gegenüber dem »dekadenten« Frankreich, das Hitler in *Mein Kampf* als »dieses an sich immer mehr der Vernegerung anheimfallende Volk« charakterisiert hatte.

Ich liebte Frankreich, nicht nur seine Menschen, sondern auch seine Baudenkmäler, seine Landschaften: begierig ergriff ich jede sich bietende Gelegenheit, die französischen Provinzen zu bereisen, ob es nun zur Kur nach Aix-les-Bains oder nach Banyuls zu Maillol gehen sollte. 1941 nutzte ich ein paar Urlaubstage, um meinen Freund Dietrich, der in Moulins in Garnison lag, zu besuchen. Ich war in Uniform, hatte aber Zivilkleidung mitgenommen und wanderte an den Ufern von Cher und Loire entlang in Richtung Tours. Nachdem ich meine Uniform gewechselt und verpackt hatte, begab ich mich zum Bahnhof Montrichard. Ich suchte den Lokomotivführer des Zugs nach Tours und sagte zu ihm: »Darf ich Sie um einen großen Gefallen bitten? In diesem Paket hier ist meine Uniform. Würden Sie sie wohl unter meinem Namen im Hotel X in Tours abgeben? Ich vertraue sie Ihnen an.« Fünf Tage später, nachdem ich im milden Licht des Loire-Tales zwischen blühenden Weinbergen entlang der beiden Flüsse meine Freiheit genossen hatte, konnte ich mein Paket im angegebenen Hotel wieder in Empfang nehmen.

Eine andere kurze Reise machte ich mit Marie-Luise zu Ostern 1944. Wir hatten auf der Zugfahrt bis Poitiers und dann im Autobus bis nach Saint-Savin-sur-Gartempe und Chauvigny so viele Kunstwerke der Romanik gesehen, daß Auge und Geist trunken waren. Da wir zu Fuß weiterzogen, kamen wir irgendwo von unserer Route ab und landeten eines Abends in einem kleinen Gasthof, wo man beisammensaß, um Radio London abzuhören. Wir gaben uns als Elsässer aus und durften mithören; später ließen wir uns dann den Weg zum Bahnhof beschreiben, wo wir den Nachtzug nach Poitiers nahmen.

Indes – so schön die französischen Provinzen auch sind: Paris hatte für immer mein Herz erobert. Léautaud hatte ganz recht, als er sagte, ich hätte ein unwahrscheinliches Glück, meine vier Kriegsjahre – von seltenen und kurzen Ausnahmen abgesehen – in Paris verbringen zu dürfen. Ich kam auch nicht als Eroberer 1940 dort an, sondern in Demut und Bescheidenheit, da ich wußte, daß Paris sich nicht erobern läßt, sondern den Fremden in seinen Bann schlägt. Ob in Museen oder Kirchen, in den Tuilerien, auf den Quais oder den Champs-Elysées, auf Montmartre, in der Rue Mouffetard oder im Quartier Latin: überall Kunst und Leben in solch berauschender Fülle, daß ich mich endlos daran bereichern konnte. In der ersten Zeit wurde ich das Gefühl nicht los, die Stadt sei mir gegenüber feindlich eingestellt; das drang aus Mauern oder Bäumen, senkte sich vom Himmel herab auf meine Schultern oder stieg wie erstickender Nebel aus den Wassern der Seine zu mir herauf. Eine Zeitlang konnte ich selbst die Pappeln an den Quais nicht mehr ertragen. Doch nach und nach wich diese Feindseligkeit einer Art freundschaftlicher Zuneigung, als ob Plätze, Straßen, Häuser, Bäume oder auch die Verliebten, die umschlungen auf den Bänken saßen, mich mit Lächeln und Geschenken überschütten wollten.

Besonders liebte ich Paris bei Nacht. Ich unternahm endlose nächtliche Spaziergänge, meist allein oder auch mit Freunden wie Jünger. Mit der letzten Métro fuhr ich bis Belleville und schlenderte zu Fuß bis zum Rond-Point des Champs-Elysées hinunter, oder folgte der schier endlosen Rue de Vaugirard vom Jardin de Luxembourg bis zur Porte de Versailles. Bei trockenem und kaltem Wetter, aber auch im Frühlingsregen oder in warmen Sommernächten ging ich mitten auf den menschenleeren Straßen und glaubte den Herzschlag der Stadt zu hören, während ich aus den geöffneten Fenstern den Atem der Schlafenden zu spüren vermeinte. Und da empfand ich die Stille von Paris nicht mehr als Feindseligkeit, sondern als etwas Vertrautes, als ein Zeichen der Freundschaft und Brüderlichkeit.

Hin und wieder schien mir Paris aber auch Angst auszuatmen, die wie eine Bleiglocke mich und Tausende andere zu erdrücken drohte. Trost fand ich nur in meinem Entschluß, für möglichst viele Freund und Beschützer zu sein.

Der Satz von Saint-Just ging mir nicht aus dem Kopf: »Ich kenne nur ein Mittel, Europa zu widerstehen, und das ist, ihm das Genie der Freiheit entgegenzustellen.« Ich wollte auf meine Weise und an meinem Platz auch einem bestimmten Europa Widerstand leisten, dem hochmütigen und blutrünstigen Europa der Nazis, und ihm die Freiheit der Völker und des einzelnen als Forderung entgegenhalten. Dabei träumte ich doch von einem Europa, da ich mich in zwei Kulturkreisen, dem deutschen und dem französischen, beheimatet fühlte; aber es sollte ein anderes Europa werden und mit einem anderen Deutschland gebildet: ein Europa der Freiheit, ein Europa des Dialogs und der Gegenseitigkeit. Dieser Traum ist bis heute, da ich diese Zeilen niederschreibe, der Leitfaden meines Lebens geblieben. Ob ich nun als Verleger französischer Bücher in deutscher Übersetzung fungierte oder als Mitarbeiter an Zeitschriften wie *Lancelot* oder *Merkur,* als Übersetzer zeitgenössischer französischer Literatur oder als Zensor und Berater dieser gleichen Literatur während der Besatzungszeit: immer habe ich nur dieses eine Ziel vor Augen gehabt.

Im Jahre 1980 wurde mir die unerwartete Freude zuteil, gleichzeitig von meinen deutschen Landsleuten und meinen französischen Freunden eine Anerkennung zu erhalten: ich bekam den deutsch-französischen Übersetzerpreis der Stadt Baden-Baden, in der ich seit Kriegsende lebe, und von der *Académie française* den angesehenen *Grand Prix du Rayonnement français.* Hélène Laudenbach, meine Freundin, hat dieses doppelte Ereignis in einem Brief vom 21. Juni 1980 kommentiert: »Dieser schöne Doppelerfolg ist nicht nur ein heiteres und willkommenes, sondern ein zutiefst bewegendes Ereignis. Auch ein sehr wohlverdientes, vor allem aber ein bewegendes Ereignis, denn letztlich knüpfen hier Frankreich und Deutschland brüderliche Bande, indem sie in Dir das lautere Antlitz des Europäers würdigen, der eine germanische und eine französische

Kultur ausstrahlt und all das verkörpert, was Freundschaft, was Geistesverwandtschaft bedeutet, ungeachtet aller Unterschiede.«

Besser kann man nicht sagen, was ich immer vorhatte, was der Sinn meines Lebens war und auch die Quintessenz dieses Buches sein soll.

Schlußwort

November 1980. Vierzig Jahre sind vergangen. Obwohl vieles ins Vergessen abgesunken ist, die meisten Augenzeugen schon tot sind und ich meine Aufzeichnungen verloren habe, wollte ich sie noch einmal wiederaufleben lassen, diese Erinnerungen an jene Zeit, da ich durch Angst und Beklemmung, die der Krieg mit sich brachte und dank beglückender Freundschaften zum Mann herangereift bin.

Dieses Buch ist daher weder eine simple Autobiographie, noch eine vollständige Geschichte des intellektuellen Lebens im Frankreich jener Jahre. Es ist ein persönlicher und auch nur aus Erinnerungssplittern bestehender Erlebnisbericht über meine vier Pariser Jahre als Soldat der deutschen Besatzungstruppen und als Angestellter der Deutschen Botschaft. Es ist lückenhaft und vielleicht einseitig, dieses Buch, aber es ist ehrlich und trotz allem ein Buch der Danksagung.

Ohne die vielfältige Hilfe meines Freundes Jean Grand wäre es jedoch nicht zustande gekommen. Ohne das Frage- und Antwortspiel, das er monatelang geduldig mit mir betrieb, ohne die vielen zusätzlichen Recherchen, die er mit vollem Einsatz durchführte, ohne sein Psychologen- und Schriftstellertalent, das er ganz in den Dienst dieses Wiederauflebenlassens stellte, hätte dieses Buch niemals das Tageslicht erblickt.

Ihm und allen anderen, die in verschiedenen Funktionen dazu beigetragen haben, daß dieses Leben und das davon berichtende Buch so wurden, wie sie sind, sei nochmals gedankt.

Gerhard Heller

Anhang

Text des Abkommens vom 28. September 1940

Das Verlegersyndikat hat soeben mit den Besatzungsbehörden ein Zensurabkommen unterzeichnet, dessen Wortlaut im Folgeteil abgedruckt ist.

Der Verleger anerkennt somit die Grenzen, innerhalb derer er seine Tätigkeit, unbehelligt von behördlichen Eingriffen, ausüben kann.

Mit diesem Abkommen wollten die deutschen Behörden ihr Vertrauen in die Verlegerschaft bekunden, und den Verlegern ihrerseits lag daran, dem französischen Gedankengut auch in Zukunft seine Ausstrahlung zu sichern, bei voller Respektierung der Rechte des Siegers. Hiermit hoffen sie dazu beigetragen zu haben.

In Anwendung des Zensurabkommens veröffentlichen die deutschen Behörden eine erste Liste der – sei es durch ihren Beschluß, sei es auf Initiative der Verleger hin – aus dem Handel gezogenen Titel. Diese Liste trägt die Bezeichnung *Liste Otto.* Weitere Listen können folgen, dem Geist des Abkommens entsprechend.

Eine unvoreingenommene Überprüfung der *Liste Otto* zeigt, wie vielen ausländischen Autoren bei uns in Frankreich Asyl gewährt wurde und die mit ihren Werken schließlich unser Land überfluteten.

Französisches Gedankengut hat in der Weltgeschichte bereits einen so hohen Rang, daß wir nichts zu befürchten haben. Und ist es erst wieder einmal von seinen Schlacken befreit, wird es sich in seiner ganzen Fülle neu entfalten können und seine frühere Ausstrahlung wiedergewinnen.

Um ein problemloses Zusammenleben der deutschen Besatzungsarmee und der französischen Bevölkerung herzustellen und dadurch zu normalen Beziehungen zwischen dem deutschen und dem französischen Volk zu gelangen, übernehmen die französischen Verleger die Verantwortung für die diesen Absichten entsprechende Organisation des geistigen Schaffens.

In diesem Sinne wurde zwischen dem Chef der deutschen Militärverwaltung und dem Präsidenten des Verlegersyndikats folgendes vereinbart:

I

§ 1. Jeder französische Verleger ist für seine Produktion voll verantwortlich. Daher muß der Verleger Sorge tragen, daß die von ihm veröffentlichten Werke

a) weder offen, noch in wie auch immer verschleierter Form deutsches Ansehen und deutsche Interessen beeinträchtigen;

b) nicht von einem in Deutschland verbotenen Autor stammen.

§ 2. Sollte der Verleger nicht in der Lage sein, aus eigenem Ermessen die im Sinne von § 1, Absatz a) erforderliche Entscheidung zu treffen, so obliegt dem Verlegersyndikat eine Vorzensur.

Die Entscheidung des Verlegersyndikats kann nach einem der folgenden Muster formuliert werden:

a) Das Syndikat sieht sich zu keinerlei Einwand veranlaßt: Es erteilt auf eigene Verantwortung hin die Publikationserlaubnis.

b) Das Syndikat sieht sich veranlaßt, Einwände zu machen: Das diese Einschränkungen hervorrufende Buch ist unter Angabe der zweifelhaften

Stellen der Propaganda-Staffel, 52, Avenue des Champs-Elysées, Paris, vorzulegen.

c) Das Verlegersyndikat vermag von sich aus weder eine Entscheidung zu treffen, noch die Publikationserlaubnis zu erteilen:
Das fragliche Buch ist der Propaganda-Staffel, Gruppe Schrifttum, 52, Avenue des Champs-Elysées, Paris, zur Prüfung vorzulegen.

§ 3. Die unter Absatz b) und c) von § 2 fallenden Bücher werden ebenso wie die von der Propaganda-Staffel direkt geprüften im Namen der deutschen Militärverwaltung in Frankreich durch die Propaganda-Staffel zensuriert.

§ 4. In Anbetracht der vorrangigen Bedeutung des geistigen Schaffens für die Herstellung guter Beziehungen zwischen dem deutschen und dem französischen Volk, wird jeder Verstoß gegen die oben genannten Abmachungen durch Sanktionen geahndet, die denjenigen (Verleger oder Syndikat) treffen, der die Verantwortung für die Veröffentlichung trägt.

§ 5. Es sei ausdrücklich hervorgehoben, daß der Verleger, und nicht der Druckereibetrieb, die Verantwortung zu tragen hat.

II

In Anwendung der oben aufgeführten Richtlinien wurde bereits eine Aktion zur Ausschaltung unerwünschten Schrifttums unternommen.
Die französischen Verleger verpflichten sich, ihre Kataloge und Lagerbestände nochmals sorgfältig zu überprüfen. Das gleiche gilt für eventuelle Lagerbestände bei den für sie arbeitenden Druckerei- und Buchbindebetrieben.

Die nach neuerlicher Prüfung als zu unterbinden befundenen Bücher sind unter Beifügung einer Liste der Propaganda-Staffel abzuliefern.

III

Die französischen Verleger sind gehalten, der Propaganda-Staffel (Gruppe Schrifttum) jeweils zwei Exemplare all ihrer Nachdrucke und Neuerscheinungen zu Archivzwecken zu übergeben.

IV

Das vorliegende Abkommen wurde in zweifacher Ausfertigung abgefaßt und unterzeichnet: Für den Chef der deutschen Militärverwaltung in Frankreich durch die Propaganda-Staffel und für das Verlegersyndikat durch seinen Präsidenten.
Es tritt mit dem Datum der Unterzeichnung in Kraft.

Paris, den 28. September 1940

(Aus der französischen Fassung rückübersetzt)

VORWORT ZUR »LISTE OTTO«

Die französischen Verleger haben in dem Wunsch, eine gesündere Atmosphäre und die für eine richtige und objektive Wertung der europäischen Probleme notwendigen Voraussetzungen zu schaffen, beschlossen, die auf dieser und etwa später noch folgenden Listen aufgeführten Werke aus dem Verkauf zu ziehen. Es handelt sich um Schriften, die durch ihren unwahren und tendenziösen Charakter zur systematischen Vergiftung der öffentlichen Meinung Frankreichs beigetragen haben. Die Liste enthält insbesondere die Publikationen der politischen Emigranten oder der jüdischen Schriftsteller, die unter Mißbrauch der Gastfreundschaft, die Frankreich ihnen gewährt hatte, zu einem Kriege hetzten, aus dem sie in egoistischer Weise für sich selbst Gewinn zu ziehen hofften.

Die deutschen Behörden haben die Initiative der französischen Verleger mit Befriedigung zur Kenntnis genommen und ihrerseits die notwendigen Maßnahmen angeordnet.

Paris, September 1940

SYNDICAT DES ÉDITEURS
117, Boulevard Saint-Germain, Paris 6e

VORWORT

Paris, den 18. August 1942.

Die Liste der verbotenen Bücher ›Liste Otto‹ ist im Oktober 1940 veröffentlicht worden.

Jetzt, 2 Jahre nach der Ausgabe dieser Liste, erscheint es nötig, eine neue Zusammenfassung zu veröffentlichen, die den inzwischen ergangenen Maßnahmen Rechnung trägt.

Diese 2. Ausgabe umfaßt einerseits vereinzelte Werke, die bei Buchhandlungen und insbesondere bei Bouquinisten verstreut waren und die bei der ersten Aufstellung noch nicht berücksichtigt wurden, andererseits Werke, die zufolge den Verordnungen des Militärbefehlshabers, die den Verlagen jeweils mitgeteilt wurden, neuerlich verboten worden sind und die umfassen:

a) Übersetzungen von Werken in englischer Sprache (mit Ausnahme klassischer Werke) und polnischer Sprache.

b) Bücher jüdischer Autoren (bisher noch mit Ausnahme wissenschaftlicher Werke), Bibliographien von Juden, selbst wenn sie von arischen Schriftstellern abgefaßt sind.

Es handelt sich hier um die Anwendung von Maßnahmen, die dem Sinne der Vereinbarung über die Zensur entsprechen. Diese Bestimmungen, die für das französische Verlagsleben keine schwerwiegenden materiellen Nachteile zur Folge haben, lassen dem französischen Geistesleben die Möglichkeit, sich weiter zu entfalten und in dieser Art seine kulturelle Mission zur Annäherung der Völker auszuüben.

Der Präsident
René PHILIPPON.

Biographische Notiz

Jean Grand: geboren 1920, Examen in klassischer Philologie an der Sorbonne Paris von 1942–1945, dann Studium der deutschen Literatur und Philosophie. Aufenthalt in Deutschland von Oktober 1944 bis Juni 1945. Unterrichtet im Lehrfach Philosophie. Arbeitet an Büchern über die Zeit von 1940 bis 1945.